BIBLIOTHEQUE
RELIGIEUSE, MORALE, LITTÉRAIRE,
DE L'ENFANCE ET DE LA JEUNESSE,

Publiée avec approbation de Monseigneur l'Archevêque de Bordeaux ;

DIRIGÉE
PAR M. L'ABBÉ ROUSIER,

DIRECTEUR DE L'OEUVRE DES BONS LIVRES,

Aumônier du Collége royal de Limoges.

ILLUSTRATIONS D'ESPAGNE
ET DU PORTUGAL.

PROPRIÉTÉ DES ÉDITEURS.

On trouve chez les mêmes Libraires.

ILLUSTRATIONS DE L'HISTOIRE DE LA SUISSE, 1 v. in-12.
— — D'ANGLETERRE, 1 v. in-12.
— — D'ALLEMAGNE, 1 v. in-12.
— — D'ITALIE, 1 vol. in-12.
— — D'ESPAGNE ET DU POR-
TUGAL, 1 vol. in-12.

Entrée de Ferdinand et d'Isabelle dans Grenade, le 6 Janvier, 1498.

Illustrations de L'ESPAGNE par ROY

Retour de Vasco de Gama à Lisbonne

Paris
Librie Martial Ardant, Frères,
14, Rue Hautefeuille.
LIMOGES,
même Maison de commerce
1843

ILLUSTRATIONS

DE

L'HISTOIRE

D'ESPAGNE ET DU PORTUGAL,

Par M. Roy,

AUTEUR DE L'HISTOIRE DE LA CHEVALERIE, DE JEANNE-D'ARC,
DE CHARLEMAGNE, DES CHRONIQUES DE GRÉGOIRE DE
TOURS, DES ILLUSTRATIONS DE LA SUISSE,
D'ANGLETERRE, D'ALLEMAGNE,
D'ITALIE, ETC.

PARIS, | LIMOGES,
MARTIAL ARDANT FRÈRES, | MARTIAL ARDANT FRÈRES,
rue Hautefeuille, 14. | Imprimeurs-Libraires.

1843.

ILLUSTRATIONS
DE
L'HISTOIRE D'ESPAGNE.

CHAPITRE PREMIER.

Description de la péninsule Espagnole. — Espagne Phénicienne, Carthaginoise et Romaine. — Le Christianisme en Espagne. — Première invasion des Barbares en Espagne. — Règne d'Eurie. — Premiers rois des Visigoths; Aloric, Ataulphe, Théodoric Ier, Théodoric II. — Espagne Gothique. — Alaric, Amalaric. — Theudis, Théodigild, Agila, Athanagild, Liuwa, Leuwigild. — Herménigild et Ingunde.

DESCRIPTION DE LA PÉNINSULE ESPAGNOLE.

L'Espagne et le Portugal forment une vaste péninsule rattachée au continent européen par les hautes montagnes des Pyrénées, et baignée dans la moitié de son circuit par l'Océan et de l'autre par la Méditerranée. « Jamais position géographique, dit M. Romey, ne fut mieux dessinée, jamais limites d'un empire plus nettement marquées. Pendant de longs siècles pourtant cette terre qui semble si bien faite pour l'unité, fut loin d'être habitée par un seul et même peuple, réuni en corps de nation, et, aujourd'hui encore, outre le Portugal, qui tout enclavé qu'il est par l'Espagne, a su se faire une nationalité indestructible, la diversité des origines et des constitutions des différentes provinces de l'état, lesquelles il y a quelques siècles à peine, formaient des royaumes indépendants, se manifeste d'une manière remarquable, et se fait surtout vivement sentir dans les rapports politiques de ces provinces avec le pouvoir central de Madrid (1). »

La péninsule Hispanique s'étend de l'est à l'ouest dans une longueur de 220 lieues, et sa largeur est de 190, du nord au sud. Sa superficie est de 28,900 lieues carrées, dont 5,035 appartiennent au Portugal, 23,950 à l'Espagne, et 15,900 à la petite république d'Andorre. — Aucune contrée de l'Europe n'est plus favorisée de la nature. La variété de son climat permet aux productions des tropiques de s'unir, sur son fertile sol, à celles de la zone tempérée. Des plateaux élevés qui n'attendent que des soins pour se couvrir d'une utile végétation ; des vallées dont la terre est fécondée par de limpides ruisseaux, et par les rayons d'un astre bienfaisant, des fleuves qui partant de divers points rapprochés, peuvent, à l'aide de quelques canaux, entretenir des communications faciles, sont les éléments d'une richesse agricole que d'autres pays lui envient, et qui utilisés par l'industrie, produiraient des trésors plus précieux que la possession des plus vastes colonies. Une énorme

---

(1) C. Romey, histoire d'Espagne.

étendue de côtes, des ports vastes, commodes et sûrs, ouverts à la navigation de deux mers, y pourraient concentrer le commerce des deux hémisphères (1).

La population de la péninsule est de moitié inférieure au chiffre que feraient supposer l'étendue et la fertilité du sol. On l'évalue à quatorze millions d'individus, répartis très inégalement entre les quinze grandes provinces de l'ancienne monarchie. On se demande, avec M. Malte-Brun, en voyant un chiffre si faible, quel génie malfaisant a pu paralyser ou corrompre tant de causes de prospérité, et réduire à une population inférieure à celle de la France, de plus de 16,000,000 d'individus, la population de la péninsule, qui surpasse de plus de 2,000 lieues carrées la France en superficie. Nous tâcherons de découvrir dans la suite de cette histoire les causes de ce phénomène extraordinaire.

La Péninsule est hérissée de hautes montagnes dont les masses souvent infranchissables séparent les différentes provinces. Les principales chaînes de ces montagnes sont les Pyrénées qui touchent à la frontière de France dans un parcours de 92 lieues environ. On les divise en orientales ou aquitaniques, en centrales ou cantabriques, en occidentales ou asturiennes, en méridionales ou portugaises. Les autres montagnes portent pour la plupart le nom générique de *Sierras* (ce nom en Espagnol signifie Scie), et on le donne aux crêtes ou dentelures des monts semblables aux dents d'une scie. Tels sont les monts connus des

---

(1) Malte-Brun, 6, 7.

anciens sous le nom d'*Idubeda-Montes*, et des modernes sous les noms divers de scierra de Oua, sierra de Moncayo, et de sierra de Molina, d'Albarracin et de Cuença; le Somo-Sierra et le Guadanama; la Sierra-Morina, dans l'Espagne méridionale; la Sierra Nevada, qui a reçu son nom des neiges éternelles qui la couvrent, dans le climat le plus chaud de l'Europe; enfin les Alpujarres, ainsi nommés par les Arabes.

Des fleuves nombreux et d'une grande importance prennent naissance au sein de ces vastes montagnes, et sillonnent la Péninsule dans toutes les directions. — Le Tage, célèbre déjà dans l'antiquité, a conservé l'ancien nom que lui donnaient les Romains, *Tagus*. Ce fleuve prend sa source au revers occidental de la Sierra-Molina, et traverse, dans un cours de 225 lieues, la Vieille-Castille, l'Estramadure, et le Portugal. Son bassin est le plus vaste de toute la Péninsule; il a trois lieues de large à son embouchure. — Le Guadiana, qui traverse la Nouvelle-Castille, l'Estramadure et le Portugal, a 120 lieues de parcours, c'est le fleuve *Anas* des anciens, dont l'antique nom est entré dans la composition du nom moderne. *Ouad* ou *Guad* en Arabe signifie eau ou fleuve; ainsi Guadiana signifie le fleuve ou les eaux de l'Ana. — Le Duero ou Douro, appelé *Durius* par les anciens, coule dans un bassin plus considérable en largeur que ceux du Tage et du Guadiana : il prend sa source au pic d'Urbion, qu'il sépare de la Sierra Oca. Son cours est d'environ 140 lieues. — Le Guadalquivir, si connu des anciens sous le nom de *Bétis*, doit son nouveau nom aux Arabes, qui frappés de sa grandeur l'appelèrent *Guad-al-Kébir*, le grand fleuve, d'où les Espagnols ont fait le mot de Guadalquivir. Il prend sa source dans les montagnes de Cuzola, baigne les villes de Cordoue et de Séville, et se jette dans l'Océan près de San-Lucar-de-Barrameda, après un cours de 120 lieues au sein des plus belles campagnes de l'Andalousie. — L'Ebre enfin, le seul des grands fleuves d'Espagne qui se jette dans la Méditerranée, prend sa source à Font-Ibre, (en latin Iberi-Fons), traverse dans un cours de 150 lieues, la Biscaye, la Navarre, l'Aragon et la Catalogne, et se jette dans la Méditerranée à quatre lieues au-dessous de Tortose.

ESPAGNE PHÉNICIENNE, CARTHAGINOISE ET ROMAINE.

Cet ouvrage ayant pour objet de traiter de l'histoire moderne de l'Espagne, nous ne dirons que peu de mots de l'Espagne sous les Phéniciens, les Carthaginois et les Romains, et nous nous hâterons d'arriver à l'invasion gothique, où commence réellement l'histoire de l'Espagne moderne.

La Péninsule a reçu plusieurs noms des anciens: les Grecs l'appelaient Hesperia, c'est-à-dire occidentale, parce qu'elle était pour eux située au couchant. Le nom d'Ibérie qu'elle portait aussi lui vient du fleuve de l'Ebre appelé par les anciens Iberus. Le nom de *Spania* que lui ont donné les Phéniciens, a prévalu et a traversé tous les siècles presque sans altération. On s'est répandu en conjectures sur l'origine de ce mot *Spania*; la plus probable est qu'il vient du mot phénicien *Span* qui signifie caché, parce que ce pays était pour les Phéniciens une contrée éloignée et peu connue. Le mot *Span* signifie aussi lapin, aussi d'autres ont prétendu qu'ils l'appelèrent ainsi à cause de la quantité de lapins qu'ils y trouvèrent.

Si l'on est embarrassé pour reconnaître l'origine du mot Espagne, il est encore plus difficile de déterminer d'une manière à peu près satisfaisante quels en ont été les premiers habitants.

Scylax de Cariandre, navigateur célèbre, qui vivait 500 ans avant Jésus-Christ, ayant trouvé sur la côte orientale de l'Espagne où il aborda, un fleuve nommé *Iber*, ou *Iberus*, en appliqua, le premier, le nom à la contrée toute entière, et donna celui d'Ibères aux peuples qui l'habitaient. Les écrivains grecs postérieurs à Scylax ont adopté cette dénomination, et les Ibères ou Iberi, ont passé pour les premiers habitants de l'Espagne. On prétend que les Vasques ou Basques modernes sont les descendants des anciens Ibériens, dont ils conservent en partie l'antique idiôme.

Au rapport de Diodore de Sicile, des Celtes vinrent de la Gaule s'établir en Espagne. Ils eurent une longue lutte à soutenir contre les Ibériens; mais enfin ils firent la paix, et les deux peuples convinrent qu'ils possèderaient le pays en commun et ne formeraient plus qu'un seul peuple; telle est, suivant cet historien, l'origine des *Celtibères*.

Une foule d'autres nations se partageaient la péninsule Hispanique dans ces temps reculés. Les principales étaient les Cantabres, les Astures, les Lusitans, les Gallèques, les Turdétans, les Bastétans, les Vaccéens, les Indigètes, etc., etc. Nous devons y ajouter les habitants des îles Baléares (aujourd'hui Majorque et Minorque). Ce nom de Baléares leur fut donné par les Grecs à cause de leur habileté à se servir de la fronde (1).

Les Phéniciens furent les premiers qui établirent des colonies sur les côtes de l'Espagne; une des plus anciennes est celle des Tartessus; plus tard ils fondèrent *Gades*, aujourd'hui Cadix, la plus importante de leurs colonies. On cite encore, comme d'origine phénicienne, *Malaca* (Malaga), *Cordoba* (Cordoue), *Isbilia* (Séville), sur le fleuve Bétis, et quelques autres établissemens moins importans.

La domination des Phéniciens ne s'étendit que sur les côtes et dans l'intérieur des pays habités par les Turdétans, c'est-à-dire dans tout le sud-ouest de la Péninsule. Ils y apportèrent leurs mœurs, leurs arts, leur civilisation. Ce peuple plus commerçant que guerrier ne paraît pas avoir voulu étendre ses conquêtes par les armes, et il ne pénétra que là où il pouvait établir un trafic avantageux.

Quelques colonies grecques, en très-petit nombre, s'établirent aussi sur divers points de la péninsule. La plus ancienne est celle de *Rhodas* (Rosas), fondée par les Rhodiens, à l'extrémité nord de la Catalogne.

---

(1) Du mot grec βάλλω, lancer. Ces insulaires attachaient une si grande importance à cet exercice que pour habituer de bonne heure leurs enfans à un coup-d'œil sûr, on ne leur donnait que la nourriture qu'ils avaient abattue de loin avec la pierre lancée de leur fronde. « Cibum puer à » matre non accepit nisi quin, ipsâ monstrante, percussit. » Florus. liv. III, c. VIII.

Sagonte (aujourd'hui Murviedro), dut, suivant Pline, sa fondation aux habitans de l'île de Zante. Enfin les Phocéens de Marseille fondèrent *Emporion* (Ampurias), en Catalogne, dont le nom qui signifie en grec *Marché*, atteste assez qu'elle dut son origine au commerce.

Une querelle survenue, on ne sait à quel sujet, entre les Phéniciens établis à Gades et leurs voisins les Turdétans, amena un nouveau peuple en Espagne. Les habitans de Cadix, peu belliqueux, appelèrent à leur secours les Carthaginois, originaires comme eux de Tyr, et qui, après avoir fondé Carthage, avaient établi des colonies militaires et maritimes sur presque tout le littoral du nord de l'Afrique. Les Carthaginois s'empressèrent de répondre à l'appel de leurs frères de Cadix, moins pour leur rendre un service, que pour étendre leur domination dans une nouvelle contrée. Ils se firent céder d'abord par les Gaditains la petite île de *Santi-Pietri*, et le pied une fois posé sur le sol de la Péninsule, ils ne tardèrent pas à étendre de là leur domination sur toute la côte de la Bétique, et à attirer à eux le monopole du commerce de toute l'Espagne.

Après la première guerre punique, Carthage voulant se dédommager des pertes que les Romains lui avaient fait éprouver en Sicile, résolut de conquérir toute l'Espagne. Hamilcar-Barca commença cette conquête qui fut achevée par Asdrubal. Ce dernier fonda la ville de Carthagène, destinée à devenir le centre de la puissance carthaginoise en Espagne.

Les colonies grecques, effrayées d'un si dangereux voisinage, s'adressèrent au sénat romain, pour implorer sa protection. Leur demande fut accueillie avec empressement; Rome et Carthage étaient alors en paix; mais Rome ne voyait pas sans jalousie l'agrandissement de sa rivale, et elle se hâta de saisir l'occacasion d'y mettre un terme. Le sénat envoya une ambassade à Carthage, pour en obtenir un traité favorable aux peuples qui s'étaient mis sous sa garde. Ce traité stipula la liberté de Sagonte et des autres colonies grecques, et fixa l'Ebre pour limite aux conquêtes carthaginoises.

Asdrubal commanda près de huit ans en Espagne, aimé des indigènes qu'il avait su à la fois soumettre et s'attacher; il périt assassiné par l'esclave d'un chef espagnol qu'il avait fait périr dans les tourmens. Son fils Annibal, âgé de vingt-cinq ans, fut élu pour lui succéder par l'armée, et le sénat de Carthage confirma cette élection.

Le nom d'Annibal rappelle à l'esprit cette longue lutte qui commence par le siége de Sagonte et se termine aux plaines de Zama. Les événemens de cette guerre si connue appartiennent plus à l'histoire de Rome qu'à celle d'Espagne, quoiqu'ils aient eu sur cette dernière une influence remarquable. La destinée de l'Espagne était désormais liée à celle de Carthage, « et, quand Carthage fut vaincue, dit M. Rosseeuw-Saint-Hilaire, l'Espagne, qui déjà ne s'appartenait plus, se sentit vaincue avec elle, et essaya en vain de s'arrêter sur la pente qui entraînait

Rome à soumettre le monde, et le monde à lui obéir (1). »

La domination romaine dans la Péninsule a duré près de neuf siècles ; l'Espagne fut considérée comme province romaine deux cents ans avant l'ère chrétienne. Rome acheta cher cette conquête : le Nord, aujourd'hui la Vieille-Castille, l'Aragon et la Catalogne, fut constamment en révolte contre le vainqueur ; les autres parties de la Péninsule résistèrent aussi ; toute la population des montagnes combattit avec ardeur, mais sans ensemble, isolément, par petites guerres (Guerilleras), comme elle l'a fait encore de nos jours.

La conquête de la Péninsule commencée par Cn. Scipion, pendant la seconde guerre punique, ne fut terminée que sous Auguste. L'Espagne subjuguée devint alors une province romaine qui reçut les arts, les lois, les mœurs et jusqu'à la langue du peuple conquérant. Elle fut le principal théâtre de la longue et sanglante lutte de Pompée et de César ; mais cette guerre malgré les maux qu'elle lui fit souffrir, lui était pour ainsi dire étrangère, car quelque fut le vainqueur, il ne s'agissait plus pour elle que de changer de servitude.

Lorsque Octave fut devenu paisible possesseur de l'empire, l'Espagne suivit le destin du monde. Auguste divisa la Péninsule en trois grandes provinces ; la Lusitanique, la Bétique et la Tarraconaise.

La Lusitanique comprenait la région occidentale, elle était séparée de la Tarraconaise, au nord par le

---

1. Rossecuw-St-Hilaire, histoire d'Espagne, t I.

Duero; les deux points les plus orientaux de ses limites étaient Libora sur le Tage, et Augustobriga. Elle était circonscrite par le cours de la Guadiana, depuis les monts de Tolède jusqu'à la Méditerranée. Elle comprenait donc la plus grande partie du Portugal et toute l'Estramadure. *Emerita-Augusta*, aujourd'hui Mérida, était sa capitale.

La Bétique était séparée de la Lusitanique par la Guadiana, et de la Tarraconaise par une ligne qui, depuis les environs de Ciudad-Réal, s'étendait jusqu'au Rio-Almanzor; c'était la partie la plus méridionale de la Péninsule, sa capitale était *Cordoba*, Cordoue.

La Tarraconaise comprenait tout le reste de l'Espagne; la *Gallaccia*, aujourd'hui la Galice; la *Carthaginoise*, aujourd'hui le royaume de Murcie, et les îles Baléares en faisaient partie.

La Tarraconaise portait encore le nom d'Espagne Citérieure, et les deux autres provinces celui d'Espagne Ultérieure.

Les Cantabres et les Astures seuls résistèrent encore quelque temps aux armes romaines. Auguste ne dédaigna pas de faire lui-même une expédition en Espagne contre ces peuples, qui ne furent jamais entièrement subjugués, mais qui du moins refoulés dans leurs montagnes inaccessibles, laissèrent en paix les contrées soumises aux Romains.

L'Espagne, sous les premiers empereurs, jouit d'une paix et d'un bonheur qui lui firent oublier ses misères passées. Octave fit construire des routes à travers ses montagnes, jeta des ponts sur ses fleuves, fit élever de somptueux acqueducs destinés à porter la fertilité dans des plaines arides. Il fonda des colonies, et conféra aux indigènes les plus éminents, les droits de citoyens romains et les dignités de l'empire.

Si l'Espagne eut à souffrir, comme le reste de l'empire, sous les règnes de Tibère, de Caligula et des autres monstres qui déshonorèrent après lui la pourpre impériale, elle respira sous Vespasien et sous Titus. Le célèbre Pline, son ancien questeur, adoucit pour elle la tyrannie de Domitien. Enfin une ère de bonheur commença pour ce pays avec le règne de Trajan. Ce prince, natif d'Italica, près de Séville, n'oublia pas sa patrie quand il fut monté sur le trône impérial, et sous son règne la Péninsule se couvrit des splendides et utiles monumens de sa magnificence. C'est à lui qu'on doit les beaux acqueducs de Tarragone et de Ségovie, le pont hardi d'Alcantara, et une foule d'autres édifices dont les débris seuls existent encore.

L'administration paternelle de Trajan fut imitée par l'empereur Adrien, né aussi dans la Péninsule. Antonin-le-Pieux et l'espagnol Marc-Aurèle, continuèrent pendant un siècle pour la Péninsule et pour le monde cette ère de bonheur sans exemple dans les annales du genre humain. Après Marc-Aurèle, l'Espagne fut souvent opprimée par la tyrannie des gouverneurs impériaux, mais elle n'en conserva pas moins sa tranquillité. Cette longue paix de plusieurs siècles, ne fut troublée que par une invasion de Suèves, de Francs, et de quelques autres peuplades germaines, qui franchirent les Pyrénées (260) « comme une avant-garde des grandes invasions barbares qui devaient plus tard désoler tout l'empire (1) ». Cette première incursion des peuples du Nord passa sur la Péninsule comme un torrent dévastateur ; après avoir tout ravagé sur leur route, ils arrivèrent dans la Bétique, franchirent le détroit, et allèrent porter l'épouvante dans la Mauritanie.

LE CHRISTIANISME EN ESPAGNE.

L'époque de la première introduction du Christianisme en Espagne est restée incertaine, malgré les livres nombreux écrits par les érudits espagnols sur cette question. Ce qu'il y a de certain, c'est qu'au temps de St-Irénée, le Christianisme avait déjà pris quelque consistance en Espagne, puisqu'il fait mention des églises de cette contrée dans son livre contre les hérésies (2). La première persécution soufferte en Espagne par les chrétiens date de la neuvième année du règne de Septimo-Sévère. Du reste il paraît qu'à cette époque le Christianisme ne comptait encore qu'un petit nombre d'adhérens dans la Péninsule. Il y fit même peu de progrès jusqu'à Constantin ; car durant la grande persécution, qui eut lieu sous Dioclétien, le procurateur Dacien, chargé de poursuivre les chrétiens en Espagne, n'en trouva qu'un petit nombre qui souffrirent le martyre. Toutes les populations de la Péninsule étaient encore fortement imbues

---

(1) Rossceuw-St-Hilaire, histoire d'Espagne.
(2) Sanct. Iræn. contrà Hæreses, liv. I, c. X.

de Paganisme ; elles témoignèrent même une sympathie singulière pour les persécuteurs des chrétiens, et il existe un monument curieux de l'approbation qu'elles donnèrent à la persécution. C'est une inscription rapportée par Masden, dans son *Espana Romana*, dans laquelle on parle d'un sacrifice qui a été célébré *ob christianorum suppressam extinctamque superstitionem*.

Il paraît que ce n'est qu'au commencement du quatrième siècle, sous le règne de Constantin, que le Christianisme fit des progrès réels dans la Péninsule. Un concile tenu à Illiberis (aujourd'hui Grenade), dont les actes ont été conservés, fait connaître l'état de la religion à cette époque, et à quel degré dominait encore le Paganisme. Il défend à quiconque a reçu le baptême, d'entrer dans les temples païens pour y adorer les dieux, sous peine d'excommunication. Les chrétiens qui auraient assisté à un sacrifice païen, ne pourront racheter leurs fautes que par dix ans de pénitence. — Le duumvir chrétien (magistrat municipal) devra pendant l'année de sa magistrature, s'abstenir d'entrer dans les églises, parce que les devoirs de sa charge l'obligent à assister au moins à quelque cérémonie païenne. — Il est défendu aux femmes de donner leurs robes pour l'ornement d'une pompe païenne. — Le concile exhorte les fidèles à ne point souffrir, autant qu'il leur sera possible, d'idoles dans leurs propriétés ; s'ils craignent la résistance de leurs esclaves, qu'au moins ils se conservent purs eux-mêmes. — Dix-neuf évêques assistèrent à ce concile ; presque tous étaient de la

Bétique, ce qui paraît confirmer l'opinion que le Christianisme a été introduit d'abord d'Afrique en Espagne ; et que son influence s'est fait sentir longtemps sur les côtes méridionales, avant qu'il ne pénétrât dans l'intérieur.

PREMIÈRE INVASION DES BARBARES EN ESPAGNE.

Depuis que l'Espagne avait été réunie à l'empire, elle en avait suivi toutes les vicissitudes et partagé la fortune. En même temps à peu près où Alaric, à la tête de ses Goths, s'emparait de Rome et la livrait au pillage de ses soldats, une armée ou plutôt une foule d'autres barbares, les Vandales, les Alains, les Suèves, après avoir traversé les Gaules, franchissaient les Pyrénées et venaient s'abattre sur la Péninsule (409-410). Ces trois peuples avaient chacun leur chef ou roi ; Herméric conduisait les Suèves, Atace les Alains, Gunderic les Vandales. Ils mirent tout à feu et à sang dans la Péninsule : le meurtre et l'incendie marquèrent partout leur passage, et la peste et la famine suivaient leurs traces. En 411 ils partagèrent entre eux leurs conquêtes, laissant à peine aux Romains la Cantabrie et les Asturies. Les Suèves et une partie des Vandales eurent la Galice ; les Alains la Lusitanie, les Vandales (*Silinges*) qui formaient le corps de la nation, prirent la Bétique, qui changea son nom pour celui de *Vandalicia, Vandalousie*, Andalousie.

Cependant les Goths, après avoir ravagé l'Italie et saccagé Rome, pénétrèrent dans la Gaule du Sud, sous la conduite d'ATAULPHE successeur d'Alaric, et y fondèrent un empire dont Toulouse était la capitale. Ataulphe étant pénétré ensuite en Espagne, s'empara de Barcelone, et fit pendant trois ans la guerre aux Vandales. WALLIA successeur d'Ataulphe, continua la guerre commencée par son prédécesseur contre les envahisseurs de l'Espagne. Les Vandales supportèrent ses premiers efforts, mais les Alains furent entièrement défaits. Les débris de cette race se mêlèrent aux Vandales qui passèrent en Afrique sous la conduite de Genseric, l'an 429. Les Suèves menacés par Wallia firent la paix avec lui, et continuèrent à habiter l'Espagne où ils formèrent une monarchie qui dura un peu plus d'un siècle.

Délivrés du voisinage des Vandales, les Suèves étendirent leur domination en Espagne, et s'emparèrent de la Lusitanie et de la Bétique, que les Vandales avaient laissées libres. Leurs premiers rois étaient païens; mais le troisième nommé Réchiar ou Réchiaire, embrassa le Christianisme et épousa la fille de THÉODORIC, roi des Visigoths. Ce prince poursuivit ses conquêtes dans la Péninsule; maître du Sud depuis long-temps, il tourna ses armes vers le Nord, jusqu'au pied des Pyrénées.

Cependant les Visigoths affermissaient leur empire dans les Gaules. Ils avaient contribué à la défaite d'Attila à la bataille de Châlons, mais ils avaient payé cette victoire de la perte de leur roi Théodoric qui fut tué en combattant vaillamment. Son fils aîné Thorismond lui succéda, mais après deux ans de règne il fut assassiné par son frère Théodoric, qui s'empara du trône à la suite de ce fratricide.

Théodoric II, avait contribué à l'élection de l'empereur Avitus, et il se montra son fidèle allié. Le roi des Suèves, Réchiaire, ayant fait une irruption dans la province de Tarragone, qui était encore soumise aux Romains, Théodoric pria son beau-frère de rester dans les états qui lui avaient été concédés ; mais Réchiaire ne voulut rien écouter. Alors Théodoric passa les Pyrénées avec une armée composée de Goths et de Romains, attaqua les Suèves près de Paranco, les défit complètement et les poursuivit sans relâche, jusqu'à ce que Réchiaire fut tombé entre ses mains. Théodoric le fit mettre à mort, et reçut la soumission des Suèves dont l'empire sembla détruit, mais qui se rétablit un instant pour tomber bientôt sans pouvoir se relever.

Théodoric poursuivit quelque temps ses conquêtes en Espagne, mais il fut rappelé en Gaule pour défendre ses états de ce pays attaqués par Egidius, général de Majorien, successeur de l'empereur Avitus.

RÈGNE D'EURIE.

Un fratricide avait donné le trône à Théodoric II, un fratricide le lui enleva (466). Il fut assassiné par son frère Eurie, comme il avait lui-même assassiné Thorismond. De pareils crimes étaient fréquens chez les Barbares, et leur auteur n'inspirait, à ce qu'il paraît, ni horreur ni mépris. Dans ces temps de violence, les peuples demandaient à leurs chefs des vertus guerrières plutôt que des vertus morales. A défaut de celles-ci Eurie possédait les autres ; il gouverna les Goths avec vigueur et succès, et il éleva leur empire à un degré de puissance inconnu avant lui. Jusque-là leur étroit royaume de Toulouse était en quelque sorte vassal de l'empire romain ; Eurie comprenant que cet empire était à l'agonie, résolut de fonder sur ses débris un grand royaume indépendant. Placé entre l'Espagne et la Gaule, il aspira à conquérir ces deux vastes provinces romaines. Tandis qu'une de ses armées soumet l'Auvergne et s'avance jusqu'à la Loire, une autre franchit les Pyrénées, s'empare de Pampelune et de Saragosse, et pénètre jusque dans le centre de la Lusitanie. En trois ans le roi goth d'Aquitaine était maître de l'Espagne toute entière, à l'exception de la Galice restée au pouvoir des Suèves retirés dans ce coin de la Péninsule, et son empire s'étendait à l'extrémité sud de l'Espagne au Rhône, à la Loire et à l'Océan. Lorsque Odoacre eut achevé d'abattre l'empire romain, et eut pris le titre de roi d'Italie, il abandonna à Eurie toutes les conquêtes de Rome au-delà des Alpes jusqu'au Rhin et à l'Océan. Cette donation fut confirmée par le sénat, et le roi des Goths se trouva possesseur de l'Espagne et de la Gaule. Les Francs, les Bourguignons respectaient son autorité ; les Ostrogoths, les Thuringiens, les Hérules, les Suèves en Galice, les Pirates-Saxons de la Grande-Bretagne, les Vandales en Afrique, et jusqu'au lointain monarque de Perse, imploraient par des ambassadeurs son amitié et sa protection.

Eurie voulut ajouter à la gloire de conquérant, celle de législateur. Il recueillit pour la première fois dans un code écrit, les coutumes traditionnelles qui régissaient les Goths. Cette collection s'est perdue; mais la substance en est passée dans le *Forum Judicum*, dont nous aurons occasion de parler plus tard. Ce prince, après un règne long et glorieux, mourut paisiblement à Arles, nouveau siége de son empire, et son fils Alaric lui succéda.

ESPAGNE GOTHIQUE.

A peu près à la même époque, Théodoric, roi des Ostrogoths s'emparait de l'Italie et détrônait Odoacre. Ce prince, l'un des plus grands de l'époque barbare, va bientôt avoir une influence marquée dans les affaires de l'Espagne.

ALARIC, le fils et le successeur d'Eurie, était loin de pouvoir soutenir le sceptre des Visigoths avec la même vigueur et le même succès que son père. Une autre nation germanique, les Francs, ayant à leur tête leur roi Clovis, menaçait de s'emparer de toute la Gaule. Alaric voulut défendre ces possessions contre ce nouveau prétendant; quoique sans expérience dans l'art militaire, le roi des Goths, ne manquait ni de capacité ni de bravoure; mais les Goths avaient perdu depuis longtemps l'habitude de combattre, et s'étaient énervés par une longue paix. Leur armée rencontra celle de Clovis à Vouglé, près de Poitiers (507). La bataille fut décisive; l'armée des Goths fut entièrement défaite, et Alaric fut tué de la main de Clovis même. L'Aquitaine se soumit au vainqueur, qui établit ses quartiers d'hiver à Bordeaux. Au printemps suivant

Toulouse se rendit, et les Francs firent le siége d'Arles qu'ils pressèrent vivement.

Le royaume des Visigoths de la Gaule touchait à sa ruine sans l'intervention de Théodoric, le roi des Ostrogoths d'Italie, le vainqueur d'Odoacre. Ce prince envoya une armée au secours des guerriers de sa nation renfermés dans la ville d'Arles, et força Clovis à en lever le siége, après lui avoir fait éprouver une perte de trente mille hommes. Théodoric se déclara le protecteur et le tuteur du fils d'Alaric, encore enfant, et sa puissante médiation fut respectée de Clovis, qui néanmoins conserva la majeure partie de ses dernières conquêtes. Depuis cette époque la vaste province d'Aquitaine fut soumise aux rois Francs, et les chefs des Visigoths transportèrent leur jeune roi Amalaric au-delà des Pyrénées, et établirent sa résidence en Espagne.

Du reste la Péninsule était restée tranquille pendant l'orage qui avait grondé sur la Gaule. Sa paix fut troublée quelque temps par Gesalie, frère naturel d'Amalaric, qui voulut s'emparer de l'autorité souveraine ; mais vaincu plusieurs fois par les troupes du grand Théodoric, il perdit la vie dans la dernière bataille qu'il livra au tuteur de son frère.

Alaric épousa Clotilde, fille de Clovis, dans l'espoir d'assurer l'alliance entre les Francs et les Visigoths ; mais la différence de religion occasionna la dissension entre les époux et la guerre entre les deux nations. Les Goths étaient ariens, les Francs étaient catholiques ; Amalaric voulut forcer sa jeune épouse à embrasser sa religion ; Clotilde refusa avec fermeté, et sa résistance lui attira de mauvais traitemens de la part de son mari. Childebert, roi de Paris, et frère de Clotilde, apprenant les persécutions qu'éprouvait sa sœur, passa les Pyrénées à la tête d'une armée nombreuse; les Goths s'efforcèrent en vain de résister au torrent des Francs, ils furent accablés, et Amalaric vaincu ne s'échappa qu'avec peine. Il fut assassiné à Barcelone au moment où il cherchait à s'enfuir par mer avec ses trésors. Childebert revint en Gaule, ramenant avec lui sa sœur qui mourut en chemin.

Avec Amalaric, finit la race royale qui depuis plus d'un siècle régnait sur les Visigoths. THEUDIS, Ostrogoth de naissance, fut élu pour successeur d'Amalaric (531). A partir de cette époque, la monarchie des Goths qui avait été jusque-là semi-élective et semi-héréditaire, devint purement élective.

Theudis gouverna avec sagesse et fermeté, au milieu de difficultés et de dangers sans cesse renaissans, et qu'il ne put pas toujours vaincre. Il eut à lutter contre les fils de Clovis, Childebert et Lothaire, qui passèrent de nouveau les Pyrénées, s'emparèrent de Pampelune et assiégèrent Saragosse. Mais le secours miraculeux de Saint-Vincent fit lever le siége aux Francs, frappés d'une religieuse terreur. Theudis les poursuivit dans leur retraite, les battit complètement, et leur enleva la plus grande partie du butin qu'ils emportaient avec eux.

Theudis porta ensuite ses armes en Afrique; Bélisaire, général de l'empereur Justinien, venait d'enlever cette province aux Vendales. Les Goths s'emparèrent d'abord de Ceuta, que les Grecs lui reprirent, et Theudis se fit battre sous les murs de la ville par les assiégés, pendant que ses soldats célébraient la solennité du dimanche, sans songer à être attaqués. Theudis, échappé à cette sanglante défaite, alla mourir en Espagne sous le poignard d'un assassin (548).

Après Theudis on élut THÉODIGILD, qui s'était distingué par sa valeur lors de l'invasion des Francs. Mais à peine fut-il monté sur le trône qu'il exerça la plus odieuse tyrannie, et se livra à des excès de débauche qui firent regretter son élection. Après avoir exercé l'autorité royale, ou plutôt après en avoir abusé pendant dix-sept mois, il périt victime d'une conspiration des nobles de sa cour qui l'assassinèrent dans un festin.

Les conspirateurs s'assemblèrent en tumulte, et portèrent au trône AGILA, qui probablement avait pris part au complot, mais la majeure partie de l'Espagne refusa de ratifier ce choix. La ville de Cordoue s'arma la première pour s'opposer à cette élection; Agila fut vaincu par les mécontens qui avaient à leur tête Athanagild. Celui-ci, pour renverser son rival, sollicita l'appui de Justinien, empereur de Constantinople, qui, regardant toujours l'Espagne comme une province romaine, cherchait toutes les occasions qui pouvaient s'offrir d'y introduire ses troupes. Agila vaincu par les soldats auxiliaires de l'empereur grec, réunis aux mécontens, se retira dans la forteresse de Mérida, où il fut égorgé par les habitans (554).

ATHANAGILD succéda sans opposition à Agila. Le

nouveau monarque fixa sa résidence à Tolède, et il signala son règne par son équité et sa douceur. Il fut obligé dès le commencement de tourner ses armes contre les Grecs (ou les Romains comme on les appelait alors), dont l'alliance l'avait aidé à monter sur le trône. Mais il ne put parvenir à les expulser entièrement de la Péninsule, dont ils possédèrent encore quelques villes maritimes, pendant près de soixante-dix ans. Deux filles d'Athanagild, Brunehaut et Galsuinthe, épousèrent l'une Sigebert, roi d'Austrasie, et l'autre Chilpéric, roi de Soissons. La mort tragique de Galsuinthe, la vengeance qu'en tira Brunehaut, sa rivalité contre Frédégonde, sont des faits d'une grande célébrité, mais qui n'appartiennent pas à l'histoire d'Espagne.

Après quatorze ans de règne, Athanagild mourut paisiblement à Tolède, emportant avec lui les regrets de ses sujets (568).

Une longue anarchie succéda au règne d'Athanagild, parce que les grands, dont l'ambition était excitée par la forme élective du gouvernement, aspiraient tous à la royauté. Enfin, les nobles de la Gaule Gothique arrêtèrent leur choix sur LUWA ou LEUWA ; ceux d'Espagne refusèrent de le reconnaître, mais ils acceptèrent son frère LEUWIGILD. Celui-ci, par la mort de Leuwa, arrivée un an après (571), se trouva maître de tout l'empire gothique.

Leuwigild, pour se concilier tous les partis, épousa Golswinth, veuve d'Athanagild. Désirant perpétuer la couronne dans sa famille, il fit sentir aux nobles Goths, la nécessité de prévenir l'anarchie qui avait déchiré l'Espagne après la mort d'Athanagild; en conséquence, il proposa pour ses successeurs, ses deux fils Hermenegild et Recarède; ils furent acceptés et reçurent le titre de princes des Visigoths.

La province de Biscaye, et les montagnes d'Orospéda, connues aujourd'hui sous le nom de Sierra-Moréna, servaient de retraite aux descendans des Cantabres, qui conservaient encore les mœurs et les habitudes de l'indépendance. Léowigild, à force de persévérance et de courage, vint à bout de les soumettre et de les accoutumer à une vie sociale. Il soumit aussi les Suèves, dont le royaume devint définitivement une province de celui des Goths, et le nom de ce peuple fut dès-lors rayé de l'histoire.

HERMENEGILD ET INGUNDE.

Leuwigild avait donné à son fils aîné, avec le titre de roi, la principauté de la Bétique. Ce prince avait épousé Ingunde, fille de Sigebert, roi d'Austrasie et de Brunehaut. Ingunde était catholique; Golswinthe, sa belle-mère, zélée arianiste, tenta vainement de la faire changer de religion. Ingunde résista avec courage, et sa fermeté lui attira bientôt la haine de la reine des Visigoths. Golswinthe avait encore d'autres motifs de détester Ingunde; celle-ci était jeune, aimable; sa beauté et sa grâce excitaient l'admiration universelle; Golswinthe était vieille, contrefaite, borgne, fière et vindicative. Un jour cette vieille reine, furieuse de ce que sa belle-fille refusait de recevoir le baptême selon le rit arien, la saisit par ses longs cheveux, la foula sous ses pieds, et la frappa à coups de talon jusqu'à ce qu'elle fût couverte de sang ; puis elle la fit dépouiller de ses vêtemens et jeter dans l'eau, pour la rebaptiser. Ces violences, bien loin d'ébranler la foi de la jeune princesse, lui gagnèrent le cœur et les convictions de son époux. Hermenegild indigné, voulait venger son épouse outragée. Ingunde parvint à le calmer, et réussit à lui faire comprendre que la meilleure satisfaction qu'il pouvait lui donner, serait d'embrasser lui-même la foi divine pour laquelle elle avait souffert. Le prince Goth touché des prières de sa femme, et cédant aussi aux argumens de saint Léandre, évêque de Séville, se convertit à la foi catholique.

Leuwigild, en apprenant la conversion de son fils, le rappela à sa cour, sous prétexte de conférer avec lui des affaires de l'état. Hermenegild refusa d'obéir. Son père se prépara alors à marcher contre lui; mais les populations catholiques se soulevèrent en sa faveur, et Hermenegild, poussé à la rébellion par le danger et le désespoir, s'unit aux impériaux en Espagne, et envoya saint Léandre à Constantinople faire confirmer cette alliance par l'empereur.

Leuwigild entra aussitôt avec une nombreuse armée dans le pays des Vascons, qui avaient les premiers arboré l'étendard de la révolte ; il occupa une partie du pays, et pour assurer sa soumission, il fonda une ville forte, à laquelle il donna le nom de *Victorianna* (aujourd'hui Vittoria), (585). La sévérité qu'il déploya contre les habitans du pays, en força un grand nombre à émigrer. La plupart passèrent les Pyrénées, s'emparèrent d'une partie de l'Aquitaine, et donnèrent leur nom à la contrée connue sous le nom de Gascogne.

Après avoir soumis les Vascons, Leuwigild marcha contre Séville, où son fils avait établi le siége de sa rébellion. Il s'empara d'abord de Mérida, puis il vint investir Séville avec toutes ses forces. Les habitans résistèrent avec opiniâtreté, et ce ne fut qu'après avoir souffert les calamités de la famine qu'ils consentirent à se rendre. Hermenegild s'enfuit à Cordoue; son père vint encore l'assiéger dans cette retraite, et s'en empara en peu de temps. Le malheureux Hermenegild s'était refugié dans une église. Leuwigild n'osant violer cet asile sacré, lui envoya son frère Récarède, lui promettant son pardon, s'il venait lui-même l'implorer. Ce pardon, que le fils rebelle vint en effet demander à son père, n'empêcha pas Leuwigild de le dépouiller de ses habits royaux, de lui ôter ses esclaves et ses serviteurs, et de l'envoyer en exil à Valence (1).

Hermenegild s'échappa de sa prison, et parvint, dit-on, à renouer ses anciennes liaisons avec les impériaux; mais poursuivi par les soldats de son père, il fut pris dans Tarragone et jeté dans une prison. Son père lui envoya des prêtres ariens pour l'engager à retourner à la foi de ses pères, lui permettant à ce prix l'oubli absolu du passé. Hermenegild refusa avec fermeté, et répondit qu'il était résolu de mourir dans la foi catholique, qu'il avait eu le bonheur d'embrasser. Leuwigild, irrité et cédant, à ce que l'on croit,

---

(1) Rosseeuw-St-Hilaire, hist. d'Espagne.

aux instances de sa femme, ordonna le supplice de son fils. Hermenegild fut décapité dans sa prison, et l'église d'Espagne le compte au rang de ses martyrs. Ingunde, la veuve d'Hermenegild, s'était retirée à la cour de l'empereur de Constantinople, où elle mourut laissant un fils, nommé Amalaric, entre les mains de l'empereur Maurice.

Leuwigild survécut peu à son fils. Il mourut paisiblement à Tolède (586), après avoir consacré les dernières années de son règne à la révision de la législation des Goths publiée autrefois par Eurie. Ce travail qu'il accomplit avec soin, ses succès dans la guerre, l'ordre qu'il établit dans les diverses parties de l'administration, auraient immortalisé sa mémoire, si la mort qu'il fit subir à son fils ne venait y jeter une tache ineffaçable. Quelques historiens ont prétendu que, peu de temps avant sa mort, il était rentré dans le sein de l'église catholique, et que saint Léandre, archevêque de Séville, qui avait été l'instrument de la conversion du fils, contribua à celle du père. Ce fait n'est appuyé sur aucune preuve; seulement il fut accrédité par son fils et son successeur Récarède, qui lui-même embrassa la religion catholique.

CHAPITRE II.

Conversion des Goths au catholicisme. — Récarède Ier.—Liuwa, Witteric, Gondemar, Sisebut, Récarède II, Swintilla, Sisenand, Chintila, Tulga, Chindassuinte, Recessuinte, Wamba. — Déclin et chute de la monarchie gothique. — Erviga, Egiza, Witiza, Roderic. — Conquête de l'Espagne par les Arabes.

CONVERSION DES GOTHS AU CATHOLICISME.

Les Goths, en embrassant le Christianisme, dès le quatrième siècle, avaient adopté, comme nous l'avons vu, l'hérésie d'Arius. En s'établissant en Espagne, ils trouvèrent les populations de la Péninsule professant la foi catholique. Loin de faire des prosélytes parmi les habitans de l'Espagne, une grande partie des vainqueurs revinrent au contraire à la foi orthodoxe, et nous venons de voir le catholicisme trouver des adhérens jusqu'au sein de la famille royale, et les marches du trône se teindre du sang d'un martyr.

RÈGNE DE RÉCARÈDE.

Hermenegild n'était pas le seul de sa famille qui eût embrassé la vraie foi. Son frère Récarède, élevé par une mère catholique, Théodoria, entouré des instructions de saint Léandre, avait de bonne heure embrassé la foi orthodoxe; mais averti par le malheureux destin d'Hermenegild, il avait tenu secrète sa profession de foi, et attendu la mort de son père pour la manifester. Les Goths, respectant leur premier serment, reconnurent Récarède pour leur roi, après la mort de Leuwigild. Ce prince résolut alors, non seulement de proclamer hautement sa foi, mais de ramener tout son peuple à la religion catholique. Pour remplir ce but, il convoqua à Tolède une assemblée du clergé arien et des nobles, se déclara catholique, et exhorta ceux qui étaient présens à imiter son exemple. Cette proposition fut accueillie avec faveur; les évêques ariens et les seigneurs déclarèrent qu'ils embrassaient la religion de leur roi, et l'établissement général de la religion orthodoxe fut aussitôt proclamé aux applaudissemens de tous (587). Le pape Grégoire-le-Grand, en apprenant la nouvelle de cet heureux événement, par une dépêche que lui adressa Récarède lui-même, répondit au roi d'Espagne une lettre de félicitation dans laquelle on remarque le passage suivant : « Que dirai-je au der-
» nier jugement quand je m'y présenterai les mains
» vides, et que VOTRE EXCELLENCE traînera der-
» rière elle des troupeaux d'âmes fidèles qu'elle a
» gagnés à la foi par l'empire de la seule persuasion?

» Grief terrible qui accusera la tiédeur et l'oisiveté
» du grand pasteur des fidèles, quand on verra les
» saintes sueurs des rois chrétiens pour la conversion
» des âmes? » Cette lettre du saint Père était accompagnée de reliques précieuses qu'il envoyait à Récarède; on y remarquait entre autres un morceau du bris de la vraie croix.

Après avoir triomphé des Francs qui avaient attaqué ses possessions de la Gaule, après avoir déjoué plusieurs complots et réprimés quelques révoltes, ce qui lui donna l'occasion de montrer une douceur et une clémence rare chez les rois de cette époque barbare, Récarède s'appliqua à gouverner ses sujets avec sagesse et se consacra tout entier aux soins de son gouvernement. Voici le portrait qu'a tracé de ce prince un écrivain contemporain : « Il était d'un
» naturel doux et calme, d'une bonté rare, et tel était
» sur les âmes l'empire de sa douceur, que ses enne-
» mis mêmes ne pouvaient résister à l'attrait qui les
» entraînait vers lui. D'une libéralité sans bornes, il
» restitua à leurs propriétaires tous les biens que son
» père avait confisqués; ses richesses étaient aux
» pauvres autant qu'à lui : car il savait qu'il n'avait
» reçu le pouvoir que pour en faire bon usage, et
» mériter une bonne fin par de bonnes œuvres. »

Récarède, après ses victoires contre les Francs, convoqua un concile à Tolède (589). Les cinq archevêques métropolitains de Tolède, de Séville, de Mérida, de Braga et de Tarragone, y présidèrent alternativement, suivant leur degré d'ancienneté. L'assemblée fut composée de leurs évêques suffragans qui y parurent en personnes ou par leurs mandataires. De nouveaux canons ou décrets assurèrent la stabilité de l'Eglise catholique, et l'assemblée, par sa sagesse et sa modération, obtint réellement une grande influence dans l'administration du royaume. Depuis le règne de Régarède Ier, jusqu'à l'époque de l'irruption des Maures, seize assemblées ou conciles, furent successivement convoqués, et la discipline régulière de l'église introduisit la paix et l'ordre dans le gouvernement de l'état. Récarède parut devant cette assemblée ; et là, devant soixante-dix pontifes qui la composaient, il renouvela sa profession de foi catholique pour lui et pour la reine, son épouse.

Sous le règne de Récarède, la langue latine se substitua peu à peu à la langue gothique dans les actes publics, dans le service divin, dans la vie privée. L'empreinte native du caractère et des mœurs gothiques, soigneusement conservée jusque-là, commença à s'effacer, et les deux races, ou plutôt les diverses races qui couvraient la Péninsule, se fondirent peu à peu en une seule.

Récarède mourut paisiblement (601) après quinze ans d'un règne tel que les Goths en comptent bien peu dans leurs annales. Heureux dans toutes ses entreprises, le bonheur de ses sujets occupa constamment sa pensée ; et l'on ne trouverait peut-être dans tout l'occident, à cette triste époque, un règne où moins de sang ait été versé, moins de violences commises, moins d'atteintes portées à la fortune publique ou privée.

Liuva ou Leuwa, fils de Récarède, fut élu sans opposition pour lui succéder. Ce prince annonçait toutes les vertus de son père; mais un seigneur Goth, nommé Witteric, auquel Récarède avait naguère fait grâce de la vie, se vengea sur le fils, du pardon du père. Il se mit à la tête des ariens mécontents et enleva bientôt à Liuva la couronne et la vie.

Withéric usurpa le trône, mais il ne jouit pas long-temps du fruit de son crime, il périt assassiné dans un festin.

Gondemar, élu après lui, fit avec succès la guerre aux Basques, puis aux Grecs; il mourut à Tolède après deux ans de règne (612).

Sisebut, choisi pour lui succéder, est un des plus grands rois qui se soient assis sur le trône des Goths. Il acheva d'expulser les Grecs de la Péninsule, et se fit aimer de tous par sa modération et sa douceur. Seulement on est étonné qu'avec les sentimens d'humanité qu'il manifestait, il ait persécuté les juifs avec une tyrannie inconnue avant lui. Cette persécution est la seule faute qui ait terni la gloire du règne de Sisebut. Il mourut en 620, des suites d'une médecine trop violente, ou, suivant d'autres, du poison.

Récarède II, fils aîné de Sisebut, fut appelé à succéder à son père ; mais il mourut quelques jours après son élection, et son frère Swintilla fut proclamé à sa place. Ce prince déploya des talens remarquables dans la guerre ; il acheva de délivrer l'Espagne des Grecs qui en occupaient encore quelques petites parties, et, à partir de cette époque, les Goths purent se dire véritablement les maîtres de la Péninsule entière. Mais quand il eut rétabli la paix dans son royaume, Swintilla se laissa corrompre par la prospérité, et bientôt il devint le fléau de son peuple après en avoir été le protecteur. Sa conduite excita l'indignation générale, et Sisenand, gouverneur des provinces des Goths dans la Gaule, résolut de délivrer sa patrie du tyran qui l'opprimait. Il sollicita des secours du roi des Francs Dagobert, et à la tête d'une armée composée de Goths, de Francs, Sisenand traversa les Pyrénées et fondit sur l'Espagne. Swintilla marcha à la rencontre du rebelle et le joignit dans les environs de Saragosse; mais le roi abandonné de ses troupes, de ses courtisans, et même de son propre frère, eut la douleur d'entendre le nom de son rival proclamé dans son camp. Perdant alors tout espoir de résister, il chercha son salut dans une prompte fuite.

SISENAND poursuivit paisiblement sa marche jusqu'à Tolède, où il fut solennellement reconnu et sacré roi, il mourut après cinq années de règne en 636.

CHINTILA, élu après lui, gouverna l'Espagne pendant six ans. Son règne n'est remarquable que par un édit qui opéra l'expulsion totale des juifs de la Péninsule.

Après la mort de Chintila, les grands, pour honorer sa mémoire, élevèrent son fils TULGA sur le trône; mais la faiblesse et l'incapacité de ce jeune prince firent bientôt repentir les Goths de leur choix. Les grands se liguèrent, déposèrent ce fantôme de roi, et élurent à sa place CHINDASSINTE, vieux guerrier de noble race. Le roi détrôné eut la tête rasée, et fut relégué dans un couvent.

Malgré son âge avancé, Chindassinte régna avec vigueur et fermeté. Une assemblée générale tenue à Tolède ratifia son élection; il associa son fils Recessuithe à l'empire, moins pour partager avec lui le fardeau des affaires que pour lui assurer la succession au trône. Chindassinthe mourut à 90 ans, après onze ans de règne; ses talens militaires, ses connaissances littéraires et sa piété lui méritèrent les éloges de ses sujets.

RECESSUINTE occupa le trône pendant vingt-quatre ans, c'est le plus long règne que l'on rencontre dans les annales des rois Goths; mais ce qui est plus rare encore, c'est que Recessuinte sut se concilier l'amour de ses sujets par ses vertus et par la douceur de son gouvernement. Ce pieux et bon roi s'occupa constamment du bonheur de ses peuples, et il eut, comme Antonin, le rare privilége de ne pas fournir de matériaux à l'histoire. Sa mort plongea l'Espagne dans le deuil, et cette douleur des sujets est le plus bel éloge que l'on puise faire du prince (672).

WAMBA.

Recessuinte était encore sur son lit de mort, quand les grands rassemblés lui donnèrent pour successeur, WAMBA, noble goth, d'un âge mûr, distingué par ses talens et ses qualités éminentes. Il fut élu à l'unanimité; Wamba seul s'opposa à sa propre élection; sa modestie le rendait défiant de ses propres forces, et il fallut le contraindre pour ainsi dire d'accepter la couronne. Il céda au reproche qu'on lui fit de préférer sa propre tranquillité à l'intérêt de son pays; mais en consentant à porter la couronne, il invita l'assemblée à se rappeler qu'il ne l'accepterait que pour satisfaire au désir du peuple, et non à sa propre inclination.

Wamba fut à peine monté sur le trône, qu'il éprouva toutes les vicissitudes qui y sont attachées. La Gaule Gothique, appelée Septimonie, se révolta, et Hildéric, comte de Nismes, se déclara souverain indépendant des provinces gothiques de la Gaule. En même temps les habitans de la Navarre et des Asturies refusaient de payer l'impôt et armaient contre l'état. Wamba chargea Paul, noble grec qui s'était fixé en Espagne, d'aller avec une armée soumettre le rebelle Hildéric, tandis qu'il châtierait lui-même les révoltés de la Péninsule. Paul résolut de faire servir à sa propre élévation les forces qu'on lui confiait. Il gagna les chefs de la Catalogne; la ville de Narbonne le reçut comme un souverain; Hilbéric et ses partisans se joignirent à lui; en peu de temps toute la Septémanie le reconnut, et son usurpation fut soutenue par les Francs et les Vascons qui lui donnèrent des secours.

Wamba était sur les frontières de la Navarre quand il apprit la perfidie de son général et la révolte de la Gaule Gothique. Ses officiers lui conseillaient de retourner à Tolède pour aller chercher des renforts;

mais Wamba qui, dans cette occasion, se montra vraiment digne du trône où on l'avait forcé de monter, rejeta ces conseils dictés par une prudence timide. Il pénétra dans les contrées rebelles de la Navarre et des Asturies, et, par la rapidité de sa marche, il surprit les habitans, ravagea une partie de leurs propriétés, et leur inspira une telle terreur qu'ils se soumirent et vinrent implorer sa clémence. Wamba reçut leur serment, et leur pardonna à condition qu'une partie de la jeunesse prendrait les armes pour l'accompagner dans son expédition contre Paul. Avec ce renfort le roi s'avança rapidement sur Barcelonne où il fut reçu; ayant ensuite divisé son armée en trois corps, il passa les Pyrénées et vint mettre le siége devant Narbonne. Paul n'avait pas osé attendre dans cette ville l'armée victorieuse de Wamba: il s'était enfui à Nîmes, et avait laissé à un de ses complices, Wittemir, le soin de défendre Narbonne à la tête d'une forte garnison. Malgré une opiniâtre résistance, la ville fut prise d'assaut; et Wittemir arraché d'une église où il s'était réfugié, fut battu de verges avec ses complices.

Wamba, poursuivant sa marche, s'empara de Béziers, de Maguelonne, et bientôt il arriva devant Nîmes avec trente mille hommes d'élite. La ville fut aussitôt attaquée, elle résista à un premier assaut; mais le lendemain les Goths donnèrent un nouvel assaut et pénétrèrent dans la ville. Paul avec une partie de la garnison se retrancha dans les *Arènes*, vaste amphithéâtre qui subsiste encore aujourd'hui, et qui porte même les traces du siége qu'on lui fit alors subir. Les rebelles tinrent encore pendant trois jours dans l'amphithéâtre ; enfin ils se rendirent. Wamba accorda la vie et le pardon à la multitude, sur la médiation de l'évêque de Narbonne ; il n'excepta de la grâce qu'il avait promise que Paul et les principaux chefs de la rébellion. Il aurait pu ordonner immédiatement leur supplice, sans forme de procès, que cette sentence n'aurait surpris personne ; mais Wamba aurait craint de donner à un acte de justice l'apparence d'un acte de vengeance personnelle. Il voulut que l'on procédât régulièrement contre Paul et ses complices.

Trois jours après la victoire, Paul, chargé de fers, fut amené devant le tribunal, présidé par Wamba. Alors le roi adjura Paul de dire si quelque injure de sa part avait provoqué cette lâche trahison : Paul avoua sa faute, en l'attribuant à l'instigation du démon. On montra ensuite au rebelle et à ses complices les actes de l'élection du roi Wamba, qu'eux-mêmes avaient signés avec les autres nobles ; puis l'acte de l'élection de Paul, également signé par eux, et où ils s'engageaient à combattre pour lui contre leur roi légitime. Les juges, sommés alors de prononcer la peine décernée par les lois contre les traîtres, condamnèrent Paul et ses complices à la peine de mort. Mais le généreux Wamba se contenta de leur faire couper les cheveux et de les envoyer dans un couvent expier leur faute par la pénitence.

Wamba, après avoir réparé les désastres que la guerre avait fait souffrir à la Septimanie, rentra en Espagne un mois après en être sorti, et fit à Tolède une entrée triomphante. Ainsi se termina à la gloire de Wamba, cette rébellion, qui, sans son courage, et son activité, aurait pu lui coûter la couronne et la vie.

Après avoir rétabli la paix, Wamba s'occupa de publier des réglemens sages pour remédier aux abus. Il convoqua un concile national à Tolède, et fit promulguer neuf canons pour le rétablissement de l'ancienne simplicité de l'église.

« C'est pendant ce règne, le dernier qui brille encore de quelque gloire, que nous voyons apparaître pour la première fois, sur les côtes de l'Espagne, les Arabes, ses futurs conquérans. Les successeurs de Mahomet, après avoir soumis l'Egypte, avaient chassé peu à peu les Grecs de toutes leurs possessions sur le littoral nord de l'Afrique, jusqu'au détroit de Gibraltar (670-683). Okbha, l'un de ces ardens sectateurs de l'Islamisme, après s'être rendu maître de Tanger, essaya de s'emparer d'Algésiras, sur la côte d'Espagne, avec une de ces innombrables flottes qu'on ne peut expliquer que par la petitesse des bâtimens ; mais Wamba, instruit d'avance de leur projet, leur opposa une flotte non moins redoutable, qui enleva ou détruisit aux Arabes 270 bâtimens de toute grandeur. Ainsi la conquête musulmane, avant même de toucher le sol espagnol, débuta par une défaite, et laissa à Wamba le stérile honneur d'avoir retardé de trente ans l'asservissement de sa patrie (1). »

Le règne de Wamba, distingué par une suite d'ac-

---

(1) Rossecuw-St-Hilaire, hist. d'Espagne

tions aussi grandes qu'illustres, a été regardé comme le siècle de la justice et de la sagesse. Il était naturel de penser que le règne du vainqueur de Paul et des Sarrasins ne finirait qu'avec sa vie. Cependant une obscure intrigue entraîna la perte de ce grand roi. Erviga, noble goth qui prétendait descendre d'Athanagilde, conspira contre Wamba ; mais craignant le sort de Paul, il gagna un domestique du roi qui fit prendre à son maître un breuvage soporifique, qui le priva pendant plusieurs heures de l'usage de ses sens. Pendant cette agonie factice, Erviga dépouilla le malheureux monarque des insignes de la dignité royale, et s'en revêtit lui-même ; puis il fit couper la longue chevelure du prince, et le revêtit d'un habit de moine. Wamba en s'éveillant, s'aperçut qu'il n'était plus roi ; mais il dissimula sa surprise, et feignit d'abdiquer volontairement, aimant mieux renoncer à la vengeance que de troubler la tranquillité de l'Espagne. Il se retira dans un monastère, où s'écoulèrent les dernières années de sa vie, qui, quoique passées dans l'obscurité, furent certainement les plus heureuses pour ce grand prince ; l'indifférence avec laquelle il supporta la perte de sa couronne, prouva qu'il était vraiment digne de la porter (680).

DÉCLIN ET CHUTE DE LA MONARCHIE GOTHIQUE.

Wamba détermina lui-même les suffrages de l'assemblée nationale de Tolède, en faveur de l'usurpateur ERVIGA. Celui-ci, après avoir administré le royaume assez paisiblement pendant quelques années, se vit en butte à la haine des partisans de Wamba, et surtout de celle d'Egiza, neveu et héritier de ce monarque. Pour apaiser les ressentimens d'Egiza, et lui faire ajourner au moins son ambition, Erviga se décida à lui donner en mariage sa fille Cixilona, et le reconnut pour son successeur. Quelque temps après, sentant sa fin approcher, et dévoré de remords et de terreur, Erviga crut expier le coupable artifice qui avait ravi le trône à Wamba en se revêtant à son tour d'un habit de moine, et en cédant la couronne à Egiza. Il lui fit prêter le serment d'administrer à tous ses sujets une justice égale; puis il se retira dans un cloître, où il mourut au bout de quelques jours (687) (1).

EGIZA fut reconnu sans difficulté par les nobles. Son règne qui dura quatorze ans, n'offre rien de remarquable que la réunion en un seul code des lois décrétées sous les rois ses prédécesseurs, depuis le fier Euric jusqu'à Erviga. Il eut à réprimer quelques révoltes peu importantes des seigneurs, et surtout une conspiration des Juifs qui avait pour objet d'appeler en Espagne les Sarrasins d'Afrique. Egiza découvrit à temps le complot, et fit remettre en vigueur les lois contre les Juifs, tombées depuis long-temps en désuétude. Malgré la jalousie des nobles Goths, Egiza parvint à leur faire reconnaître son fils Witiza, pour son successeur et pour associé à l'empire. A cet effet, il convoqua une assemblée nationale à Tolède, dans laquelle son fils fut solen-

---

(1) Rossecuw St-Hilaire, hist. d'Espagne.

nellement associé à la dignité royale. Egiza mourut bientôt après (701), et laissa à Witiza l'administration de l'Espagne, sans aucune autre espèce de partage.

Le règne de WITIZA et celui de son successeur, les deux derniers rois de la monarchie gothique, sont peu connus. A travers l'obscurité des chroniqueurs de ces temps reculés, on peut conjecturer que Witiza, après avoir régné avec assez de sagesse dans les premières années, finit par se livrer à la débauche et à toutes sortes d'excès. Parmi les victimes de la jalousie de ce tyran, on cite Théodefred, descendant de Recessuinte, qui fut privé de la vue et jeté dans les prisons de Cordoue.

RODERIC, fils de Théodefred, entreprit de venger son père. Il leva l'étendard de la révolte ; une foule de mécontens se joignirent à lui ; on ignore les détails de cet événement, ce qu'il y a seulement de certain, c'est que Roderic s'empara du trône des Goths en 709. A peine le nouveau roi avait-il satisfait tout ensemble à sa vengeance et à son ambition, qu'il dut s'apercevoir que son élévation serait également dangereuse pour son pays et pour lui-même. Les jeunes fils de Witiza rallièrent autour d'eux un parti nombreux et puissant, grossi de tous les nobles dont l'ambition désappointée enviait l'élévation de Roderic, qui, s'il faut en croire quelques historiens arabes, n'était pas même issu de noble race. Les principaux alliés des jeunes princes étaient le comte Julien, gouverneur de Ceuta en Afrique, et Oppas, frère de Witiza, et métropolitain de Séville.

Julien, pendant le règne de Witiza, avait défendu Centa avec autant de courage que de succès, contre les attaques des Arabes, qui, maîtres du littoral de l'Afrique, souffraient impatiemment de voir l'Espagne garder un pied dans sa possession. Mais, lors de l'avénement de Roderic, Julien embrassa avec ardeur la cause des fils de Witiza. Ne se sentant pas assez forts pour renverser l'usurpateur sans un appui étranger, les mécontens appelèrent à leur aide les Arabes, impatiens de mettre à leur tour un pied sur ce sol de la Péninsule qui leur ouvrait le monde de l'occident (1). »

Ce motif de la révolte de Julien est plus probable que celui de l'histoire de Florinde ou *la Cava*, fille de Julien, outragée par Roderic. Ce fait, dénué de toute preuve évidente, n'est plus regardé aujourd'hui que comme un conte populaire inventé par les romanciers du neuvième et du dixième siècles.

CONQUÊTE DE L'ESPAGNE PAR LES ARABES.

Depuis long-temps les Arabes, maîtres d'une bonne partie de l'Asie et de tout le nord de l'Afrique, convoitaient cette riche Andalousie qu'ils avaient sous les yeux; et, lorsque le comte Julien leur promit de leur délivrer Centa, et de leur ouvrir les portes de l'Espagne, c'était aller au-devant d'une de leurs ambitions les plus ardentes. Le déplo-

---

(1) Rosseeuw-St-Hilaire, hist. d'Espagne.

rable état où se trouvait alors l'Espagne, les dissensions qui la déchiraient, l'extinction complète de l'esprit militaire, tout se réunissait pour aplanir la conquête. Les Goths n'étaient plus depuis long-temps ces victorieux barbares qui humiliaient la fierté de Rome, dépouillaient la reine des nations, et pénétraient du Danube à l'Océan atlantique. Les successeurs d'Alaric s'étaient engourdis pendant une longue paix. Les murs des villes étaient tombés en ruine ; la jeunesse avait renoncé à l'exercice des armes, et la présomption que lui donnait la renommée de ses ancêtres ne servait qu'à l'exposer à être vaincue sur un champ de bataille, à la première attaque des envahisseurs (1).

Cependant Muza, gouverneur de l'Afrique pour le calife de Damas, se défiant des promesses de Julien et des réfugiés Goths, envoya un détachement de cent Arabes et de quatre cents Africains, sous la conduite de Tarif ou Tareck, un de ses lieutenans. La place où ils débarquèrent porte encore aujourd'hui le nom de ce Tarif; de là ils se rendirent au château de Julien, dont les vassaux leur firent un bon accueil et se joignirent à eux. L'incursion qu'ils firent ainsi dans une province fertile et sans défense, la richesse du butin qu'ils rapportèrent, enfin la facilité de leur retour annoncèrent à leurs frères les plus favorables présages d'une victoire facile.

Muza, enfin convaincu de la réalité des promesses de Julien, et des chances sérieuses de conquêtes qui

---

(1) Adam, hist. d'Espagne, trad. de M. Briand.

s'offraient à lui, écrivit au calife de Damas pour lui demander la permission d'ajouter à son empire une terre « qui l'emportait sur la Syrie par la douceur du climat, et la pureté de l'air; sur l'Yémen par la richesse du sol; sur l'Inde par ses fleurs et ses parfums; sur le Catay par ses mines précieuses; sur l'Eden enfin par ses ports et ses beaux rivages. » Le calife ne pouvait se refuser à une offre aussi belle; mais il recommanda encore la prudence à son lieutenant, l'invitant à ne pas risquer, sur la foi de quelques traîtres, et sans la certitude du succès, la vie de tant de fidèles croyans.

Muza, pour obéir aux ordres de son maître, envoya cinq mille hommes, sous le commandement de ce même Tareck ou Tarif, Ben Zeyad, officier intrépide et plein de talent qui surpassa l'attente de son chef. Ils débarquèrent à la pointe d'Europe, le 30 avril 711 (an 92 de l'hégire), jour à jamais mémorable pour l'Espagne. Tareck renvoya ses vaisseaux chercher des renforts et se fortifia au pied du mont Calpé, près de cette roche imprenable à laquelle le conquérant Arabe a laissé son nom *Gebal al Tareck*, montagne de Tareck, par corruption Gibraltar.

Roderic avait fait peu d'attention aux préparatifs et à la première tentative des Sarrasins. Cette seconde invasion éveilla ses craintes; mais ne croyant pas à l'imminence du danger, il se contenta d'envoyer le brave Théodomir son lieutenant, à la tête de quelques troupes, insuffisantes pour arrêter les progrès de l'ennemi. Théodomir, battu dans toutes les rencontres avec l'ennemi, demanda du secours à Roderic, qui comprit enfin le danger dont l'Espagne était menacée. En effet, de nouveaux renforts étaient arrivés aux Musulmans ; déjà ils s'étaient rendus maîtres de Séville et de presque toute l'Andalousie. Roderic fit alors un appel à tous les seigneurs de sa nation, et en peu de temps il réunit une armée de 90 ou 100 mille hommes, avec laquelle il marcha contre l'ennemi. Cette nombreuse armée était plus que suffisante pour écraser les Arabes, si les Visigoths avaient conservé quelque reste de leur ancienne valeur ; mais amollis par une longue paix, le poids seul de leurs armes suffisait pour les accabler.

Les Arabes, à l'approche des Chrétiens, battirent en retraite, et se rapprochèrent de la côte où de nouveaux renforts vinrent grossir leurs rangs, bien inférieurs toutefois à ceux des Chrétiens. Enfin le 25 ou le 26 juillet de l'an 711, les deux armées rencontrèrent dans la plaine arrosée par le Guad ète, à quelques milles de Cadix, où depuis fut bâtie la ville de *Xerès de la Frontera*. Le combat dura trois jours suivant quelques-uns, sept et même huit suivant d'autres. Les premiers jours furent tout à l'avantage des Chrétiens, et les Sarrasins découragés étaient sur le point de succomber, quand Tareck leur adressa cette harangue : « Mes frères,
» vous vainqueurs d'Al-Magreb, allez-vous fuir?
» Mais la fuite pour vous c'est la mort, derrière
» vous est la mer, devant vous l'ennemi : il n'y
» a de salut pour vous que dans la victoire,
» d'espérance qu'en Dieu. Suivez-moi, je suis

3

» résolu de mourir ou de fouler aux pieds le roi des
» Visigoths. » Et il se précipita au plus épais de la
mêlée.

Mais le désespoir n'était pas la seule ressource de
Tareck; il comptait sur la défection des fils de Vitiza,
qui dans la nuit même avaient eu un entretien avec
le comte Julien, et avaient promis d'abandonner
Roderic au milieu du combat. Ils le firent en effet,
et cette défection jeta le désordre et le découragement dans l'armée chrétienne. Dès ce moment ce ne
fut plus un combat, mais une déroute complète;
chaque guerrier chercha son salut dans la fuite, et
la plus grande partie de l'armée des Goths, dispersée
et poursuivie, fut détruite dans l'espace de quelques
jours. Roderic, dit-on, après des prodiges d'une valeur inutile disparut dans la mêlée. Suivant les écrivains arabes, amis du merveilleux, il périt de la
propre main de Tareck, et sa tête fut envoyée à Muza,
et ensuite au calife, sanglant trophée sans lequel
les lieutenants de Mahomet ne croyaient pas à une
victoire.

Suivant les auteurs espagnols, Roderic trahi, vaincu,
et abandonné de tous les siens, morts, fugitifs, ou
passés à l'ennemi, se dépouilla de tous ses ornemens
royaux qu'il laissa sur le bord du Guadalète, et
montant sur son cheval Orella, il traversa le fleuve
et gagna les monts sauvages qui séparent l'Andalousie
du Portugal. Il ne quitta plus cette retraite, et finit
ses jours dans un ermitage. Quant au comte Julien,
il disparaît de l'histoire en même temps que le roi
Roderic, et que la monarchie gothique.

Les Sarrasins, après la bataille de Xerès, s'avancèrent dans l'intérieur de l'Espagne qu'ils traversèrent jusqu'à la baie de Biscaye, sans rencontrer nulle part de résistance sérieuse. Séville, Cordoue, Tolède et toutes les villes ouvraient leurs portes à l'approche des vainqueurs et leur livraient leurs trésors. L'Espagne qui, dans un état sauvage et de désordre, avait résisté pendant deux siècles aux armes romaines, fut conquise en quelques mois par les Sarrasins.

Ainsi tomba en Espagne, pour ne plus se relever, ce puissant empire des Goths, qui avait un instant occupé presque toute la Gaule, l'Italie et l'Espagne. Fondus avec les Hispano-Romains, les Goths depuis long-temps ne formaient plus avec eux qu'une même nation, ayant les mêmes mœurs, la même religion, le même langage. C'est ce peuple nouveau que nous verrons reparaître bientôt dans les Asturies, commençant contre l'invasion arabe cette héroïque résistance, qui doit durer sept cents ans; c'est le peuple espagnol, qui, quoique divisé par fois en cinq ou six royaumes, restera uni par la même foi, le même idiôme, une indépendance commune, une même haine pour l'étranger.

CHAPITRE III.

Suite des conquêtes des Arabes. — Coup-d'œil sur l'origine de l'Islamisme. — Suite de la conquête de l'Espagne. — Disgrâce de Muza et de son fils. L'Espagne sous les Emirs. — Pélage et les rois des Asturies. — Famille Alphonse Ier. — Etablissement du califat de Cordoue. — Les rois de Léon. — Froïla, Aurilio, Silo, Bermude Ier, Alphonse II, Ramire Ier, Ordogno Ier, Alphonse III, Gercia, Ordogno II. — Fondation du royaume de Navarre. — Défaite des Chrétiens au val de Junquera. — Ramire II. — Bataille de Simancus.

SUITE DES CONQUÊTES DES ARABES.

La nouvelle des rapides succès de son lieutenant, excita la jalousie de Muza qui commençait à craindre que Tareck ne lui laissât plus rien à soumettre. Muza, à la tête de dix mille Arabes et de huit mille Africains, passa en personne de la Mauritanie en Espagne. Les premiers de ses compagnons d'armes descendaient de la plus noble tribu de l'Arabie. Il laissa l'aîné de ses fils en Afrique, et emmena les trois plus jeunes qui étaient déjà d'un âge et d'un caractère propre à seconder les entreprises les plus hardies que pût concevoir leur père,

Lorsque Muza débarqua à Algésiras, le comte Julien le reçut d'une manière respectueuse; et dissimulant les remords, dont sans doute il était accablé, il fit connaître par ses discours et par ses actions, que les victoires des Arabes n'avaient pas diminué son attachement à leur cause.

Muza entreprit le siége de quelques forteresses qui résistaient encore, entre autres celles de Séville et de Mérida. Les habitans de cette dernière ville soutinrent en cette occasion, l'honneur qu'ils avaient de descendre des vétérans légionnaires d'Auguste. Ils se défendirent long-temps avec une constance opiniâtre, et le château des Martyrs est un témoignage encore subsistant des pertes qu'éprouvèrent les Musulmans dans le siége de Mérida. Forcés enfin par la famine, ils capitulèrent, et le vainqueur leur permit de se retirer où ils voudraient, ou de se soumettre à un tribut léger qu'il leur imposa comme marque de leur dépendance.

Presque tous préférèrent un exil volontaire à un pacte quelconque avec les ennemis de leur religion, ils abandonnèrent leur patrie, et gagnèrent les montagnes des Asturies, ils allèrent grossir les bandes chrétiennes qui ne devaient jamais subir le joug des infidèles.

COUP-D'OEIL SUR L'ORIGINE DE L'ISLAMISME.

Avant de continuer le récit de la conquête de l'Espagne par les Arabes, on ne peut se dispenser de jeter un coup-d'œil sur ce peuple extraordinaire, qui, sorti tout-à-coup de ses déserts, menace d'envahir le monde, et de soumettre tous les peuples à ses armes et à sa religion.

L'Arabie, cette immense péninsule enfermée par trois mers, et séparée du reste de l'Asie par les déserts que borne l'Euphrate, était, depuis les siècles les plus reculés, habitée par des tribus nomades, qui vivaient sous la tutelle patriarchale d'un Scheick, père et roi dans sa tribu. Leur religion était l'idolâtrie. A cette population primitive s'étaient joints des juifs, depuis leur exil de la Terre-Sainte, et plus tard des chrétiens de différentes sectes schismatiques que l'église orthodoxe avait rejetés de son sein. Au commencement du septième siècle, un homme entreprit de réunir sous un même symbole le juif, le chrétien et l'arabe idolâtre. Cet homme est Mahomet. D'un amas confus de textes et de préceptes contradictoires, débris indigestes de religions mises au pillage, sans autre méthode que le caprice ou l'intérêt momentané du législateur, il composa le Koran, ou livre de sa loi appelé Islam. Puis pour propager sa religion, il ordonna à ses sectateurs de parcourir le monde le glaive à la main, de soumettre les peuples à sa loi, ou de les réduire en esclavage, promettant à ses fidèles croyans la gloire, les richesses et tous les plaisirs sensuels dans cette vie et dans l'autre.

« Le Koran, dit M. Rosseuw-St-Hilaire, considéré comme code religieux, n'est qu'une mauvaise contrefaçon de la Bible et de l'Evangile, qui porte l'empreinte de l'homme à chaque page, comme prédication de guerre et de conquête, jamais clairon plus belliqueux n'a sonné l'appel au combat, jamais vers de poète ou sermon d'apôtre n'ont inspiré à ce point le mépris du danger. » Un siècle n'était pas encore écoulé depuis la fondation de l'islamisme, que déjà les disciples de Mahomet, après avoir soumis l'Arabie, et une partie de la Syrie, avaient fait la conquête de la Perse, de l'Egypte et du nord de l'Afrique. Partout où la loi de Mahomet n'eut à lutter que contre les grossières superstitions du sabéisme (adoration des astres) et de l'idolâtrie, en Egypte, en Perse, en Arabie, les convictions comme les empires cédèrent facilement devant elle; mais quand le culte nouveau vint se heurter contre les dogmes divins de l'Evangile, il lui fallut renoncer à convertir ceux qu'il avait vaincus. En Espagne, les Mahométans, loin de se mêler avec les indigènes, comme avaient fait les Romains et les Goths, formèrent toujours une nation distincte, par ses mœurs, son langage et plus encore sa religion. La lutte commença aussitôt entre les deux races, et ne se termina que par l'expulsion des envahisseurs.

SUITE DE LA CONQUÊTE DE L'ESPAGNE.

Muza, jaloux de Tareck, lui demanda un compte sévère des dépouilles résultant de la victoire, et affectant de le trouver en défaut, il le fit mettre en prison. Quand le calife de Damas fut informé de cet événement, il ordonna à Muza de rendre à Tareck, sa liberté, et le commandement de l'armée qu'il lui avait ôté, ajoutant qu'il se gardât bien désormais de laisser rouiller dans le fourreau une des meilleures épées de l'Islam.

Tous deux reprirent alors le cours de leurs conquêtes; Tareck s'avança vers l'Est, et Muza prit la route du Nord. Le premier soumit la province Tarragonaise, tandis que Saragosse et Barcelone ouvrirent leurs portes au second.

Pendant que Muza poursuivait sa carrière victorieuse jusqu'aux Pyrénées, son fils Abdelasis soumettait Séville, et côtoyait la Méditerrannée de Malaga à Valence. Dans les cantons de Murcie et de Carthagène, Abdelasis trouva un adversaire dont la bravoure excita l'admiration même de ses ennemis. C'était Théodomir, gendre d'Egiza, qui sous le règne de son beau-père avait déjà rendu son nom terrible aux Sarrasins, par la défaite de leur flotte. Après la funeste bataille de Xérès, Théodomir ralliant quelques débris de l'armée vaincue, s'était retiré dans le pays de Murcie, où, au milieu de l'affreux désordre qui suivit la conquête, il n'avait pas eu de peine à se créer une espèce de royaume, que les Arabes nommaient le *Pays de Taducir*. Abdelasis entreprit de soumettre Théodomir; mais il trouva une résistance inattendue, et il consentit à faire avec lui une paix honorable. Le traité conclu entre les deux adversaires nous a été conservé par les historiens Arabes; nous en donnons quelques extraits, comme monumens des mœurs et de la politique des conquérans de l'Espagne.

Conditions de paix agréées et jurées entre Abdelasis, fils de Muza, fils de Nassir, et Théodomir, prince des Goths.

« Au nom de Dieu, clément est miséricordieux,
» Abdelasis, fils de Muza, fils de Nassir, fait la
» paix à ces conditions ; que la paix soit accordée à
» Tadmir, fils des Goths, et que Dieu et son pro-
» phète la confirment et la maintiennent. Tadmir,
» et non un autre, commande aux Chrétiens de son
» royaume. Il n'y aura entre eux et les Musulmans
» aucune guerre, et on ne leur prendra captifs ni
» leurs femmes ni leurs enfants. Ils ne seront point
» molestés dans leur religion, et on ne brûlera pas
» leurs églises, et ils ne seront soumis à d'autres
» obligations que celles qui sont ici stipulées......
» Tadmir ne recevra pas dans ses états les ennemis
» du calife et ne manquera pas à la fidélité qu'il
» lui doit, il nous révélera tous les projets hostiles
» dont il aura connaissance ; lui et ses nobles paie-
» ront par an un tribut d'un *dinar* d'or chacun, de
» quatre mesures de froment, quatre d'orge, quatre
» de vin doux, quatre de vinaigre, quatre de miel
» et quatre d'huile. Chaque serf et chaque vassal ne
» paiera que la moitié de ce tribut. Daté le 3 de la
» lune de Redjab de l'an 94 de l'hégire (5 avril 713). »

Ce royaume tributaire de Mercie subsista quatre cents ans, et fut enfin partagé entre les tribus Arabes.

DISGRACE DE MUZA ET DE SON FILS.

Muza considérait la possession de l'Espagne, comme le premier pas vers la conquête de l'Europe, et le plan qu'il roulait dans sa tête, s'il faut en croire quelques historiens arabes, est un des plus vastes projets que la pensée humaine ait jamais conçus.

Déjà il se préparait à transporter la guerre au-delà des Pyrénées, à dessein de renverser, dans la Gaule et dans l'Italie, la monarchie des Francs et des Lombards; de là il voulait aller à Rome prêcher jusque sur l'autel de Saint-Pierre, la doctrine de Mahomet; puis pénétrant dans la Germanie, dont il subjuguerait les peuples, il se proposait de suivre le cours du Danube jusqu'à la mer Noire, de renverser en passant le vieil empire de Bysance, et de retourner d'Europe en Asie, pour réunir à ses conquêtes Antioche et les provinces de Syrie. Mais le calife Walid, instruit des projets de Muza, fut frappé de leur témérité, et il lui envoya l'ordre de revenir à Damas.

Muza, soit qu'il ne voulut pas abandonner ses rêves d'ambition, soit qu'il prévit le sort qui l'attendait à Damas, ne se pressa pas d'obéir. Il fallut lui envoyer un second message, et cette fois le vieux guerrier se décida en frémissant à obéir au vicaire du prophète. Tareck avait aussi été rappelé par le calife; mais il s'était empressé d'obéir, et il arriva à Damas, long-temps avant son rival. Il reçut de Walid un accueil plein de bienveillance, et le compte qu'il rendit de la conduite de Muza, contribua encore à aigrir contre ce général, le chef des croyans. Quand Muza arriva à Damas, Walid venait de mourir; Soliman, son successeur, accueillit Muza en maître irrité. Il le fit condamner à être battu de verges et exposé tout un jour au brûlant soleil de Damas, sur la place publique; il fut de plus condamné à payer une amende énorme, qui le réduisit à la pauvreté. « Le conquérant de l'Espagne, vieillard presque septuagénaire, qui avait eu entre ses mains tous les trésors de la Péninsule fut contraint, dit Murphy, à aller mendier son pain de tribu en tribu, dans les déserts de l'Arabie. » Une épreuve bien plus cruelle l'attendait encore.

Le fils de Muza, Abdelasis, avait été chargé par son père du gouvernement de l'Espagne. Dans ce poste difficile, il s'était conduit avec beaucoup de zèle et de prudence, et son mérite lui avait concilié l'estime des vainqueurs et des vaincus. Parmi les captives que la victoire avait mis en son pouvoir était Egilona, veuve de Roderic ; séduit par ses charmes, il avait respecté le sang royal qui coulait dans ses veines, et l'avait épousée en grande pompe, sans exiger d'elle qu'elle embrassât la foi musulmane.

Ce mariage mécontenta à la fois les Chrétiens et les Musulmans. On prétendit que sa nouvelle compagne lui inspira le désir de se faire souverain indépendant, et le traitement injurieux que la cour de Damas avait fait éprouver à son père, paraissait devoir le fortifier dans le dessein qu'on lui supposait. Ces soupçons parvinrent aux oreilles du calife, et l'ordre fut aussitôt expédié aux principaux chefs de l'armée arabe en Espagne, de faire périr, non-seulement Abdelasis, mais encore les autres enfans de Muza. Les ordres du calife étaient sacrés, et pour tout loyal Musulman, entendre c'était obéir, et obéir c'était frapper. Au moment où Abdelasis, à l'heure de la prière, se rendait à la mosquée de Cordoue, les meurtriers s'élancèrent sur lui et le percèrent de mille coups, avant qu'il pût avoir même la pensée de résister. Sa tête fut portée à Damas dans une boîte remplie de camphre. Le calife la reçut avec joie et eut la cruauté de faire venir Muza, et de la lui présenter. « Connais-tu cette cette tête? » lui dit-il avec une ironie féroce. Le malheureux père détourna la tête avec horreur. « Oui, je la reconnais, s'écria-t-il, et la » malédiction d'Allah soit sur celui qui a fait périr » qui valait mieux que lui ! » Et sans ajouter un mot il s'éloigna. Le calife n'osa punir ces paroles arrachées par une légitime douleur; mais bientôt le malheureux père apprit encore que ses deux autres fils avaient été assassinés par ordre du farouche Soliman. C'est alors qu'il se retira dans l'Arabie, où il vécut dans l'obscurité et dans la misère jusqu'à l'âge de 98 ans, cruellement puni par la vengeance divine de tout le sang qu'il avait versé.

L'ESPAGNE SOUS LES ÉMIRS.

Trois ans avaient suffi aux Arabes pour la conquête de l'Espagne. Pendant quarante ans elle resta une province de l'empire de Damas, qui la gouvernait par des lieutenans ou émirs. Nous venons de voir le sort des deux premiers, Muza et son fils Abdelasis. Ayoub, l'un des meurtriers d'Abdelasis lui succéda. Il s'appliqua à réparer les villes détruites par la guerre, et à remplacer la population émigrée par des colonies de Musulmans de toutes races. Mais Ayoub ne jouit pas long-temps du pouvoir; il fut remplacé par Alhahor, l'un des plus renommés généraux des Arabes. Albahor entreprit la conquête de la Gaule gothique, et, le premier des chefs musulmans, il conduisit une armée au-delà des Pyrénées. Carcassonne, Narbonne, Béziers, Nîmes et tout le territoire de la Septimanie, tombèrent en son pouvoir. Mais il fut forcé d'abandonner sa conquête pour rentrer dans la Péninsule, et s'opposer aux Chrétiens des Asturies qui, sous la conduite de Pélage, menaçaient déjà les possessions musulmanes.

Les successeurs d'Albahor voulurent continuer la conquête de la Gaule, que cet émir avait commencée. L'un d'eux éprouva une sanglante défaite sous les murs de Toulouse; mais cet échec, loin d'affaiblir l'ardeur des Arabes, ne fit que l'enflammer. Abderame, successeur de l'émir qui avait perdu la vie à la bataille de Toulouse, voulut venger sa défaite. Il s'avança dans la Gaule à la tête d'une armée innombrable, à laquelle rien ne semblait pouvoir résister. On eût dit qu'il était sur le point de réaliser le rêve de Muza. Déjà il s'était rendu maître de l'Aquitaine, et ses étendards flottaient sur les bords de la Loire. Charles-Martel, qui, sous le titre de maire du palais, gouvernait alors le royaume des Francs avec une puissance absolue, s'avança à la rencontre des infidèles. Les bords de la Loire et les environs de Poitiers devinrent le théâtre de combats successifs pendant sept jours. Les Sarrasins furent entièrement défaits, et ce fut dans cette immortelle journée que Charles, dit-on, acquit par la force de ses coups redoutables le surnom de *Martel*. Abdérame périt dans la bataille, et si l'on en croit les écrivains du temps, les Mahométans y perdirent trois cent soixante-quinze mille hommes. Quoiqu'il en soit de ce nombre, sans doute exagéré, la victoire des Francs fut complète, et l'invasion arabe fut refoulée au-delà des Pyrénées (732).

Pendant le gouvernement des émirs, de nombreuses colonies arrivaient sans cesse d'Afrique, d'Egypte, d'Arabie en Espagne, et se partageaient cette terre conquise. La légion royale de Damas s'établit à Cordoue; celle d'Emèse à Séville, celle de Chaleis à Jaen, et celle de la Palestine à Algésiras et à Médina-Sidonia. Les naturels de l'Arabie heureuse et de la Perse se dispersèrent dans les environs de Tolède et dans les contrées intérieures; les états de Grenade devinrent le partage de dix mille hommes de cavalerie de Syrie et d'Irack qui tenaient leur origine des plus pures et plus nobles tribus de l'Arabie. Cependant la division ne tarda pas à se mettre entre ces hommes d'origine si diverses, quoique unis par la même religion. Pendant le gouvernement des derniers émirs, la guerre civile s'alluma entre les conquérans de l'Espagne, et peut-être les Chrétiens auraient-ils pu profiter de leurs dissensions pour recouvrer leur indépendance, si une autre guerre civile excitée dans la capitale de l'Islamisme, n'eut donné à l'Espagne musulmane des chefs inattendus, qui la rendirent indépendante du califat de Damas, et l'élevèrent à un haut degré de gloire et de prospérité.

PÉLAGE ET LES ROIS DES ASTURIES.

Après la bataille désastreuse de Xérès et la réduction de Séville et de Mérida, d'illustres fugitifs se retirèrent en grand nombre dans les Asturies, sous la conduite de PELAYO ou PÉLAGE, fils du duc de Cantabrie et parent de l'infortuné Roderic. Pauvres, mais jouissant de la liberté, ces exilés puisèrent dans l'air de l'indépendance une vigueur nouvelle, et retrouvèrent leurs vertus primitives. Ramenés, par le malheur à l'école sévère de l'adversité, ils tâchaient et méritaient d'obtenir le retour de la prospérité (1).

Dans leurs retraites presque inaccessibles, les Espagnols chrétiens conservaient et suivaient strictement leurs lois et leurs coutumes anciennes. La naissance distinguée, la valeur et l'habileté reconnues de Pélage les avaient déterminés à le choisir pour chef. Six ans après la bataille de Xérès ils lui donnèrent le titre de roi dans une assemblée nationale. « Précaire royauté, s'écrie un historien, qui s'étendait sur quelques lieues de montagnes arides, semées de rares habitans, dont les sujets étaient des pâtres, l'armée, une poignée de fugitifs, et la capitale une caverne. »

(1) On raconte qu'après la bataille de Xérès, Pélage erra long-temps avec quelques-uns de ses compagnons, dans les montagnes des Asturies pour y chercher une retraite ; il en trouva enfin une dans la vallée de Cangas. C'était une vaste caverne, nommée Cavadunga, qui, dit-on, peut contenir un millier d'hommes, et qu'un immense rocher protège contre toute agression. Le territoire sur lequel devait régner le nouveau roi au moment de son élection n'avait pas plus de neuf lieues en longueur et quatre en largeur.

Bientôt Pélage, à la tête de ses braves compagnons, sortit de sa retraite, et tenta avec succès quelques incursions contre les Musulmans. Alhahor qui était en ce moment, comme nous l'avons dit, occupé de la conquête de la Septimanie, revint en Espagne, et prépara une expédition contre Pélage. Une nombreuse armée, sous la conduite du brave Alhaman, et du traître Oppas, se dirigea vers les montagnes des Asturies, et Pélage laissa les ennemis pénétrer dans les montagnes d'Ansébas, et descendre ensuite dans la vallée qui en bordait le pied. Tout à coup une grêle de pierres, de flèches, de javelots, tombent sur eux des hauteurs environnantes. Des quartiers de rochers roulent du haut des montagnes et les écrasent, et quand le désordre est au comble, les Chrétiens placés en embuscade, sortent des cavernes de la montagne, fondent sur les ennemis, et passent au fil de l'épée ceux que la première attaque avait épargnés. Munuza, gouverneur de Gijon, voulut venger la défaite de ses frères, mais il fut battu lui-même, dans la vallée d'Ollales à environ trois lieues au-dessus d'Oviédo. La ville de Gijon tomba au pouvoir des Chrétiens, et les Musulmans renoncèrent à la conquête d'une contrée sauvage et déserte, couverte de bois et de montagnes, défendue par une race pauvre et intrépide, tandis que des climats plus heureux leur offraient une proie plus riche et plus facile à saisir. Cependant de nouveaux refugiés venaient grossir sans cesse les rangs des Chrétiens de Pélage. La suspension de la guerre permit d'établir l'ordre dans le nouveau gouvernement, tandis que l'abus de la prospérité et les jouissances du luxe énervaient le courage et adoucissaient le caractère féroce de leurs ennemis.

Pélage régna dix-neuf ans, et agrandit insensiblement ses états, qui prirent le nom de royaume des Asturies. Il mourut en 738, et laissa le trône à son fils FAVILLA, qui ne régna que deux ans. Il périt à la chasse en combattant un ours.

ALPHONSE Ier, surnommé le Catholique, beau-frère de Pélage, fut appelé à la succession, à l'unanimité des suffrages. Pendant un règne de près de vingt ans (de 739 à 758), il agrandit considérablement son royaume aux dépens des Musulmans qui étaient alors en proie aux guerres civiles. Il pénétra dans la Galice, réduisit Lugo; tournant ensuite au nord, il envahit les plaines de Léon et de Castille. Les villes d'Astorga, de Saldagna, de Vittoria, ouvrirent leurs portes au monarque catholique pour les succès duquel les habitans faisaient intérieurement des vœux. Il fit avancer ses troupes jusqu'aux frontières du moderne royaume du Portugal, et poursuivit sa marche victorieuse à travers la Castille *Vieille*, jusqu'auprès des montagnes qui la séparent de la *Nouvelle*. A sa mort, le royaume d'Alphonse le Catholique, s'étendait depuis le Duero et la mer de Portugal jusqu'au haut Aragon, et au Midi jusqu'aux montagnes situées entre les deux Castilles. Les Arabes frappés d'une terreur superstitieuse par le succès qui accompagnait toujours les armes d'Alphonse, l'avaient surnommé *le Terrible, le Tueur de Gens, le Fils de l'Epée*. Il eut pour successeur son fils FROÏLA

(758), dont nous aurons bientôt à raconter les exploits.

ÉTABLISSEMENT DU CALIFAT DE CORDOUE.

Les deux maisons rivales d'Ommiach et d'Abbas, se disputaient le trône des califes de Damas, et embrasaient l'Orient depuis l'Indus jusqu'à l'Euphrate pour soutenir leurs prétentions. L'Espagne musulmane prit part à ses querelles, et les fils de Mahomet suspendirent les conquêtes de l'Islam, pour se déchirer de leurs propres mains. Enfin les Abassides triomphèrent en Orient, et Mervan, le quatorzième et dernier calife Ommiade, perdit, dans une bataille, le trône et la vie. Toute sa famille fut proscrite, et ceux qui échappèrent au glaive, cherchèrent leur salut dans les déserts, ou dans l'obscurité de la vie privée. Cependant un jeune prince Ommiade, nommé Abderame, avait gagné le nord de l'Afrique, et trouvé dans les vallées de l'Atlas un abri sûr contre toute poursuite. Sa présence, dans les environs de l'Espagne, ranima l'espérance de son parti très-nombreux dans la Péninsule. Les principaux le reconnurent avec empressement, et l'invitèrent à se mettre à leur tête. Youssouf, émir du parti des Abassides, rassembla aussitôt une nombreuse armée, et marcha contre le prince Ommiade. Les deux armées se rencontrèrent le 15 mai 756, sur les rives du Guadalquivir. Youssouf fut entièrement défait, et Abderame, vainqueur, fonda le royaume de Cordoüe.

Le califat de Cordoue sous les Ommiades dura environ deux cents ans. C'est l'époque brillante du règne des Arabes en Espagne. En peu d'années Cordoue devint sous les califes, le centre de l'industrie, des arts et des sciences. L'agriculture, le commerce fleurirent également sous Abderame et ses successeurs. La galanterie et la magnificence, qui distingua les Maures d'Espagne, leur goût pour la musique, l'architecture, la géométrie, l'astronomie, la physique et la médecine, les rendirent le peuple le plus civilisé de l'Orient et de l'Occident. C'est surtout sous Abdérame III, qui régna cent cinquante ans après l'établissement de sa maison sur le trône de Cordoue, que l'on vit se déployer une pompe et une magnificence qui excitèrent l'étonnement et l'envie de ses contemporains, et qui ont presque surpassé la croyance de la postérité. Son sérail, y compris ses femmes et ses eunuques, montait à six mille trois cents personnes. Il ne marchait jamais qu'accompagné de douze mille cavaliers, dont les ceintures et les cimeterres étaient garnis d'or. Il fit construire à une lieue de Cordoue, en l'honneur de la sultane favorite, la ville, le palais et le jardin de Zechra, destinés à perpétuer le nom de sa femme bien-aimée. Les plus célèbres architectes de la Grèce furent appelés pour en dresser le plan, dont l'exécution fut confiée aux plus habiles artistes de l'époque. Le palais était soutenu par douze cents colonnes de marbre d'Espagne et d'Afrique, d'Italie et de la Grèce; les murs de la salle d'audience étaient investis d'or et de perles. Au centre était un bassin orné de figures d'oiseaux et de quadrupèdes, et au-dessus était suspendue une perle d'une valeur inappréciable, présent de Léon, empereur de Constantinople. Vingt-cinq ans, et des sommes énormes que l'on pourrait évaluer à plus de 150 millions de notre monnaie, furent employés à construire et orner cette résidence royale.

Tant de richesses, tant de puissances, sembleraient, d'après les idées que chacun se fait des biens de ce monde, avoir dû rendre leur possesseur parfaitement heureux. Cependant, après sa mort, on trouva dans le cabinet du calife, un mémoire authentique bien propre à modérer l'ardeur de l'ambition; on l'a transcrit et conservé avec soin, pour servir de leçon à la postérité. En voici quelques passages :

« Il y a plus de cinquante ans que je règne, vic-
» torieux ou en paix, aimé de mes sujets, redouté
» de mes ennemis et respecté de mes alliés; riches-
» ses, honneurs, puissance et plaisirs, tout a pré-
» venu mes souhaits, et il semble qu'aucun bonheur
» terrestre n'a manqué à ma félicité. Dans cette si-
» tuation, j'ai compté avec soin les jours où je me
» suis trouvé réellement et parfaitement heureux ; le
» nombre ne va pas au-delà de quatorze. O homme!
» ne place pas ta confiance dans ce monde! »

La cité royale de Cordoue, sous les califes Ommiades, contenait six cents mosquées, neuf cents bains et deux cent mille maisons. Quatre-vingt grandes villes et trois cents du second ordre, reconnaissaient l'autorité du calife; les rives du Bétis, appelé Guadalquivir par les Maures, furent vivifiées par douze mille villages. Le voyageur trouvait d'heure en heure un hameau nouveau, et, dans le cours d'une journée de marche, il pouvait compter trois ou quatre villes considérables, habitées par un peuple industrieux, qui se livrait à l'agriculture et aux travaux manufacturiers.

Les califes de Cordoue, suivant en cela la politique d'Abdérame Ier, ne persécutèrent pas ouvertement les Chrétiens devenus leurs sujets par droit de conquête. On leur avait accordé le libre exercice de leur religion, et l'on ne voulut par paraître manquer à cette promesse; mais les califes employèrent des moyens plus sûrs que les persécutions pour ébranler la foi de leurs sujets Chrétiens. Les mariages entre les Mahométans et les Chrétiens furent permis et favorisés; toutes les faveurs, toutes les grâces furent accordées aux apostats du Christianisme; on n'admit aux charges de l'état que les personnes qui professaient la religion du souverain; on ne permit pas de remplacer les évêques dans les siéges épiscopaux qui devenaient vacans : cette politique adroite n'excita aucun soulèvement; mais en entourant les Chrétiens de tous les appâts de la séduction, en leur ôtant peu à peu les moyens d'être instruits et soutenus dans leur foi, elle produisit l'anéantissement presque entier du Christianisme dans les états des califes.

Presque tous les califes Ommiades qui se succédèrent sur le trône de Cordoue depuis Abdérame Ier, ont mérité une place distinguée dans l'histoire, jusqu'à Hescham II, qui n'était qu'un enfant lorsqu'il fut appelé sur le trône. Les rênes du gouvernement furent alors confiées au célèbre visir Mahomet

Abenamir, surnommé *Almanzon*, c'est-à-dire le *Défenseur*. Il mérita ce surnom par sa valeur et son activité dans les luttes qu'il eut à soutenir contre les ennemis du dehors et de l'intérieur. Sa grande renommée fut respectée dans ses descendans. L'office de visir devint héréditaire dans sa famille, et ses fils gouvernèrent avec une puissance aussi absolue que celle des califes.

C'était ainsi que les maires du palais s'étaient emparés de toute l'autorité des rois Francs, et avaient fini par s'emparer de leur couronne. Mais il y eut cette différence que les maires du palais en se substituant aux rois, conservèrent l'unité monarchique, tandis que l'usurpation des visirs excita l'ambition des émirs et des autres chefs, et amena le démembrement du califat de Cordoue.

LES ROIS DE LÉON.

Tandis que les Maures d'Espagne se livraient à toutes les jouissances du luxe et des arts, que leurs vêtemens étaient tissus d'or et de soie, que des pierres précieuses brillaient sur leurs armes, et jusques sur les housses de leurs légers coursiers, les guerriers Chrétiens des Asturies, offraient un contraste remarquable avec cette magnificence toute asiatique. Au lieu des villes et des palais somptueux des Musulmans, les fils des compagnons de Pélage élevaient des forteresses et des châteaux, sur la cime des montagnes, au passage des défilés ou sur les bords d'un torrent. Leurs vêtemens, leurs manteaux étaient de couleur sombre, comme s'ils eussent porté le deuil de la patrie. Pour armes, une épaisse cuirasse, un casque pesant, une longue et lourde épée, au lieu du turban, formé des plus riches tissus de l'Inde, du léger yatagan, ou du cimeterre recourbé de Damas, que portaient leurs adversaires.

Froïla avait succédé à son père sur le trône des Asturies. Il avait tous les talens guerriers d'Alphonse; mais il ne possédait pas ce caractère généreux et magnanime qui conciliait à son père l'affection de ses sujets.

Deux fois le calife Abdérame I, fut complètement battu par Froïla, et il se trouva heureux de conclure avec lui une trêve honorable. Après ces victoires Froïla fit construire, avec les dépouilles des vaincus, la ville d'Oviédo, qui devint dès lors la capitale de son royaume. Il prit le premier le titre de roi de Léon, qui passa à ses successeurs.

Froïla eut à réprimer quelques révoltes en Galice et dans d'autres parties de ses états; mais il le fit avec une dureté ou plutôt une cruauté qui lui aliéna l'esprit de ses sujets. Enfin, soupçonnant son frère Vimarano, de conspirer contre lui, il l'égorgea de ses propres mains. Ce fratricide excita contre lui une indignation générale, et bientôt il périt assassiné à Cangas, victime de la haine que ce crime avait soulevée (768).

Froïla laissait un fils du nom d'Alphonse; mais il était trop jeune pour faire valoir ses droits. Avant d'être appelé à s'asseoir sur le trône qu'il devait si glorieusement occuper, il y vit monter successivement Aurilio, son cousin, qui ne régna que deux ans;

Silo, dont le règne dura neuf ans (de 774 à 783); Maurigat, cinq ans (783-788); enfin Bermude, surnommé le Diacre, de (788 à 791).

Pendant presque tout ce temps, la paix ne fut pas troublée entre les Maures et les Chrétiens; mais sous le règne de Bermude une armée musulmane envahit le territoire de Léon. Le roi confia le commandement de l'armée au fils de Froïla, à cet Alphonse dont les droits au trône avaient été méconnus. Ce jeune prince signala sa valeur dans une sanglante bataille où les Maures furent complètement défaits. Bermudé, qui n'avait accepté la couronne qu'à regret, profita de ce moment d'enthousiasme pour abdiquer et faire élire à sa place Alphonse II (791).

Alphonse II, dit le *Chaste*, dans un règne de cinquante ans, l'un des plus glorieux de la monarchie des rois de Léon, remporta de nombreuses victoires contre les Musulmans, et étendit ses conquêtes jusqu'à l'embouchure du Tage. La victoire accompagna constamment ses armes jusque dans les dernières années de sa vie.

C'est pendant le règne d'Alphonse le Chaste, que Charlemagne s'avança avec une armée au-delà des Pyrénées, prit Pampelune, traversa l'Ebre et s'empara de Saragosse. Barcelone devint la résidence d'un gouverneur de l'empereur d'Occident, dont la juridiction s'étendait dans la Catalogne, la Navarre et l'Aragon. C'est en revenant de cette expédition que l'arrière-garde de Charlemagne fut détruite à Roncevaux par les Arabes et les Vascons. On sait que dans cette journée périt le fameux Roland, dont la valeur a été si célébrée dans les romans de la chevalerie.

Ramire Ier, fils de Bermude Ier, succéda à Alphonse II. Son règne fut court, orageux, mais glorieux (845-851). Il défit les pirates normands, qui, à cette époque, infestaient les côtes de l'Océan, et s'étaient emparés de la Corogne ; mais il eut bientôt à combattre un adversaire bien plus redoutable que les pirates du Nord. C'était le calife Abderame II, dont les troupes nombreuses couvrirent le territoire des Asturies. Les Chrétiens parvinrent à dissiper cette multitude d'ennemis que les historiens du temps comparent à une nuée de sauterelles. Les plaines de Clavigo furent arrosées du sang des infidèles (849). Ce fut dans cette circonstance que Ramire fit vœu d'élever une église en l'honneur de l'apôtre Saint-Jacques, patron de l'Espagne, si les Chrétiens remportaient la victoire. Les vieilles chroniques racontent que pendant le combat, on vit Saint Jacques monté sur un cheval blanc, animer les Espagnols par sa présence. La reconnaissance des peuples donna lieu à la fondation de la fameuse église de Compostelle.

Ordogno I, fils de Ramire, lui succéda (851). Il continua le règne glorieux de son père. Après plusieurs victoires sur les Sarrasins, il s'empara des villes importantes de Salamanque et de Coria. Il fit reconnaître de son vivant son fils Alphonse pour son successeur, et mourut bientôt après dans un âge avancé (862).

Alphonse III, qui, par ses exploits, mérita et

obtint le surnom de *Grand*, n'avait que dix-huit ans quand il monta sur le trône. Son règne de 48 ans, fut continuellement agité par des révoltes à l'intérieur et par la guerre étrangère. Mais il triompha constamment de ses ennemis au dedans et au dehors. Près de trente campagnes pénibles, mais toujours heureuses, auraient pu lui mériter le surnom de *Fortuné*, aussi bien que celui de grand. Alphonse, après avoir réprimé les troubles intérieurs, songea à étendre et à affermir sa domination au-dehors ; ses incursions se dirigèrent le plus souvent vers le Portugal, où il s'empara de Coïmbre, Porto, Visen, Tuy, Lamego et d'une foule de châteaux forts.

« Les belliqueux rois de Cordoue, dit M. Rosseeuw-St-Hilaire, ne s'aveuglaient pas sur le danger qui les menaçait. Cette obscure royauté chrétienne, que les conquérans de l'Espagne avaient dédaigné d'écraser dans son berceau, en sortait maintenant grandie en force et en audace, et venait attaquer le califat presque au centre de son empire : car, remarquons-le bien, la destinée de l'Espagne chrétienne, la loi de son histoire, depuis l'invasion des Maures, c'est d'avancer toujours, et de ne reculer jamais. Comme un fleuve qui descend des montagnes et tourne les obstacles qu'il ne peut pas briser, un élan irrésistible la pousse sur l'Espagne musulmane : Castille, Navarre, Aragon, Catalogne, tous ces torrens en descendant l'un après l'autre des hautes cimes des Pyrénées, prennent leur pente vers le sud, et courent à l'invasion comme l'eau court à la mer. Pour ces populations belliqueuses, *Guerillas* héroïques qui ont en elles l'avenir d'une nation, la guerre est l'état normal, la constitution même de la monarchie; c'est la seule science du monarque, la seule profession des sujets, comme le butin qu'ils rapportent est l'unique revenu de l'état. A chaque règne, et presque à chaque printemps, la limite du royaume fait un pas en avant : cette frontière élastique qui plie quelquefois sous l'invasion arabe, se redresse bientôt et avance toujours plus loin qu'elle n'a reculé, tandis que par une loi, toute contraire, la monarchie musulmane, tendant par sa nature au fractionnement, comme l'autre à l'unité, se replie sur elle-même, et semble, dans sa lutte sans espoir, avoir incessamment l'œil sur le détroit, pour se demander si l'heure n'est pas venue de le passer. » On ne saurait mieux peindre le caractère de cette lutte persévérante, acharnée, qui dura tant de siècles, ni résumer en moins de mots le détail monotone de ces guerres incessantes qui amenaient presque à chaque printemps une invasion arabe ou chrétienne.

Le règne glorieux d'Alphonse III, règne agité par tant de guerres et de révoltes, finit par une abdication provoquée par ses propres enfans. Ses quatre fils, Garcia, Ordogno, Froïla et Gonzalès se révoltèrent, et lui arrachèrent la couronne. Ce grand et malheureux roi, vaincu pour la première fois, non par les infidèles, mais par des fils ingrats, convoqua une assemblée nationale à Oviédo, où il déclara qu'il résignait la couronne en faveur de Garcia, son fils aîné. La seule grâce que le vieux monarque demanda à son fils devenu roi, fut de lui permettre d'aller encore une fois combattre les infidèles. Garcia n'osa refuser une telle faveur à son père, et Alphonse, s'avança à la tête d'une armée contre les Sarrasins qu'il vainquit pour la dernière fois. Accablé de fatigues et de chagrin, il tomba malade à Zamora, à la suite de cette campagne, et mourut le 20 octobre 910.

GARCIA, jaloux peut-être de la gloire de son père, pénétra dans le centre de la Castille, défit une armée d'infidèles, et fit leur général prisonnier. A peine de retour à Zamora, il mourut après un règne de trois ans, sans avoir eu le temps d'effacer, à force de victoires, le crime de sa rébellion (914).

Son frère Ordogno II lui succéda. Il eut à combattre un adversaire plus redoutable que tous ceux qu'avait encore rencontrés la royauté des Asturies depuis son origine. Le calife Abdérame III, surnommé le *Magnanime*, venait de monter sur le trône de Cordoue. Après avoir apaisé quelques révoltes qui agitaient son royaume, il proclama la guerre sainte, et réunit toutes les forces de son vaste empire, en y joignant des renforts venus d'Afrique. Bientôt une armée de plus de quatre-vingt mille hommes s'avança jusqu'à Estevan de Gormas, près des sources du Duero, au cœur de la monarchie chrétienne, brûlant les villes et les villages, et chassant devant elles les populations captives ou dispersées. Mais Ordogno, « qui s'appuyait sur le bouclier du Christ, » marcha au-devant des Arabes. Après avoir quelque temps évité le combat, il les attaqua à l'improviste, et remporta sur eux une brillante victoire. Le massacre fut si affreux, que de San-Estevan jusqu'à Atienza, c'est-à-dire pendant vingt milles, la terre était jonchée de cadavres Musulmans.

FONDATION DU ROYAUME DE NAVARRE.

Nous avons vu Charlemagne pénétrer en Espagne, et établir sa domination sur la Navarre et l'Aragon. Mais quand l'édifice, que son génie et sa valeur avaient élevé, s'écroula sous le règne de ses faibles descendans, les nations qui avaient fait partie du nouvel empire d'Occident, se séparèrent et formèrent des états indépendans. Des débris de ses conquêtes au-delà des Pyrénées, se forma le royaume de Navarre. Dès l'an 831, Aznar, comte de Gascogne, de la maison de Bigorre, fut élu roi de Navarre. Après sa mort, arrivée en 836, Sanche, son frère, lui succéda, et augmenta l'étendue de ses états. En 853, don Garcia, que l'on croit fils de Sanche, fut élevé au trône de Navarre, et mourut en 857 à la bataille d'Albéida. Après lui, don Garcia Ximenès régna jusqu'en 880. La couronne passa ensuite sur la tête de Fortun, fils aîné de don Garcia, prince pacifique et dévot, qui s'en tint à l'héritage de ses pères, sans chercher à l'augmenter; mais Sanche Abarca, son frère, à qui il céda le trône pour embrasser la vie monastique en 905, poussa plus loin qu'aucun de ses prédécesseurs, les conquêtes de son bisaïeul, et vengea par de grandes victoires sur les Sarrasins, la mort de son père, qu'ils avaient tué dans une occasion imprévue.

L'union, qui aurait été si utile aux deux monarchies Chrétiennes, n'avait pas toujours régné entre les rois de Navarre et ceux de Léon. Ils étaient bien les uns et les autres animés d'un même zèle contre les infidèles, mais cela ne les empêchait pas de se faire quelquefois la guerre entre eux, et d'agrandir leurs états aux dépens l'un de l'autre. C'est ainsi que Sanche Abarca, avait profité des guerres d'Ordogno contre Abdérame, pour arrondir son petit royaume aux dépens de celui de Léon. Il lui avait enlevé sur l'Ebre Logrogno, Tudela, Calahorra, Tarrazona, et quelques autres places. Sanche, accablé par l'âge et par les fatigues d'un règne laborieux, se retira volontairement dans un couvent, abandonnant le commandement de l'armée à son fils, mais sans lui abandonner le titre de roi.

DÉFAITE DES CHRÉTIENS A VAL-DE-JUNQUERA.

Abdérame III, après avoir quelque temps laissé en repos les Chrétiens, envoya une nombreuse armée dans la Navarre, la plus distante et la moins menacée des deux naissantes monarchies Chrétiennes. A la nouvelle de l'invasion des infidèles, l'ardeur du vieux Sanche se réveilla; il sortit de son cloître, et vint reprendre le commandement de son armée, pour faire une dernière campagne contre les ennemis de la foi. Mais se sentant trop faible pour résister seul au torrent de l'invasion, Sanche sollicita le secours d'Ordogno, son neveu, le roi de Léon, mais dont il n'avait pas toujours, comme nous l'avons vu, ménagé l'amitié. Le danger commun, plus peut-être que les liens du sang, détermina le roi de Léon à marcher avec une puissante armée à la défense de son oncle. Déjà les Sarrasins avaient atteint Estella, à quelques lieues de Pampelune. Les deux armées Chrétiennes s'étant réunies, rencontrèrent les Arabes au Val-de-Junquera, entre Muez et Salinas de Oro. De part et d'autre le combat s'engagea avec la même ardeur; mais cette fois les Chrétiens éprouvèrent une défaite complète. Deux évêques qui accompagnaient l'armée, furent faits prisonniers; et Ordogno, suivi des troupes, qui avaient échappé au carnage, eut beaucoup de peine à gagner sa capitale de Léon. Heureusement pour les Chrétiens que les Maures négligeant de profiter de leurs avantages, eurent l'imprudence de franchir les Pyrénées et de s'avancer jusque sous les murs de Toulouse. Pendant cette expédition téméraire, Ordogno, impatient de prendre sa revanche de la journée de Junquera, fit une irruption dans les états Mahométans, et porta le ravage, sans trouver de résistance, jusqu'à une journée de Cordoue, c'est-à-dire plus loin qu'aucun prince Chrétien n'était parvenu avant lui. De son côté, le roi Sanche alla s'emparer des défilés des Pyrénées, pour attendre les Musulmans à leur retour de France, et dans cette même vallée de Roncevaux, si fatale à Charlemagne, il tailla en pièces les Sarrasins, leur enleva tout leur butin, et reprit toutes les villes qu'ils lui avaient enlevées.

RAMIRE II. — BATAILLE DE SIMANCAS.

Les règnes des deux premiers successeurs d'ORDOGNO II, FROÏLA II et ALPHONSE IV, offrent peu d'intérêt. Mais celui de **Ramire II** est remarquable, et les exploits de ce prince peuvent rivaliser avec ceux de ses plus illustres prédécesseurs. Il traversa le Duero, attaqua et prit Madrid, petite ville alors sans importance, aujourd'hui la capitale de la monarchie espagnole; Talavera eut le même sort, et il menaça Tolède, la plus forte cité des califes d'Espagne.

A peine était-il de retour dans sa capitale, que Ramire reçut un message de Fernand Gonzalès, comte de Castille, qui le conjurait de venir le secourir contre les Arabes qui avaient envahi la Castille, pour venger sur les cités chrétiennes les ruines encore fumantes de Talavera. Ramire vola au secours du comte, son vassal, et rencontra l'ennemi dans les plaines d'Osma. L'armée arabe fut taillée en pièces et des milliers de captifs emmenés à Léon (933). L'année suivante, il soumit tout le pays aux environs de Saragosse, et le chef maure de l'Aragon se reconnut vassal du roi de Léon.

Cependant le calife Abdérame III, qui venait de conquérir le royaume de Fez, résolut de tenter contre les Chrétiens une grande expédition, capable de les refouler pour jamais dans leurs montagnes ou de les détruire entièrement. Il fit proclamer la guerre, et bientôt il eut autour de lui une armée de cent cinquante mille hommes, avec laquelle il s'avança dans la vieille Castille. Le calife s'empara de toutes les forteresses Chrétiennes, près des bords du Duero; déjà il avait passé le fleuve et investi Zamora, lorsqu'il apprit que le roi Ramire, à la tête d'une armée non moins nombreuse que la sienne, marchait à sa rencontre.

Tous les états Chrétiens avaient envoyé leur contingent dans cette croisade sainte, qui semblait devoir décider du sort de la Chrétienté. Jamais, depuis la conquête Arabe, des forces aussi imposantes n'étaient de part et d'autre descendues dans la lice. Les deux armées se rencontrèrent non loin de Simancas, auprès du confluent du Duero et de la Pisuerga. L'armée Arabe était divisée en trois corps; l'avant-garde et le centre étaient commandés par Almodafer, l'aile gauche par le gouverneur de Badajos, l'aile droite par celui de Tolède, et la réserve par le calife en personne. Dans l'armée Chrétienne, on remarquait D. Garcia, roi de Navarre, le fils de Sanche, et Fernand Gonzalès, comte de Castille, qui étaient venus à la tête de nombreux auxiliaires.

Pendant deux jours entiers, les deux armées restèrent en présence, sans s'attaquer. On comprend cette longue hésitation entre champions d'égale force, qui s'étaient éprouvés tant de fois, et qui connaissaient leur valeur. Enfin le troisième jour, 5 août 939, jour à jamais glorieux dans les annales de l'Espagne chrétienne, la bataille s'engagea vers le milieu du jour. La cavalerie Arabe, s'ébranlant toute entière au bruit assourdissant des tambours et des trompettes, salua l'ennemi par un cri immense, un seul cri, poussé par cent mille hommes, qui fit trembler la terre, et résonner comme sous le roulement de la foudre, tous les monts d'alentour. Le mur de fer de la cavalerie Chrétienne, aux rangs serrés, aux cuirasses luisantes et pressées l'une contre l'autre comme les écailles d'un serpent, reçut sans s'ébranler, le choc épouvantable de cette masse confuse, qui, oubliant à l'heure du combat tout ordre et toute discipline, ne savait plus, comme le Kabayle de l'Atlas, que se lancer en baissant la tête derrière le cou de son cheval, au plus épais de la mêlée (1).»

Cette lutte fut longue et acharnée, mais les milices Chrétiennes, animées de ce courage passif qui a toujours caractérisé le soldat espagnol, et de cette patiente opiniâtreté qui finit par donner la victoire, tenaient bon, et recevaient impassibles comme le roc, l'effort successif de tous ces flots d'assaillans qui venaient se briser sur elles. De temps en temps le mur s'ébranlait, et Ramire, à la tête de sa pesante cavalerie, faisait à son tour une longue percée dans les rangs des infidèles, et balayait devant lui leur masse confuse. Enfin l'aile droite des Arabes fut enfoncée par ces lourds chevaux des Chrétiens, tous couverts de pesantes armures de fer bruni, et auxquels les légers chevaux numides ne pouvaient résister qu'en se dispersant. La bataille était perdue; mais une charge désespérée, faite à propos par Abdérame, à la tête de la réserve, sauva une partie de son armée, qui, sans lui, périssait toute entière. La nuit sépara les combattans; mais les pertes des infidèles avaient été immenses. « Qui peut savoir le nombre des morts dans cette fatale journée? s'écrie un historien Arabe; Dieu seul le sait. » Les chroniques

---

(1) Rosseeuw-St-Hilaire, histoire d'Espagne.

espagnoles, que l'on peut toutefois soupçonner d'exagération, prétendent que les Musulmans laissèrent quatre-vingt mille morts sur le champ de bataille.

Ramire avait droit de penser qu'une défaite aussi complète et aussi ruineuse, ralentirait l'ambition des Maures; cependant ils réunirent le reste de leurs forces, les augmentèrent de détachemens frais, et revinrent à la charge. Ce ne fut qu'après avoir gagné une nouvelle victoire, dans les environs de Salamanque, que le roi de Léon rentra dans sa capitale en triomphe. Enfin, après d'autres combats sanglans, et où les avantages furent partagés, une trêve de cinq ans fut conclue entre les Maures et les Chrétiens. Ramire employa ces cinq ans de paix à bâtir de nouvelles forteresses, à fonder de nouvelles villes, ou à repeupler celles qui avaient été dévastées par les Arabes.

CHAPITRE IV.

Origine du comté de Castille. — Ordogno III. — Guerres civiles entre les Chrétiens. — Le visir Almanzor. — Etablissement du royaume de Castille et sa réunion avec celui de Léon. — Etat de l'Espagne lors de la réunion des couronnes de Castille et de Léon. — Ferdinand Ier. — Fin du califat de Cordoue. — Premiers exploits du Cid. — Guerre de Ferdinand contre la Navarre; ses derniers exploits; sa mort. — Guerre entre les fils de Ferdinand. — Sanche II, Alphonse VI. — Disgrâce du Cid. — Règne d'Alphonse VI, surnommé le Vaillant. — Les Almoravides; bataille des Sept-Comtes. — La reine Urraque. — Alphonse-le-Batailleur. — Alphonse VII, roi de Castille.

ORIGINE DU COMTÉ DE CASTILLE.

L'ORIGINE du comté de Castille a donné lieu à une foule de fables et de mensonges, à travers lesquels il est difficile de découvrir la vérité. Le pays appellé aujourd'hui Castille, se nommait autrefois *Bardulie*, et s'étendait, dans un espace long et étroit, entre la Navarre et le royaume de Léon, depuis la mer de Biscaye jusqu'au Duero. Ce pays fort peu étendu, fut gouverné sous la monarchie Asturienne, par des comtes, non pas à titre de fief héréditaire, mais comme une simple dignité toujours révocable. Les conquêtes d'Alphonse Ier, en étendant jusqu'à Avilla et Sepulveda, c'est-à-dire jusqu'au centre de la Péninsule, les limites de la monarchie Asturienne, reculèrent aussi au-delà du Duero celle de la *Bardulie*. C'est alors qu'elle emprunta son nom de *Castella* (Castille), des nombreux châteaux qu'Alphonse et les comtes y élevèrent pour la défendre des incursions Arabes.

Chaque partie de la province, chacun de ces châteaux était confié à la garde d'un comte, qui obéissait aux ordres d'un comte gouverneur général du pays. Le premier de ces comtes gouverneurs, est Rodrigo, qui régit la Castille de 860 à 866, et peupla la ville d'Amaya. Son fils, Diégo Rodriguez peupla la ville de Burgos, vers 884. Vient ensuite Gonzalo Fernandez, puis Nuno Fernandez, qui donna sa fille en mariage au fils aîné d'Alphonse III, puis enfin Fernan Gonzalès, que nous avons vu figurer à la bataille de Simancas, et qui est le premier d'où date réellement l'histoire de la Castille.

Jusqu'à Fernan, la série de ces comtes est un peu arbitraire; mais à partir de cette époque nous les voyons prendre rang dans l'histoire. C'est à Fernan que la Castille dut son indépendance de la couronne de Léon, et la véritable fondation de la monarchie. Après la bataille de Simancas, Fernan refusa d'exécuter l'ordre que lui donnait Ramire de faire réparer les fortifications d'Osma et de Clunia. Le roi s'avança alors dans la Castille avec une armée, et fit arrêter Fernan, avec quelques-uns des principaux seigneurs castillans, et les envoya prisonniers à Léon. Mais bientôt Ramire, rend la liberté à son puissant vassal, et pour consolider leur alliance, il fait épouser à son fils Ordogno, Uraque, la fille de Fernan Gonzalès.

Le roi Ramire termina sa brillante carrière par une victoire signalée, qu'il remporta contre les Maures. Il mourut en 952, après avoir assuré sa couronne à son fils Ordogno III (952).

GUERRES CIVILES ENTRE LES CHRÉTIENS. — LE VISIR ALMANZOR.

Le reste du dixième siècle fut marqué par les guerres civiles entre les princes Chrétiens, et la décadence du califat de Cordoue.

Jusqu'au règne de Bermude II (985), pendant près de trente ans, le royaume de Léon fut déchiré par des guerres civiles entre les divers prétendans à la couronne. Dans ces dissensions impies, les Chrétiens perdirent plus de monde que dans aucune guerre contre les infidèles. Aussi les Maures laissaient-ils les Chrétiens s'entr'égorger, dans l'espoir que leurs divisions les affaibliraient bientôt et les livreraient sans défense à leurs coups. Le résultat de ces guerres intestines, avait été l'affaiblissement, pour ne pas dire la ruine des rois de Léon, l'indépendance complète des comtes de Castille, et l'agrandissement de la Navarre.

Le calife Abdérame III, avait eu pour successeur son fils Hakem II, d'un caractère pacifique, et qui mourut en 976, laissant le trône à son fils Hischem II, encore enfant. La tutelle du jeune calife fut confiée au visir Mohammed ben Abdallah, qui devait conquérir plus tard, à force de victoires, le surnom glorieux d'al *Mansour*, *Almanzor* (le Victorieux). Roi, sous le nom d'un enfant imbécile, qu'il amollissait à dessein dans l'oisiveté et les plaisirs, Almanzor ne recula devant aucun moyen pour arriver au pouvoir; mais une fois maître de ce pouvoir, il sut en faire le plus noble usage. Jugeant plus sûr de tenir le trône en tutelle que de l'usurper, il voulut du moins régner par la guerre, et se contenta du pouvoir d'un roi sans en prendre le titre.

D'ailleurs l'état précaire, la faiblesse et les éternelles discordes des petites monarchies chrétiennes, combattaient d'avance pour leur redoutable ennemi, et les livraient toutes vaincues à l'invasion musulmane. Unis, tous ces états, toutes ces populations, rudes et ignorantes, mais rompues à la guerre, tous ces petits seigneurs, toujours à guerroyer l'un avec l'autre, auraient certainement pu résister à l'agression d'Almanzor, et se défendre, sinon attaquer. Mais le vice et la faiblesse de l'Espagne, alors comme autrefois, et comme aujourd'hui, c'était la désunion, la rivalité de province à province, les haines héréditaires, comme les dialectes, comme les amours-propres nationaux.

En face d'adversaires aussi peu redoutables, Almanzor regardait le succès comme assuré. Il attaqua d'abord le roi de Léon, le plus faible de tous. Dans une première expédition, Almanzor ravagea le pays fertile qu'arrose le Duero, s'empara de Signeulas et de Zamora. Bermude II tenta de résister avec une armée levée à la hâte, et mettant sa confiance plutôt dans la justice de sa cause que dans le nombre ou la valeur de ses troupes, il livra bataille sur les rives de l'Ezla. Les Chrétiens combattirent avec un courage digne de leur ancienne renommée, mais ils ne purent résister à l'impétuosité d'Almanzor, qui se couvrit de gloire dans cette bataille. Les Chrétiens furent complètement défaits. Bermude se retira dans sa capitale ; mais prévoyant que la ville de Léon ne pourrait résister à l'armée victorieuse, il ordonna aux habitans d'en sortir, et d'emporter leurs plus précieux effets. Il fit transporter avec soin à Oviédo, les cendres de ses prédécesseurs, et après avoir placé une forte garnison dans Léon, il se retira avec ses forces dans les montagnes des Asturies, seul lieu où il pouvait être en sûreté.

Léon fut assiégé, pris et rasé par ordre d'Almanzor, qui, dans trois campagnes successives, réduisit ou renversa les villes d'Astorga, de Coïmbre, de Viso, de Lamego, et pénétra depuis la source de l'Ezla jusqu'à l'embouchure du Duero. Braga, qui avait résisté quelque temps à la fureur du visir, fut rasée, et ses habitans emmenés en esclavage. La Galice fut ravagée, la Castille fut menacée, et la peste seule arrêta les progrès du vainqueur.

Pendant près de vingt ans Almanzor promena ses armes victorieuses dans les états chrétiens de la Péninsule. Enfin en 1002, il résolut de frapper un dernier coup et d'assurer pour jamais le triomphe de l'Islamisme en Espagne. Il fit venir d'Afrique de nombreux renforts, et appela sous les armes tous les fidèles Musulmans de l'Espagne. Cette levée de boucliers retentit dans toutes les contrées chrétiennes. Le danger commun leur fit oublier leurs éternelles dissensions, et les princes Chrétiens se hâtèrent de réunir leurs forces contre leur redoutable ennemi. Depuis l'Océan atlantique jusqu'aux monts Pyrénées, de l'extrémité de l'Asturie jusqu'aux rives du Duero, les Chrétiens coururent en foule se ranger sous les drapeaux, si long-temps rivaux, mais alliés en ce moment, des rois de Léon et de Navarre, et des comtes de Castille. Ces trois princes, après avoir réuni leurs forces pour risquer sur un champ de bataille, le dernier enjeu de la chrétienté, rencontrèrent les Arabes en juin 1002, près d'un village de la Castille, appelé en Arabe *Calat-Agnasor*. Le combat fut terrible, et l'acharnement sans égal. La nuit seule vint mettre un terme à cette lutte opiniâtre, sans qu'aucun des deux ennemis eut reculé d'un pas pendant cette longue et épouvantable bataille.

La nuit venue, Almanzor retiré dans sa tente, reconnut seulement, quand il voulut appeler autour de lui les chefs de son armée, toute l'étendue de sa perte; un petit nombre seulement répondit à l'appel, le reste était mort. Alors Almanzor ordonna la retraite, et avant le lever du soleil l'armée musulmane avait repassé le Duero.

Almanzor avait reçu plusieurs blessures; mais la plus cruelle de toutes était d'avoir été vaincu pour la première fois après vingt ans de combats. Il ne voulut pas survivre à sa défaite; il refusa désormais de prendre aucune nourriture, et de laisser panser ses blessures, que les angoisses de son âme et la fatigue du corps ne tardèrent pas à envenimer. Porté dans une litière sur les épaules de ses soldats, il arriva à grande peine à Médina-Celi, où il mourut le 1er juillet 1002, à l'âge de soixante-trois ans.

Aucun prince Sarrasin, depuis Muza, ne s'était rendu aussi redoutable aux Chrétiens. Il remporta contre eux, disent les historiens, plus de cinquante victoires, et n'éprouva qu'une seule défaite. Mais la bataille de Colatagnasor décidait la question plus qu'aucune autre entre les Chrétiens et les Musulmans. Ici se termine cette longue et laborieuse lutte de l'empire Arabe et de l'Espagne chrétienne, lutte de trois siècles qui commence à Muza et s'arrête sur le tombeau d'Almanzor. Avec lui finissent en même temps la dynastie des Ommiades de l'empire de Cordoue; après lui les Chrétiens n'ont plus qu'à se présenter pour recueillir un héritage sanglant et disputé, il est vrai, mais qui ne peut manquer de leur échoir (1).

ÉTABLISSEMENT DU ROYAUME DE CASTILLE ET SA RÉUNION AVEC CELUI DE LÉON.

La victoire de Colatagnasor ne profita guère aux rois de Léon. Ces derniers descendans de Pélage étaient dégénérés de la vertu de leurs ancêtres, et les règnes de BERMUDE II, d'ALPHONSE V, de BERMUDE III, n'offrent qu'une suite de princes faibles

---

(1) Rosseeuw-St-Hilaire, hist. d'Espagne.

ou incapables. Mais à côté d'eux s'élevait puissante et redoutée cette monarchie de Navarre, dont nous avons eu déjà occasion de signaler les succès. Don Garcia III, surnommé le *Trembleur*, était un des princes qui avaient le plus contribué à la victoire de Colatagnasor, et après un règne court, mais glorieux, il avait laissé le trône à Sanche, surnommé le *Grand*, qui devait bientôt changer la face de l'Espagne chrétienne.

Sanche avait augmenté ses états de l'Aragon et de la plus grande partie de la Biscaye, il avait dû ses succès à la force des armes, à ses alliances, et peut-être aussi à son adresse. Sous le prétexte de venger la mort de don Garcia, comte de Castille, qui avait été indignement assassiné, il entra dans cette contrée à la tête d'une armée nombreuse, fit saisir et exécuter ses assassins, et s'appropria les domaines de l'infortuné Garcia. Bermude III, roi de Léon, voulut s'opposer à cet accroissement de domaine de la part du roi de Navarre. La guerre fut sur le point d'éclater entre eux; mais les évêques de Navarre et de Léon, parvinrent à réconcilier les deux rois, et par suite du traité de paix qui eut lieu, il fut convenu que Ferdinand, fils du roi de Navarre, épouserait Sanche, sœur du roi de Léon; que Sanche céderait la Castille à son fils, qui prendrait le titre de roi, et que Bermude céderait en dot à sa sœur, le territoire placé entre le Puiserga et le Céa.

A la mort de Sanche III, ses fils se partagèrent ses vastes états. L'aîné, don Garcia III eut la Navarre, à laquelle il joignit une partie de la Biscaye;

Ferdinand, conserva les domaines qui formaient son royaume de Castille; Ramire eut l'Aragon avec le titre de roi. Bermude, voyant la puissance des princes de Navarre affaiblie par ces partages, crut l'occasion favorable pour recouvrer la Castille et les portions du territoire qu'il avait été obligé de céder à sa sœur. Déjà il avait envahi une partie des états de son beau-frère Ferdinand, qui se voyant incapable de résister seul au roi de Léon, appela à son secours le roi de Navarre. Leurs forces combinées s'assemblèrent dans la vallée de Samara, ou Tamara, près de Fromilta. Bermude fut tué au commencement de la bataille, et ses troupes effrayées prenaient la fuite et allaient être massacrées, quand Ferdinand arrêta la fureur de ses soldats. Une telle modération excita la reconnaissance et l'admiration des seigneurs de Léon, et d'une voix unanime, ils décernèrent la couronne à Ferdinand, qui réunit ainsi sur sa tête les couronnes de Castille et de Léon.

ÉTAT DE L'ESPAGNE LORS DE LA RÉUNION DES COURONNES DE CASTILLE ET DE LÉON.

A l'époque où Ferdinand Ier réunit les couronnes de Castille et de Léon, la plus grande partie de l'Espagne était soumise à ce monarque ou à ses frères. Cependant les Maures possédaient encore des provinces considérables dont le territoire s'étendait le long de la Méditerranée, depuis les Pyrénées jusqu'au rocher de Gibraltar, et cotoyait l'Atlantique depuis la pointe de Tarif jusqu'à l'embouchure du Tage. Au-delà de ce fleuve jusqu'au Duero, ils avaient encore plusieurs places importantes. Quelques chefs Chrétiens cependant occupaient le Portugal, et pouvaient se reposer pour leur sûreté sur la force naturelle, augmentée par l'art, des rochers qui défendaient ce pays. L'Andalousie, Grenade et Murcie, professaient la foi de Mahomet, ou obéissaient à ses disciples. Tolède, et une partie de la Nouvelle-Castille, étaient occupées par les Maures, et un émir Sarrasin résidait à Barcelone. Les cités magnifiques de Séville et de Cordoue étaient habitées par les Musulmans. Une longue chaîne de côtes maritimes procurait des ports vastes et nombreux, qu'alimentait un commerce actif.

Ferdinand 1er, représentant par sa femme Sanche les anciens rois de Léon, les descendans de Pélage, et par lui-même l'antique maison de Bigorre qui régnait en Navarre, maître de la Castille, dont la position topographique au centre de la Péninsule, semble devoir en rallier toutes les parties, était devenu par la réunion des deux royaumes, le plus redoutable des monarques Espagnols. Ce prince actif, guerrier, ambitieux, voulut profiter des avantages de sa position. Il passa le Duero près de Zamora, prit d'assaut la ville de Zéna, et celle de Visen, dont il fit massacrer la garnison, pour venger la mort de son beau-père Alphonse V, qui avait été tué en assiégeant cette ville. Laneigo, Aveiro, Penalva et enfin Coïmbre, ville très-considérable et bien fortifiée, tombèrent en son pouvoir.

FIN DU CALIFAT DE CORDOUE.

Les Musulmans auraient eu besoin de toutes leurs forces pour résister à Ferdinand. Mais depuis la mort d'Almanzor ils étaient continuellement déchirés par la guerre civile. Abdelmalich, fils d'Almanzor, lui avait succédé; il annonçait les brillantes qualités de son père, et peut-être il eût marché sur ses traces si une mort prématurée ne l'eut enlevé. Son frère Abdérame fut nommé visir; mais ses vices et la faiblesse du calife Hischem excitèrent une révolte. Abdérame fut tué et Hischem jeté dans une prison. Mahomet-Almahadi, auteur de cette violence, s'empara du trône, et presque toute la nation reconnut l'usurpateur. Cependant les amis de la famille des Ommiades, ne pouvant se résoudre à suivre cet exemple, avaient acheté les services des Bérébères, redoutable milice, appelée des déserts de l'Afrique par Almanzor, et forts de cet appui, ils s'étaient assemblés pour choisir un roi. Au lieu d'un ils en élurent deux, Suleyman et Marban ou Marwan. La guerre éclata entre eux, Marban est défait et pris. Suleyman attaqua alors Almahadi, avec le secours du roi de Navarre et du comte de Castille. Vainqueur dans un premier combat, il est vaincu dans un second et forcé de chercher un refuge en Afrique.

Almahadi ne jouit pas long-temps de ses succès. Un de ses favoris le livra aux Bérébères qui le firent périr dans les supplices. Hischem fut alors arraché de sa captivité et replacé sur le trône; mais

Suleyman, de retour de son exil, le chasse de Cordoue, et le dernier des califes, prince faible, imbécile et voué au mépris, va traîner sa triste existence au-delà du détroit.

La faction opposée à Suleyman, proclame Ali-Aben-Hamet, descendant du prophète. Celui-ci, vainqueur de Suleyman, lui fait couper la tête. Aben-Hamet, étouffé dans un bain par ses esclaves, laissa ses droits à Alcacim, son frère, qui trouva un compétiteur dans Abdérame-Almortada. Leurs fureurs ensanglantent le royaume musulman. Ils périssent tous deux en même temps, et après eux le trône de Cordoue devient la proie du premier occupant. Quelquefois deux ou trois compétiteurs veulent s'y asseoir à la fois. Immolés presque aussitôt, ils font place à leurs assassins, qui ne ceignent le diadème que pour expirer à leur tour sous le poignard.

Au milieu de tous ces désordres, Cordoue cessa d'être la capitale de l'empire musulman. Les provinces se détachèrent pour former des royaumes indépendans; il y eut des rois de Séville, de Saragosse, de Murcie, de Tolède, d'Huesca, de Lisbonne, de Valence, d'Orihuela.

PREMIERS EXPLOITS DU CID.

Telle était la situation de l'empire Musulman, quand Ferdinand voulut en profiter pour faire la conquête dont nous avons parlé plus haut. Une foule de jeunes guerriers, des premières familles de Léon et de Castille, brillaient dans les rangs de son armée, et rivalisaient entre eux de courage et d'audace.

Mais il en était un qui se distinguait parmi tous les autres, et qui, à peine adolescent, avait donné des preuves de sa valeur en plus d'une occasion; c'était le chevalier don Rodrigue-Diaz-de-Bivar, qui depuis s'est rendu si fameux sous le nom de Cid. Il avait à peine quinze ans quand il donna des preuves de sa bravoure en vengeant l'honneur de son père insulté par le comte de Lozano. Le comte périt de la main du jeune Rodrigue, et cette action, couverte d'éloges, dans un siècle guerrier, fut regardée comme le présage de la gloire qu'il acquit dans la suite. Le surnom de Cid est une corruption du mot arabe *el Seid* ou seigneur. Il obtint ce titre de l'admiration de cinq petits rois maures qu'il défit en bataille rangée, avec une troupe de soldats d'élite, attirés par sa valeur sous son commandement. Les exploits du Cid ont été sans doute exagérés; le récit en a été orné par l'imagination; mais à travers le tissu de fables on démêle aisément qu'il fut un soldat intrépide, et un habile capitaine. Son nom est devenu aussi populaire en France qu'en Espagne, depuis que le génie du grand Corneille s'est chargé de l'immortaliser.

Le roi de Séville, effrayé des projets de Ferdinand, réclama l'appui des souverains de Tolède, de Saragosse, de Valence et de Murcie. Ils comprirent que leur union seule pourrait les défendre contre les Chrétiens. Les deux premiers se jetèrent à la fois sur la Vieille-Castille. Ferdinand, trop actif pour leur donner le temps de se réunir, accourut en toute hâte, avec ses braves chevaliers et Rodrigue à leur tête. Les deux rois Maures furent battus dans les environs de Saint-Etienne de Gormas, et forcés de regagner précipitamment leurs états. Cette victoire fit tomber au pouvoir de Ferdinand les villes de Barenga, Aguilar, Osma, Médina-Céli, Siguenza, Guadalaxara, Uséda, Alcala de Henarez et Madrid. Le roi de Tolède, Almenon, n'arrêta le vainqueur qu'en se reconnaissant son vassal et en lui payant tribut.

GUERRES DE FERDINAND CONTRE LA NAVARRE. — SES DERNIERS EXPLOITS; SA MORT.

Depuis vingt ans les deux fils aînés de Sanche-le-Grand vivaient en bonne intelligence. Tout-à-coup l'ambition les désunit. Les historiens espagnols ont donné tous les torts à Garcie; cependant il est difficile de justifier complètement la conduite de Ferdinand. Celui-ci réclamait au roi de Navarre, la Buréva, contrée dépendante de la Castille et que leur père en avait détachée pour la donner à Garcie. Comme il n'en obtenait pas une réponse satisfaisante, Ferdinand alla trouver son frère pour conférer ensemble à ce sujet. On a prétendu que Garcie s'était proposé d'attenter à la liberté de Ferdinand, mais que celui-ci averti à temps, s'était hâté de quitter la Navarre. Garcie, qui peut-être ignorait ce prétendu complot, vint à Burgos rendre la visite à son frère. Mais Ferdinand le fit arrêter et enfermer dans le château de Céa. Garcie parvint à s'échapper, et le cœur altéré, il reparut bientôt sur les rives de l'Ebre, avec une nombreuse armée. Il s'avança jusqu'à

Atapuerca, bourg auprès duquel était campé le roi de Castille. Inigo, abbé du monastère d'Ogna, célèbre par l'austérité de sa vie, exhorta les deux rois à épargner le sang des Chrétiens, et à déposer leur haine impie. Mais le zèle de ce saint religieux fut inutile. Le combat s'engagea, et au plus fort de la mêlée, Garcie eut le sein percé d'un javelot. Il expira presque sur-le-champ. Ses troupes, effrayées de se trouver sans chef, firent leur retraite en confusion; Ferdinand empêcha de les poursuivre. Il fit la paix avec Sanche IV, fils de Garcie, mais il en exigea la restitution de la Buréva (1054).

Pendant ces démêlés, le roi de Tolède avait secoué le joug de la Castille. Ferdinand l'eut bientôt dompté, et replacé sous son obéissance. Il repoussa encore plusieurs fois les attaques des Sarrasins de Valence, qui s'avançaient vers les sources du Tage. Enfin, en 1065, sentant sa fin approcher, il se fit transporter, pendant les fêtes de Noël, décoré des ornemens royaux, dans la cathédrale de Léon. Humblement prosterné devant les reliques de saint Isidore, pleurant sur ses fautes, il conjura le Tout-Puissant de les lui pardonner. Ensuite il quitta les marques de sa dignité, et se revêtit d'un cilice. Il retourna dans son palais sous l'habit de pénitent, se coucha sur la cendre, et le lendemain il rendit l'âme entre les bras de plusieurs évêques qui lui avaient administré le sacrement des mourans. Il avait régné trente ans en Castille et vingt-huit ans à Léon.

Il imita le funeste exemple que lui avait donné son père, de morceler ses états. Il donna à Sanche l'aîné, la Castille avec le vasselage du roi de Tolède ; à Alphonse le royaume de Léon avec les Asturies ; à Garcie, la Galice et le Portugal ; à Urraque, l'aînée de ses filles, la ville de Zamora ; à Elvire, la seconde, celle de Toro.

GUERRE ENTRE LES FILS DE FERDINAND. — SANCHE II. — ALPHONSE VI. — DISGRACE DU CID.

La mort de Ferdinand fut le signal des hostilités qui eurent lieu presque immédiatement entre ses enfans. Sanche mécontent du partage, fait par son père, partage qu'il regardait comme une violation de ses droits d'aînesse, résolut de dépouiller ses frères. Il envahit d'abord le royaume de Galice, battit son frère Garcie à Santarem, près du Tage, le fit prisonnier et l'enferma dans le château de Lona. Après cette expédition, il attaqua le roi de Léon ; mais Alphonse résista mieux que son frère Garcia ; à la bataille de Vaspasar, il mit en déroute les troupes de Sanche, et celui-ci ne songeait qu'à fuir honteusement, si les conseils du Cid n'eussent ranimé son courage. Bientôt ce vaillant capitaine rallie les Castillans, et tandis que les troupes d'Alphonse se livraient au repos, ou du moins à la sécurité que leur avait donnée la victoire, il tombe sur elles à l'improviste, les taille en pièces, et fait Alphonse prisonnier. Sanche l'envoye captif au monastère de Sahagon ; mais il parvint à s'échapper et se réfugia à Tolède.

Non content d'avoir dépouillé ses frères de leurs royaumes, le roi de Castille voulut enlever à ses sœurs les villes qui leur avaient été données en apanage. Toro, l'héritage d'Elvire se soumit, mais Zamora fit résistance. Un officier de la garnison, nommé Vellidez, sortit de la ville, et se fit présenter à Sanche comme transfuge. Le roi l'accueillit ; mais quelques jours après, Vallidez tua ce monarque d'un coup de poignard (1072).

Alphonse, en apprenant la mort de son frère, s'empressa d'accourir pour recueillir son héritage ; car il ne laissait pas d'enfans. Les Léonais et les Galiciens le reçurent avec transport. Mais les Castillans ne consentirent à le reconnaître qu'à condition qu'il jurerait en présence des grands, sur l'autel de sainte Agathe de Burgos, qu'il n'était ni l'auteur ni le complice de Sanche. Alphonse accepta cette condition ; mais quand le moment fut venu de l'exécuter, il parut l'avoir oubliée, et les nobles intimidés n'osaient l'en faire souvenir ; tous gardaient le silence. Rodrigue seul eut le courage de rappeler au monarque l'obligation qu'il avait contractée. Alphonse s'y soumit, mais le Cid fut pour jamais exclu des conseils et de la faveur du nouveau monarque.

Le Cid quitta la cour de Castille, suivi d'un cortège de braves aventuriers ; il surprit la citadelle d'Alcazar, sur les frontières d'Aragon, pénétra jusqu'aux confins de Valence, et entra dans la province de Teruel, arrosée par les eaux du Guadalquisir et de l'Alhambra ; il fixa sa résidence sur une hauteur escarpée qui porte encore le nom de *Pena de el Cid*, (Rocher du Cid.)

RÈGNE D'ALPHONSE VI, SURNOMMÉ LE VAILLANT.

Garcie, qui avait eu à souffrir la même injustice qu'Alphonse, aurait dû espérer que celui-ci, une fois sur le trône, s'empresserait de la réparer. Mais il n'en fut rien, et Alphonse, étouffant tout sentiment d'équité, retint son frère dans les fers, et la Galice sous sa puissance.

La Navarre était en proie à d'affreux désordres. Sanche IV avait été assassiné par son propre frère. Profitant de ces troubles, Sanche-Ramire, roi d'Aragon, se rendit maître de Pampelune, et Alphonse VI, s'empara de l'importante province de Biscaye.

Après la mort d'Almanon, roi de Tolède, son sceptre était passé successivement à ses deux fils Issem et Hiaia. Ce dernier s'attira la haine de ses sujets qui sollicitèrent de l'appui au-dehors, pour se délivrer de sa tyrannie. Alphonse saisit avec empressement cette occasion d'agrandir ses états, et il résolut de faire la conquête du royaume de Tolède. Des diverses contrées de l'Europe une foule de chevaliers accoururent se ranger sous ses étendards. Parmi eux on comptait des princes souverains : Sanche-Ramire, roi d'Aragon et de Navarre, Raymond de saint Gilles, comte de Toulouse, Henri de Besançon, son cousin, petit-fils de Robert, tige des anciens ducs de Bourgogne, tous deux issus du sang royal de France, et Paléogue, de la famille des Ducas, qui avait occupé le trône de Constantinople.

Alphonse, suivi de ces illustres guerriers, attaqua le roi de Tolède: Hiaia se défendit avec courage et se soutint pendant quatre campagnes. Enfin la cinquième année le roi de Castille mit le siége devant Tolède, et ne parvint à s'en rendre maître qu'après une résistance désespérée des habitans, auxquels il accorda une capitulation honorable.

Le vainqueur fit de Tolède la capitale du royaume de Castille, et il assura cette acquisition par des travaux et des fortifications capables de résister à toutes les forces musulmanes. Cependant la prise de cette ancienne capitale des rois Goths, répand l'effroi chez les Sarrasins. Alphonse en profite pour étendre ses conquêtes. Il prend Uclès, Orgaz, Mora, Consugra, Talavera. Il s'avance dans l'Estramadure, contrée soumise aux rois de Séville et de Badajoz. Il attaque et réduit la ville de Coria. Mais tant de succès réveillèrent les Mahométans de leur léthargie. Les rois de Séville et de Badajoz appelèrent à leur secours les Maures d'Afrique, et bientôt il parut opposer à Alphonse une nombreuse armée avec laquelle ils l'attaquèrent entre Badajoz et Mérida. Les Musulmans remportèrent la victoire; mais elle fut chèrement achetée, car ils perdirent trente mille hommes, et leurs ennemis seulement vingt mille. Alphonse fut blessé d'un coup de flèche pendant l'action, et l'on peut attribuer à cet accident la terreur qui s'empara des Chrétiens et qui leur fit abandonner le champ de bataille. L'esprit d'Alphonse était supérieur à une défaite. Pour ranimer le courage de ses soldats, il vole à de nouvelles conquêtes, auxquelles ses ennemis affaiblis par leur victoire même ne peuvent s'opposer. Bientôt Leiria, Tomar, Sentarem, Cintra et Lisbonne tombent en son pouvoir.

Alors possesseur de toute la partie du Portugal, supérieure au Tage, il la céda à titre de principauté indépendante, à Henri de Besançon, en lui donnant en mariage sa fille Thérèse, ce fut là l'origine du royaume du Portugal (1090). Il donna en même temps en mariage sa fille Urraque, à Raymond de Bourgogne, cousin de Henri, avec le titre de comte de Galice. Plusieurs des seigneurs français qui les avaient accompagnés, s'établirent à Tolède, et y obtinrent de grands priviléges pour eux et pour leurs descendans.

Vers cette époque, le Cid toujours disgrâcié, se signala par les plus beaux exploits, à la tête d'une troupe de chevaliers fidèles à sa fortune. Il s'empara de Valence, et y fixa sa résidence. Il fit de cette ville une sorte d'état indépendant, qu'il défendit contre une armée de Sarrasins. Lorsqu'il expira, chargé d'années et de gloire, son âme intrépide sembla survivre dans celle de sa veuve, qui résista aux attaques des infidèles, et conserva la ville jusqu'au moment où la faiblesse ou plutôt la détresse, détermina Alphonse à abandonner cette conquête éloignée et précaire.

Bénabet, roi de Séville, malgré sa victoire de Mérida, sollicita la paix avec Alphonse. Celui-ci y consentit, et l'alliance fut cimentée par le mariage de Zaïde, fille de Bénabet, avec Alphonse, veuf alors de sa quatrième femme. Zaïde embrassa la religion chrétienne, et fut baptisée sous le nom de Marie-Isabelle, ce qui n'empêcha pas les Chrétiens de désapprouver cette union. En effet, cette alliance avec les ennemis du nom Chrétien, fut fatale à Alphonse, et le reste de sa vie fut marquée par les plus grands revers.

LES ALMORAVIDES. — BATAILLE DES SEPT-COMTES.

Les Almoravides, peuple originaire de l'Arabie, qui suivaient strictement la loi du Koran, s'étaient rendus maîtres du royaume de Fer et de Maroc. Leur roi Yousouf ou Joseph, Aben Texufin, résolut d'asservir l'Espagne. Il envoya une armée qui s'empara de Séville, et mit à mort Bénabet. Alphonse, accouru pour venger son beau-père, fut défait aux environs de Ruéda, puis à Cazella, près de Badajoz. Enfin, quelques succès d'Alphonse et la mort d'Yousouf, arrêtèrent les succès des Almoravides. Mais Ali-Yousouf, son fils, héritier de son ambition et de sa puissance, reprit avec ardeur ses projets. Il franchit les montagnes qui séparent l'Andalousie de la Manche, parcourut cette dernière contrée le fer et la flamme à la main, et parvint ainsi jusque dans les environs de Tolède.

L'âge et les infirmités ne permettaient plus à Alphonse de marcher en personne; Raymond, son gendre, à qui il aurait pu confier le commandement de ses troupes venait de mourir. Il ne lui restait qu'un fils, né de Zaïde, et à peine âgé de onze ans. Il lui donna toutefois le commandement de l'armée, mais en apparence seulement, chargeant don Garcie de Cabra, gouverneur du jeune prince, de remplir réellement les fonctions de général. La bataille s'engagea près d'Uclès, et eut une déplorable issue pour les Castillans. Leur armée fut presque entièrement taillée en pièces; l'infant (c'est ainsi que l'on appelle les princes du sang royal), fut percé d'une flèche, et tomba mort à côté de son gouverneur et de six autres comtes, qui périrent en cherchant à lui faire un rempart de leurs corps, circonstance qui a fait donner à cette funeste journée le nom de bataille des Sept-Comtes.

Un tel désastre était bien fait pour attérer Alphonse; cependant il ne parut jamais plus grand que dans ce moment d'adversité. Tout malade, tout accablé qu'il était de la perte de son fils, il ne perdit pas courage et déploya une énergie qui sauva la religion et l'état. Il leva de nouvelles troupes, mit Tolède en état de défense, et parut encore si formidable à Ali-Yousouf, qu'il retourna à Séville, sans retenir la moindre partie de ses conquêtes.

Dix-huit mois après la bataille désastreuse d'Uclès, Alphonse VI mourut à l'âge de soixante-trois ans, et après avoir régné quarante-quatre ans à Léon, et trente-sept en Castille. Il fut le dernier roi de la maison de Bigorre qui avait tenu le sceptre de Castille l'espace de 72 ans.

LA REINE URRAQUE. — ALPHONSE-LE-BATAILLEUR.
ALPHONSE VII ROI DE CASTILLE.

La mort d'un roi entraînait presque toujours des dissensions intestines pour le partage de sa succession. Celles qui suivirent la mort d'Alphonse VI, sont surtout d'une nature déplorable, car on vit alors la guerre éclater entre une femme et son mari, entre une mère et son fils.

Urraque, fille d'Alphonse VI, et veuve de Raymond, avait été mariée quelque temps avant la mort de son père, avec Alphonse, dit le Batailleur, roi de Navarre et d'Aragon. Elle avait de son premier mariage un fils nommé aussi Alphonse, qui prit plus tard le nom d'Alphonse VII. A la mort de son beau-père le roi d'Aragon, comme mari d'Urraque, crut pouvoir s'emparer de l'autorité en Castille. Mais Urraque s'y opposa, et soutenue d'une partie des seigneurs Castillans, elle chassa du royaume les ministres et les troupes que son mari y avait envoyé. Le roi d'Aragon s'occupa alors à faire casser son mariage, résolu de profiter des troubles qui allaient agiter la Castille pour s'en emparer. En effet, un nombreux réparti était opposé à la reine, dont la conduite peu gulière excitait l'indignation et le mépris. Ce parti voulait porter au trône le jeune Alphonse, fils de Raymond et d'Urraque; le comte Henri de Portugal soutenait ce jeune prince, son neveu, et grâce à son intervention, il fut couronné à Saint-Jacques, sous le nom d'Alphonse VII. La guerre éclata aussitôt entre la mère et le fils. Enfin Urraque fut forcée d'abdiquer, et Alphonse posséda seul le royaume. Mais le *Batailleur* vint encore le lui disputer, et il fallut l'intervention du pape Calixte II, pour rétablir l'union entre les deux monarques.

A partir de cette époque, le règne d'Alphonse VII, fut paisible et glorieux. De brillans succès remportés sur les Sarrasins lui firent décerner par les rois de l'Espagne chrétienne, le titre d'empereur.

Pendant le règne d'Alphonse VII, Alphonse le Batailleur, depuis long-temps l'effroi des Maures, périt au siège de Fraga. Sa mort donna lieu à la séparation des royaumes d'Aragon et de Navarre, qu'il avait réunis par la force de ses armes. Le premier reconnut l'autorité de son frère Ramire; le second appela don Garcie, petit-fils du malheureux Sanche IV. (1134).

ALPHONSE-HEURIQUE.

Le comte du Portugal, après avoir conquis l'Alentéjo, et défait complètement dans les plaines d'Aurique (1139) une nombreuse armée de Musulmans, reçut de ses soldats enthousiasmés, le titre de roi, qu'il transmit à ses descendans (1).

Alphonse VII, pour justifier le titre d'empereur que lui avaient décerné les princes Chrétiens, ré-

---

(1) Voir ci-après les illustrations de l'histoire du Portugal.

solut d'expulser entièrement les Maures de la Péninsule. Il forma contre eux plusieurs croisades couronnées de succès, et il mourut en Andalousie, pendant une de ces expéditions glorieuses (1157). Grand homme et grand roi, Alphonse VII ne sut pas se garantir de la funeste faute de partager ses états entre ses enfans. Il donna les deux Castille à Sanche l'aîné, et le royaume de Léon, avec la Galice et les Asturies, à Ferdinand.

CHAPITRE V.

Etat de l'Espagne vers le milieu du douzième siècle. — Les Cortès de Castille et les Fueros d'Aragon. — Guerre entre les princes Chrétiens. — Bataille de Tolosa. — Union définitive du royaume de Castille et de Léon. — Règne de Saint-Ferdinand. — Jacques Ier, roi d'Aragon. — Thibaut, roi de Navarre. — Nouveaux succès de Ferdinand III; prise de Cordoue, de Séville, etc. — Alphonse X, surnommé le Sage. — Evénement en Navarre et en Aragon. — Sanche IV, dit le Brave. — Héroïsme d'Alonze de Guzman. — Ferdinand IV, dit l'Ajourné. — Alphonse XI, le Justicier. — Bataille de Salcedo ou de Tariffe. — Pierre-le-Cruel.

ÉTAT DE L'ESPAGNE VERS LE MILIEU DU DOUZIÈME SIÈCLE.

L'ÉCLAT dont avaient long-temps brillés les Maures d'Espagne, s'était soutenu quelque temps sous les rois successeurs des califes de Cordoue. C'était encore la nation la plus éclairée et la mieux policée de l'univers. Mais l'invasion des Almoravides vint opérer un changement déplorable. Ignorans et fanatiques, ces peuples replongèrent les Arabes dans leur ancienne Barbarie. Après les Almoravides étaient venus les Almohades, qui leur ressemblaient et qui maintinrent leur ouvrage. Mais si ces nouveaux envahisseurs étaient encore moins éclairés, moins policés que les anciens sujets des califes, ils étaient braves, aguerris, et ils se rendirent bientôt redoutables aux Chrétiens. Leur chef prit la qualité d'Emir-al-Mumenin, dont on a fait par corruption le nom de Miramolin; tous les Musulmans lui obéissaient. Ainsi, tandis que cette nation devenait plus dangereuse par cette force que donne l'unité, les royaumes chrétiens continuaient à se diviser.

A la mort d'Alphonse VII, l'Espagne chrétienne était partagée en cinq royaumes : 1º la Castille, ayant pour roi Sanche III; 2º Léon, Ferdinand II; 3º Navarre, Sanche VI; 4º Portugal, Alphonse Ier; 5º l'Aragon, était alors gouverné par Raymond, comte de Barcelone, avec le titre de prince d'Aragon.

Sanche III, mourut un an après être monté sur le trône, laissant un fils du nom d'Alphonse, encore en bas âge. Ferdinand, le roi de Léon, crut l'occasion favorable de s'emparer de la Castille. Il entra dans ce royaume à la tête d'une armée, sous prétexte de réclamer la tutelle de son neveu que se disputaient deux puissantes familles, les Castro et les Lara. Déjà Ferdinand s'était rendu maître des deux Castille; mais pour valider son usurpation, il convoqua les Cortès en assemblée de la nation à Soria. Cette assemblée ne remplit pas les vues du roi de Léon; elle refusa de sanctionner son injuste entreprise. Le courage des Castillans se ranima; les villes les plus considérables se réunirent en faveur de l'enfant roi; Alphonse VIII fut déclaré majeur, quoiqu'il n'eût encore que onze ans, et Ferdinand et son armée furent bientôt chassés de la Castille.

LES CORTÈS DE CASTILLE ET LES FUEROS D'ARAGON.

Nous venons de parler des assemblées nationales de Castille, connues sous le nom de Cortès. Ces assemblées avaient remplacé les conciles qui, sous les rois Goths, et sous les premiers rois, successeurs de Pélage, décidaient les affaires d'un intérêt majeur. Ces cortès étaient composées de quelques prélats, des grands, et d'un certain nombre de députés de chacune des principales cités.

En Aragon, l'autorité royale était limitée par le collége ou tribunal de *los ricos Hombres*, (les hommes riches), corps très-puissant, interprète et dépositaire des lois. A sa tête était un magistrat suprême appelé le grand-justicier, ou justice majeure, sans l'aveu duquel les édits du roi ne pouvaient recevoir leur exécution. A l'avénement d'un nouveau roi, il était obligé de se présenter devant le grand-justicier, la tête nue, et de prononcer la formule du serment. Pendant cette cérémonie, le grand-justicier lui tenait une épée nue dont la pointe était dirigée sur sa poitrine, puis il lui disait ensuite avec fierté : « Nous » qui valons autant que vous, nous vous faisons » notre seigneur et roi, à condition que vous main- » tiendrez nos priviléges et libertés; sinon, non. »

Le grand-justicier avait le droit de citer le roi devant l'assemblée des Ricos Hombres, et de le faire déposer s'il manquait à son serment.

Pierre Ier, roi d'Aragon, obtint que la cérémonie humiliante du serment fut abolie, mais on l'obligea d'accorder de nouveaux priviléges à la nation. Le grand-justicier conserva son autorité jusqu'au règne de Philippe II; enfin sous Charles II, la dignité du grand-justicier perdit tout son crédit, et ne fut plus qu'un titre sans autorité.

GUERRE ENTRE LES PRINCES CHRÉTIENS.

Pendant toute la seconde moitié du douzième siècle, les rois chrétiens d'Espagne furent sans cesse en guerre les uns contre les autres. Il serait difficile et fastidieux de suivre toutes ces hostilités, tous ces intérêts qui se croisent et se compliquent sans cesse. Alphonse VIII, après avoir fait une guerre assez malheureuse aux rois de Léon, d'Aragon et de Navarre, se voyant menacé par les Maures, qui faisaient de formidables préparatifs, sollicita l'alliance et le secours de ces mêmes monarques, à l'égard desquels il s'était jusqu'alors conduit en ennemi; mais entraîné par l'orgueil et la jalousie, il s'empressa de marcher au combat, sans attendre ses alliés, dans la crainte qu'ils ne lui dérobassent une partie de la victoire dont il se flattait. Sa précipitation lui devint fatale. Vingt mille de ses soldats tombèrent sous le cimeterre des Musulmans, le reste fut fait prisonnier ou dispersé (1194).

Les Almohades, fiers de leur victoire, inondèrent l'Estramadure. Cacerès, Coria, Placentia, étaient tombées en leur pouvoir. Ils entrèrent avec la même impétuosité dans la Nouvelle-Castille; ils prirent

Escelonne, assiégèrent Tolède, et portèrent l'effroi jusqu'à Madrid et à Alcala de Hénary. Une révolte qui éclata alors à Maroc força le chef des Almohades de retourner en Afrique, et de conclure une trève avec Alphonse VIII.

Celui-ci ne fut pas plutôt délivré des Maures qu'il recommença ses hostilités contre son cousin le roi de Léon. Enfin on parvint à réconcilier les deux monarques, et, pour cimenter leur alliance, le roi de Léon épousa Bérengère, la fille du roi de Castille.

BATAILLE DE TOLOSA.

Cependant les dissensions des Chrétiens avaient fait prendre un nouvel essor à la puissance des Maures. Mahomet, surnommé le Vert, à cause de la couleur de son turban, était alors souverain des Almohades. Il vint en Espagne avec l'intention et les moyens de pousser ses progrès plus loin que ses prédécesseurs. Il était à la tête d'une armée composée de quatre-vingt mille hommes de cavalerie, et d'une infanterie plus nombreuse encore. Les princes Chrétiens, à la vue du danger commun, formèrent une alliance générale; mais leurs forces réunies n'auraient pu suffire pour les défendre. Le pape Innocent III vint à leur secours, en publiant une croisade contre les Musulmans d'Espagne. Aussitôt une foule de guerriers Français et Allemands, au nombre, dit-on, de soixante mille, traversèrent les Pyrénées et vinrent grossir les rangs de l'armée Chrétienne. Mahomet avait aussi de son côté fait appel à ses co-réligionnaires, et l'Afrique, l'Egypte, l'Arabie avaient envoyé une foule de guerriers se ranger sous les drapeaux des Almohades. Jamais armées plus nombreuses ne s'étaient trouvées en présence sur le sol de l'Espagne. Celle de Mahomet s'élevait, au dire des historiens contemporains, à quatre cent mille hommes d'infanterie et cent cinquante mille de cavalerie. Celle des Chrétiens était beaucoup moins nombreuse, aussi l'orgueilleux Almohade comptait-il sur une victoire facile. Il se flattait de mener son armée jusqu'aux extrémités de l'Europe, et il avait osé menacer le pape de faire de Saint-Pierre de Rome une écurie pour ses chevaux (16 juillet 1212).

Mahomet passa le Guadalquivir et établit son camp dans les plaines de Tolosa, entre le cours de ce fleuve et les montagnes de la Siéra-Moréna. Les Chrétiens pénétrèrent dans la plaine par un défilé connu sous le nom de Puerto-de-Muradal, où une poignée d'ennemis aurait pu facilement les écraser. Les Maures, rangés en ordre de bataille près de Tolosa, attendaient l'ennemi et faisaient bonne contenance; les bandes choisies d'Afrique et de Grenade formaient le centre de leur armée. La bataille s'engagea au lever du soleil et dura toute la journée, avec des chances de succès balancés. Vers le soir, les Mahométans parurent avoir l'avantage. Déjà les Chrétiens fuyaient en désordre. Alphonse VIII, éperdu, parcourait les rangs pour les rallier. Il rencontra l'archevêque de Tolède, don Rodrigue de Rada, qui se tenait au centre de l'armée, précédé de la croix portée par un chanoine de sa métropole. Le roi en voyant le prélat s'écria : « Archevêque, c'est ici qu'il faut mourir. » — Non, répondit don Rodrigue, c'est ici qu'il faut vivre et triompher. Cependant Alphonse se précipite au milieu des rangs ennemis; et son mouvement entraîna les Castillans. De nouveaux efforts furent tentés de toutes parts. Les Navarrais, qui combattaient à l'aile droite, pénétrèrent à travers les escadrons africains, jusqu'à l'endroit où s'était placé Mahomet. Ils brisèrent une enceinte de chaînes de fer et de pieux derrière laquelle il était retranché. Les Maures épouvantés commencèrent à plier. Les Castillans et les Aragonais qui formaient le centre et la gauche de l'armée alliée, achevèrent de les mettre en déroute. Ils les poursuivirent avec acharnement, et la lassitude fit seule cesser le carnage. Il périt, dit-on, deux cent mille Maures dans cette fameuse journée, et les Chrétiens firent en outre soixante mille prisonniers (1).

La défaite de Tolosa détruisit pour jamais la puissance de Miramolin ; l'empire musulman eût été, dès lors, vraisemblablement renversé, si l'armée des croisés avait pu achever complètement sa victoire. Mais affaiblis par des maladies causées par la chaleur du climat et la mauvaise qualité des alimens, elle dut se borner à la prise de Baëza et d'Ubéda. Les trois monarques, craignant les suites de cette contagion, accordèrent une trêve à Mahomet, et se retirèrent couverts de gloire. Ils rentrèrent en triomphe à Tolède, et récompensèrent, avec les fruits de la victoire, les auxiliaires étrangers. Ceux-ci repassèrent

---

(1) Lofon-St-Marc, tableau de l'histoire d'Espagne.

les Pyrénées, et les rois d'Aragon et de Navarre reprirent chacun le chemin de leur capitale.

Pour perpétuer la mémoire d'une victoire si importante, il fut ordonné que tous les ans, le 16 juillet, on célébrerait dans l'église de Tolède, une fête à laquelle on a donné le nom de *Triomphe de la croix*.

UNION DÉFINITIVE DES ROYAUMES DE CASTILLE ET DE LÉON. — RÈGNE DE SAINT-FERDINAND.

Deux ans après la célèbre bataille de Tolosa, le roi de Castille mourut laissant le trône à son fils Henri Ier, à peine âgé de onze ans (1214). Bérengère, sœur aînée de Henri, épouse répudiée du roi de Léon, fut chargée de la tutelle du jeune roi; mais bientôt la mort de ce prince la rendit elle-même héritière du trône de Castille (1217). Berengère, devenue reine de Castille, abdiqua aussitôt en faveur de Ferdinand, son fils, issu de son mariage avec le roi de Léon, qui venait d'entrer dans sa seizième année.

FERDINAND III, qui, par ses vertus, mérite le nom de *Saint*, long-temps avant que l'Eglise ait proclamé sa canonisation, signala les premières années de son règne par de brillans succès contre les Maures. Le roi de Valence, les gouverneurs de Baëza et une partie de l'Andalousie, consentirent à devenir ses vassaux. Après dix campagnes successives, il ramena ses troupes de l'invasion de Valence, de Murcie et de Grenade, chargées de dépouilles et de gloire.

Abenhut, descendant des anciens rois de Saragosse,

souleva une puissante faction contre les Almohades. Il prit dans Murcie les marques de la royauté, il s'empara de Grenade, et rangea presque toute l'Espagne musulmane à son obéissance. Les princes Chrétiens savaient par expérience combien cette réunion des Sarrasins, sous un seul chef, pouvait leur devenir funeste. Ferdinand III attaqua Abenhut en Andalousie, tandis que son père, le roi de Léon, le combattait en Estramadure. Ce dernier remporta une victoire signalée, qui fit tomber en son pouvoir Cacerès, Mérida, Badajoz. En se rendant à Saint-Jacques de Compostelle, où il allait remercier l'apôtre des succès de sa campagne, il tomba malade et mourut à Villeneuve de Saria. Alphonse IX fut le dernier roi de Léon. Il aurait voulu laisser son royaume à ses filles, qu'il avait eues de son second mariage avec Thérèse de Portugal, mais le testament qui contenait ces dispositions ne fut point exécuté. Ferdinand III s'accommoda avec ses sœurs, moyennant une pension, et réunit définitivement la couronne de Léon à celle de Castille.

JACQUES Ier, ROI D'ARAGON ; THIBAUT, ROI DE NAVARRE.

Ferdinand III n'était pas le seul des princes Chrétiens qui signalât sa valeur contre les infidèles. Le jeune roi d'Aragon, Jacques Ier, surnommé le conquérant, après avoir eu à lutter pendant sa minorité contre des parents ambitieux qui voulaient le renverser du trône, était parvenu à se débarrasser de ses compétiteurs. Il songea alors à porter ses armes contre les Musulmans, dans la vue d'étendre sa domination, à l'exemple du roi de Castille, dont il venait d'épouser la sœur. Il enleva d'abord aux infidèles les îles Baléares (Majorque et Minorque), et les petites îles d'Iviça et de Formentera. Il entreprit ensuite la conquête du royaume de Valence ; en quelques campagnes il se rendit maître des principales villes de ce royaume, et de la capitale elle-même, malgré la présence d'une flotte sortie des ports d'Afrique pour la délivrer.

Tandis qu'il était occupé de cette importante expédition, Sanche VII, roi de Navarre, mourut après avoir adopté pour son successeur le roi d'Aragon, au préjudice de Thibaud, comte de Champagne, fils de Blanche, sœur de Sanche, et son héritier naturel. Mais Jacques eut le bon esprit de préférer poursuivre ses avantages contre les infidèles, que de faire valoir des droits douteux, qui auraient amené une collision funeste entre les princes Chrétiens. Il renonça en conséquence à ses prétentions sur la Navarre, en faveur de l'héritier légitime, et d'un ennemi dangereux qu'il aurait pu se créer, il se fit un allié fidèle et un ami dévoué. Thibaud fut reconnu sans difficulté par les Navarrais ; et il partit ensuite pour une expédition à la Terre-Sainte (1234).

NOUVEAUX SUCCÈS DE FERDINAND III. — PRISE DE CORDOUE, DE SÉVILLE, ETC.

Les possessions des Maures en Espagne, se resserraient de plus en plus. Elles se bornaient alors à une partie de l'Andalousie, au royaume de Grenade, à celui de Murcie, et à une partie de celui de Valence, sans cesse menacé par Jacques d'Aragon. L'Andalousie était chaque jour exposée aux incursions du roi de Castille ; Ferdinand III avait formé la résolution d'expulser complètement les Maures de la Péninsule ; mais ce grand projet ne devait être accompli que deux siècles plus tard, par un monarque du même nom que lui.

Un des plus beaux succès des armes de Ferdinand, fut la prise de Cordoue, la ville sainte des Musulmans, l'ancienne capitale des califes Ommiades. Ferdinand s'était depuis quelque temps éloigné de son armée, pour se livrer à la douleur que lui causait la perte de sa première femme Béatrix, morte au moment même où il venait de remporter une brillante victoire sur les Maures. Ses troupes étaient restées en Andalousie, lorsqu'on apprit de quelques captifs Sarrasins que Cordoue n'était défendue que par une faible garnison. Aussitôt un corps de braves guerriers, animés par la gloire de l'entreprise, et l'espoir d'un riche butin, marcha à la faveur d'une nuit épaisse, escalada les murailles, et se retrancha dans un des quartiers des faubourgs. D'autres troupes arrivèrent au secours des premières; mais ces forces réunies étaient loin d'être suffisantes pour le succès de l'opération projetée. L'intérieur de la ville était défendu par des ouvrages solides. La nombreuse population qui y était renfermée, pouvait suffire pour accabler les hardis aventuriers. D'un autre côté, si Abenhut était averti du danger qui menaçait sa capitale, il pouvait accourir et fermer toute retraite aux assaillans. Ferdinand apprit en même temps le succès et le danger de ses troupes ; faisant trève à sa douleur, il vola aussitôt à leur secours, suivi des plus vaillans chevaliers et des nobles de sa cour (8 janvier 1236). Cependant Abenhut aurait pu encore secourir Cordoue ; mais il était en ce moment en route pour défendre les états du roi de Valence, attaqués par Jacques d'Aragon, et il périt assassiné par le gouverneur Mahomet, d'Alméria.

Les habitans de Cordoue, voyant l'armée chrétienne se grossir de jour en jour, perdirent bientôt tout espoir d'être secourus. Ils demandèrent à capituler. Ceux qui ne voulurent pas se soumettre à la loi des Chrétiens, eurent la permisson de se retirer avec leurs effets. Ainsi rentra au pouvoir des Chrétiens cette ville qui pendant plus de cinq cents ans était restée entre les mains des infidèles, dont elle était devenue le principal boulevard. La cathédrale de Cordoue, profanée par les disciples de Mahomet, fut solennellement purifiée ; le roi chrétien de Castille et de Léon, occupa le palais du grand Abdérame, environ trois siècles après l'époque où il avait été construit.

L'empire qu'avait fondé Abenhut s'éteignit avec lui, au milieu du tumulte et de l'anarchie ; de nouveaux états s'élevèrent, mais la plupart n'eurent qu'une courte durée, à l'exception de celui de Grenade qui subsista jusqu'à la fin du quinzième siècle.

La prise de Cordoue ne fit qu'enflammer l'ardeur de Ferdinand. Il s'empare de Jaen après un siége de huit mois, et força le roi de Murcie de se reconnaître son vassal et de lui payer tribut. Mais une conquête plus importante était l'objet de tous les désirs de Ferdinand. Il voulait s'emparer de Séville, cité célèbre alors, comme de nos jours, par la plus heureuse situation, la beauté de son climat, la fertilité de son terroir, ses superbes édifices, et l'étendue de son commerce, source de son opulence. Pendant les diverses révolutions qui s'étaient rapidement succédées, après l'extinction de la famille des Ommiades, Séville était devenue le siége d'un gouvernement indépendant, et elle appartenait au roi de Maroc, quand Ferdinand fut tenté d'en faire la conquête.

Il employa deux années aux préparatifs nécessaires à cette difficile entreprise. Il fallut construire une flotte pour garder l'embouchure du Guadalquivir, et empêcher que la ville ne fût secourue par mer. Quand cette flotte eut jeté l'ancre à l'entrée du port, et intercepté tout convoi venant d'Afrique, l'armée de terre investit la ville, et on commença le siége. La résistance fut longue et glorieuse, et il fallut près de deux ans de constance et d'efforts de la part des Castillans pour forcer les habitans à capituler. Les conditions furent les mêmes que celles qui avaient été accordées autrefois, à Tolède, par Alphonse VI. Cependant, malgré la douceur de ce traitement, plus de cent mille (quelques historiens disent trois cent mille) Maures sortirent de la ville, et se retirèrent en Afrique ou dans le royaume de Grenade.

La réduction de Séville entraîna celle de Xerès de la Frontéra, d'Arcos, de Lébrixa, d'Ossuna, de Médina-Sidonia, de San-Lucar-de-Baroméda (1248). Après de si grands succès, Ferdinand put espérer voir l'accomplissement de son projet favori, l'expulsion complète des Maures. Il voulait même étendre ses conquêtes jusqu'en Afrique, et déjà il faisait ses préparatifs pour de nouvelles expéditions, quand la mort le surprit, le 30 mai 1252.

Au milieu de tant d'expéditions militaires, ce prince voulut encore acquérir une gloire plus solide que celle que procurent les victoires et les conquêtes. Il voulut être un roi-législateur. Par ses ordres, les plus habiles jurisconsultes de son temps rassemblèrent en un code nommé *las Partidas*, les sages lois qu'il avait promulguées, et les meilleures qu'avaient publiées ses prédécesseurs. C'est à lui aussi qu'est dû l'établissement du conseil de Castille, composé de dix auditeurs, destiné à surveiller, sous l'autorité royale, les principales opérations de l'administration civile, et en même temps à juger les procès en dernier ressort. Tant de louables actions lui ont assigné une place distinguée parmi les plus grands rois; son zèle infatigable par la religion, la pureté de ses mœurs, son ardente charité pour les malheureux, en un mot l'exercice de toutes les vertus chrétiennes, exercice plus difficile peut-être sur le trône que dans toute autre condition, l'ont fait mettre au rang des saints. Sa canonisation a été proclamée en 1671, par le pape Clément X.

ALPHONSE X, SURNOMMÉ LE SAGE (1252-1283).

La postérité n'a pas confirmé à Alphonse X, ce surnom de Sage, que la flatterie lui avait décerné même avant qu'il montât sur le trône, et si l'histoire lui a conservé ce nom, c'est plutôt pour le distinguer de ses nombreux homonymes qui siégèrent sur les trônes d'Espagne, que pour lui reconnaître une qualité qu'il était loin de posséder. Il avait consacré sa jeunesse à des études scientifiques, peu convenables à un roi. On a dit de lui que toutes les sciences lui étaient familières, excepté celle du gouvernement. Esprit vaste, mais léger, capricieux, changeant; doué d'assez de finesse, mais dépourvu de prudence; entreprenant, mais incapable de persévérer dans ses desseins; brave, mais se décourageant aisément; doux, affable, bon, mais emporté et, dans ses accès de colère, insensible et dur; sans cesse occupé de spéculations astronomiques ou de problèmes de géométrie, et, pour ces sortes de méditations, oubliant les devoirs de la royauté, ce qui a fait dire de lui qu'il lisait dans le ciel, et ne voyait pas ce qui se passait sur la terre: tel est le fils et le successeur du saint roi Ferdinand. Tel est le prince à qui, par un étrange abus de mots ou par une basse flatterie, on a donné le nom de Sage (1).

Alphonse parut d'abord décidé à suivre les projets de son père contre les Maures d'Afrique. Pour fournir aux frais de cette guerre, il surchargea ses peuples

---

(1) Laffon-Saint-Marc, tableau d'Espagne.

de taxes énormes, et même il altéra la valeur de la monnaie. Les peuples murmurèrent; mais l'enthousiasme religieux les soutenait encore, et l'espoir de s'enrichir des dépouilles des villes opulentes de Fez et de Maroc, les disposait à supporter des privations momentanées. Bientôt l'indignation succéda aux plaintes jusque-là contenues, quand on apprit qu'Alphonse renonçant tout-à-coup à ses idées de conquêtes sur les Maures, employait ses trésors à acheter les voix des électeurs d'Allemagne pour se faire nommer empereur. A cette époque, l'empire d'Allemagne se trouvait vacant par la mort de Frédéric II, de la maison de Souabe. Plusieurs compétiteurs se présentèrent, et c'est dans ces circonstances qu'Alphonse crut pouvoir faire valoir les droits qu'il tenait de sa mère, fille du duc de Souabe. Une partie des électeurs lui donnèrent effectivement leurs voix; mais les autres élurent Richard, comte de Cornouailles, frère de Henri III, roi d'Angleterre. Alphonse prit aussitôt le titre d'empereur; mais Richard, plus prompt, alla se faire couronner en Allemagne, et à sa mort, les électeurs se réunirent définitivement pour porter au trône impérial Rodolphe de Hapsbourg. Alphonse voulut encore protester et faire valoir ses prétendus droits, mais le pape Grégoire X le détourna de ce ridicule projet, que ses sujets étaient d'ailleurs peu disposés à favoriser.

Pendant qu'Alphonse perdait son temps et ses richesses à poursuivre de vains honneurs, son trône fut à la fois menacé au-dedans et au-dehors. Les illustres maisons de Lara, de Haro, de Castro et de Mendoza, se soulevèrent contre son autorité, et se retirèrent avec leurs partisans sur le territoire du roi de Grenade. Celui-ci, encouragé par les conseils des rebelles, déclara la guerre à Alphonse, et secondé par les troupes du roi de Maroc, il battit l'armée de Castille.

A la nouvelle de la défaite de l'armée chrétienne, Ferdinand, fils aîné d'Alphonse, se hâta d'avancer à la tête des braves chevaliers de Castille. Mais il mourut d'une fièvre ardente pendant l'expédition. Son frère Sanche prit le commandement des forces réunies des Chrétiens, équipa une flotte nombreuse, ménagea les états du roi de Maroc, et força le roi de Grenade à abandonner le siége de Jaen.

Ces succès attirèrent à Sanche les applaudissemens de la nation et de l'armée, et firent concevoir à ce prince l'espérance de régner, quoique son frère Ferdinand eût laissé des enfans de son mariage avec Béatrix d'Aragon. Mais ces enfans étaient trop jeunes pour faire valoir leurs droits, et le vœu de l'assemblée des cortès, sanctionné par le consentement du roi, assura à Sanche la succession aux couronnes de Castille et de Léon.

De nouveaux succès que Sanche eut dans une seconde expédition contre les Maures, fixèrent et étendirent sa renommée. Cette circonstance accrut son ambition, et il résolut de ne pas attendre la mort de son père pour monter sur son trône. Une nouvelle altération de la monnaie avait occasionné un mécontentement général et violent. Sanche en profita pour convoquer ses partisans à Valladolid, leur peignit la faiblesse d'Alphonse, et la détresse du royaume ; et l'assemblée, usurpant les pouvoirs des cortès générales, conféra à Sanche l'autorité du roi, en ne lui donnant toutefois que le titre modeste de régent.

Alphonse était à Badajoz, quand il apprit la révolte de son fils, et la défection presque universelle de ses sujets. Il se vit réduit à aller implorer le secours du roi de Maroc. Le prince Musulman vint en effet à la tête d'une armée rejoindre le roi de Castille, et, en l'abordant, il lui dit ces paroles remarquables : « Je viens à votre secours, parce que vous êtes malheureux, et l'alliance que je contracte aujourd'hui avec vous, n'a d'autre but que de venger la cause de tous les rois et de tous les pères. » Cette alliance toutefois n'eut pas beaucoup de succès, et elle acheva d'aliéner le peu de partisans qui restaient à Alphonse. Le roi de Maroc, après quelques tentatives inutiles, reprit le chemin de l'Afrique. Mais ce que n'avaient pu faire les armes du monarque Sarrasin, une simple menace d'excommunication, lancée par le souverain pontife, suffit pour l'opérer. Sanche s'empressa alors de se soumettre à son père, et Alphonse lui pardonna. Peu de temps après cette réconciliation, Alphonse mourut à Séville, après un règne de trente-deux ans (1284).

ÉVÉNEMENS EN NAVARRE ET EN ARAGON.

Thibaud II, roi de Navarre, gendre de Saint-Louis, roi de France, avait accompagné son beau-père à la Croisade (1270). Il mourut sans postérité, à Drapani en Sicile, au retour du siége de Tunis. Henri le

Gros, son frère et son successeur lui survécut à peine, laissant de Jeanne d'Artois, sa femme, une fille âgée seulement de trois ans, nommée Jeanne, comme sa mère. La main de cette jeune princesse devait donner un roi à la Navarre. Déjà les rois de Castille et d'Aragon réclamaient chacun sa tutelle, afin de pouvoir un jour la marier à leur gré., Jeanne d'Artois trompa leurs espérances, en se mettant sous la protection du roi de France, Philippe-le-Hardi. La jeune reine, élevée à Paris, fut mariée dans la suite au fils aîné du monarque français, qui régna après lui sous le nom de Philippe-le-Bel, et fut le premier roi de France qui prit en même temps le nom de roi de Navarre.

L'année 1282 fut remarquable par la révolte de la Sicile contre les Français. Cette épouvantable catastrophe, connue sous le nom de vêpres Siciliennes, força Charles d'Anjou à abandonner la Sicile. Alors Pierre III, roi d'Aragon, se présenta avec une flotte devant Palerme, où il était appelé par un grand nombre d'habitans, et il fut proclamé et couronné roi de Sicile.

SANCHE IV, DIT LE BRAVE.

Pendant onze ans que Sanche occupa le trône de Castille, il n'eut pas un instant de repos. Il eut à combattre non-seulement les Sarrasins, mais ses propres sujets.

Lopez de Haro, chef de la puissante maison de ce nom, était un de ceux qui avaient le plus contribué à placer la couronne sur la tête de Sanche. Peu content des récompenses et des honneurs dont l'avait comblé le monarque, il porta ses prétentions encore plus loin, et ne pouvant obtenir toutes les faveurs qu'il désirait, il se mit à conspirer en faveur des fils de Ferdinand le Cerda, frère aîné de Sanche, mort, comme nous l'avons vu, long-temps avant son père. Ces jeunes princes étaient retirés alors en Aragon, avec leur mère Béatrix, et leur parti était fortement appuyé par le roi Alphonse III, successeur de Pierre III.

Le complot de Lopez de Haro fut découvert. Sanche fit confisquer ses domaines et résolut de le faire arrêter. Lopez était présent au conseil lorsque cet ordre fut rendu. Transporté de fureur, il porta la main sur la garde de son épée par forme de menace. Ce mouvement fut le signal de la mort de don Lopez. Les nobles qui se trouvaient présens, indignés de l'outrage fait à la majesté de leur souverain, se levèrent spontanément, et plongèrent leurs épées dans le sein des rebelles.

Les parens et les amis de Haro se retirèrent en Aragon, où, secondés par le roi Alphonse III, ils formèrent un parti puissant en faveur des princes de la Cerda. Les troupes aragonaises, jointes aux partisans des petits-fils de Ferdinand, s'élevèrent à cent mille hommes; Sanche déploya dans cette occasion un courage, une activité incroyable. En peu de temps il chassa de ses états l'armée qui avait osé les envahir, et pénétrant en Aragon, il le ravagea jusqu'aux rives de l'Ebre.

Après avoir vaincu ses sujets révoltés, Sanche

tourna ses armes contre les infidèles. Il leur enleva, après un long siége, la forteresse de Tariffe, qui, placée sur une éminence, intimidait les contrées voisines, et facilitait les incursions des hordes africaines.

HÉROÏSME D'ALONZO DE GUZMAN.

Don Juan, frère de Sanche, avait pris part aux complots de Lopez de Haro. Le roi s'était contenté de l'enfermer dans une forteresse où il resta quatre ans. Quand il eut obtenu sa liberté, il renoua ses intrigues, et recommençant à conspirer, il se trouva bientôt à la tête d'une troupe nombreuse d'aventuriers. L'approche de Sanche mit en fuite les rebelles, et don Juan alla implorer la protection du roi de Maroc, lui promettant de lui faire recouvrer Tariffe. Aben-Jacob envoya aussitôt une armée en Espagne, pour reprendre cette place importante. Mais Alonzo de Guzman, qui en était gouverneur, prouva bientôt à don Juan qu'il avait fait de vaines promesses à son nouveau protecteur. Guzman donna pendant ce siége, un exemple d'héroïsme digne de l'ancienne Rome. Son fils, jeune enfant, était tombé entre les mains des assiégeans. Ceux-ci le présentèrent à son père, au pied des remparts, menaçant de l'immoler à ses yeux s'il ne se rendait sur l'heure. « Si j'avais cent
» fils, répondit Guzman, je les sacrifierais tous à
» mon devoir; et pour vous prouver que je préfère
» la mort de mon fils à la perte de mon honneur,
» j'aurai même le courage de vous donner des armes
» pour exécuter ce meurtre, si vous avez la lâcheté
» de le commettre. » Et jetant son poignard dans

le fossé, il se retira. A peine était-il rentré chez lui qu'il entend pousser de grands cris. Il accourt, en s'informant de la cause de cette alarme. On lui dit que les ennemis viennent d'égorger son fils : « Dieu » soit loué, répliqua-t-il, sans s'émouvoir, je crai- » gnais que la ville ne fut prise ! » — Peu de jours après l'armée de Castille parut, et à son approche, don Juan et les Africains prirent la fuite.

Sanche n'avait pu lui-même voler au secours du fidèle Guzman ; une maladie grave le retenait à Tolède, où il mourut dans sa quarante-cinquième année de son âge, après onze ans de règne. Il laissait trois fils, Ferdinand, Pierre et Philippe, dont l'aîné n'avait que huit ans (1294).

FERDINAND IV, DIT L'AJOURNÉ.

Marie de Molina, veuve du roi Sanche, fut déclarée régente. Jamais règne ne se présenta sous de plus tristes auspices. Les partis, profitant de la faiblesse du monarque, se soulevèrent de toutes parts. Alphonse de la Cerda était appuyé par les rois de France et d'Aragon ; don Juan, revenu d'Afrique, s'était allié avec Denis roi de Portugal ; enfin, et comme pour multiplier les obstacles, don Henri, fils de Ferdinand III, qui depuis trente ans parcourait les différentes cours de l'Europe, était revenu en Castille et disputait la régence à Marie de Molina. Dans ces circonstances difficiles, la veuve de Sanche montra tant d'adresse, de génie, de fermeté, qu'elle sut calmer les prétentions rivales, et maintenir la tranquillité pendant toute la durée de cette minorité qui devait être si orageuse.

Ferdinand IV, devenu majeur, voulut profiter des troubles qui agitaient le royaume de Grenade, pour acquérir de la gloire et étendre son empire. Il échoua au siége d'Algésiras, mais il se dédommagea par la prise de Gibraltar. Sa flotte combinée avec celle de Jacques II, roi d'Aragon, s'empara de Ceuta en Afrique. Les Maures, qui occupaient Gibraltar, furent contraints d'en sortir. On raconte que parmi eux se trouvait un guerrier courbé par le poids des ans; et qu'apercevant Ferdinand, il lui dit : « Seigneur, » votre bisaïeul, Ferdinand, me chassa autrefois de » Séville; Alphonse, votre aïeul, de Xérès; Sanche, » votre père, de Tariffe; vous me chassez aujourd'hui » de Gibraltar, je vais au-delà des mers, dans ma » dernière vieillesse, chercher un lieu de repos que » ne troubleront pas les Espagnols. » On peut dire que ce vieillard résumait en lui les destinées de la nation musulmane en Espagne.

Tandis que Ferdinand était occupé des préparatifs d'un nouvel armement contre Grenade, un seigneur de la cour nommé Alphonse Bénaridès, fut tué en sortant du palais, sans qu'on pût connaître son meurtrier. Deux frères de la maison de Carvajal, furent accusés de cet assassinat. Le roi, sans vouloir les entendre, les condamna à mort, et ordonna qu'ils fussent précipités du haut d'un rocher. Les condamnés protestèrent jusqu'au dernier instant de leur innocence, et réclamèrent en vain le secours des lois et de l'équité. Au moment de mourir ils ajournèrent leur juge inexorable et emporté, à comparaître dans trente jours au tribunal de Dieu, souverain juge des rois. Ferdinand, à peine âgé de vingt-cinq ans, mourut effectivement le trentième jour, et ce trépas, regardé par les peuples comme l'effet de la justice divine, lui a fait donner le surnom de l'*Ajourné*. (1312). Il ne laissait qu'un fils, nommé Alphonse, encore au berceau.

ALPHONSE XI, DIT LE JUSTICIER.

Une nouvelle minorité fit naître de nouveaux troubles. Don Juan et don Pèdre, tous deux frères du monarque décédé, prétendirent à la régence de leur neveu. Les cortès partagèrent l'autorité et les fonctions de la régence entre les deux prétendans; mais elles chargèrent expressément la reine Marie, son aïeule, de veiller sur la personne et l'éducation du jeune roi, comme elle avait fait déjà pour son père.

Les deux régens ayant voulu tenter une expédition contre Grenade, périrent tous deux dans une bataille sanglante livrée à quelque distance de cette ville : il n'échappa qu'un très-petit nombre de Chrétiens, qui se sauvèrent à la faveur de la nuit (1318). Les Maures, vainqueurs, envahirent la Castille et y exercèrent d'affreux ravages.

L'union entre les Chrétiens aurait pu suffire pour repousser les infidèles; mais la mort des régens fut le signal de nouvelles dissensions. Quatre rivaux se disputèrent les rênes du gouvernement, don Philippe, oncle du roi; don Juan-Emmanuel, qui avait épousé la fille du roi d'Aragon; don Juan-le-Borgne, fils de l'ancien régent du même nom ; enfin don Alphonse de la Cerda, qui, repoussé du trône, aspirait à l'autorité de roi, sans en ambitionner le titre. Pendant treize ans, à compter de la mort de Ferdinand IV, le royaume de Castille et de Léon fut en proie à toutes les calamités de l'anarchie. Heureusement que les Maures, déchirés aussi par les factions, étaient incapables de rien entreprendre au-dehors, et pouvaient à peine se défendre contre les attaques des rois d'Aragon et de Portugal.

Dès qu'Alphonse eut atteint sa quinzième année, il fut déclaré majeur par les cortès. Pendant les troubles de sa minorité, il avait appris à connaître les hommes et les choses ; son jugement s'était rapidement formé et surpassait son âge. Alphonse prit en main l'autorité avec cette assurance que donne la conscience de sa force, et dès ce moment un calme passager succéda à la tourmente qui depuis quinze ans agitait ses états. Mais les grands, accoutumés depuis si long-temps à vivre au milieu des factions, ne tardèrent pas à troubler son repos. Don Juan-Emmanuel quitta la cour, et attacha don Juan-le-Borgne à ses intérêts.

Avant de s'attaquer à ces puissans seigneurs, Alphonse résolut de détruire ce qui faisait la plus grande partie de leurs forces. De nombreux corps de bandits, s'attachant pendant les troubles, à la solde des grands factieux, troublaient encore pendant la paix, la tranquillité publique, et au mépris des lois, levaient des contributions sur les villages et même sur les cités. Alphonse déclara qu'il voulait rendre aux lois leur ancienne vigueur. Il se mit aussitôt en route avec un petit corps de troupes, parcourut les provinces de son royaume, découvrit les retraites des perturbateurs jusque dans la profondeur des forêts et des cavernes des montagnes. A mesure que les coupables étaient saisis, ils étaient jugés et exécutés sur l'heure. Cette justice rapide rétablit la sécurité dans le royaume, et fit donner à Alphonse le surnom de Justicier.

Après s'être débarrassé d'une partie des perturbateurs subalternes, il songea aux moyens de se débarrasser des craintes que lui inspiraient les grands. Il gagna don Juan-Emmanuel, en paraissant disposé à épouser sa fille Constance. Quant à don Juan-le-Borgne, il usa à son égard d'une perfidie indigne, et plus capable d'exaspérer que d'effrayer ses ennemis. Il fit proposer à don Juan sa sœur Eléonore, en mariage. Celui-ci, plein de sécurité, se présenta à Toro, suivi d'un cortége nombreux. Comme il traversait les appartemens du palais, des assassins appostés le poignardèrent. Deux gentilhommes de sa suite, ayant voulu le défendre, partagèrent son sort. La salle d'audience s'ouvrit à l'instant, le roi parut et déclara que les meurtriers n'avaient agi que par ses ordres, déclarant qu'il traiterait de même quiconque imiterait les crimes du coupable qu'il venait d'immoler à sa justice.

L'assassinat de don Juan ne produisit pas l'effet que le roi en avait attendu. Plusieurs grands seigneurs, qui craignaient le même sort, levèrent ouvertement l'étendard de la révolte. Don Juan-Emmanuel donna le signal; et sa rébellion détruisit l'espoir qu'avait conçu sa fille Constance, de porter un jour le titre de reine. Il entraîna dans son parti la maison de Haro et celle de Lara, qui prirent les armes et s'avancèrent dans la Castille.

Alphonse était occupé du siége de Gibraltar, quand il apprit cette révolte menaçante. Il se vit forcé de signer une trêve avec les Maures, et de remettre au roi de Grenade le tribut auquel il s'était soumis, afin de voler au secours de ses propres états, envahis par les rebelles. A mesure qu'il avança, les confédérés se retirèrent; don Juan de Lara parvint à s'enfuir, mais ses possessions furent confisquées, et les places fortes assiégées et réduites. Don Alonzo de Haro fut pris, jeté en prison, jugé et décapité publiquement.

Cette exécution produisit plus d'effet que l'assassinat de don Juan-le-Borgne. Les nobles factieux furent frappés de terreur, en apprenant que le chef de la maison de Haro avait péri par la main du bourreau. Don Juan de Lara demanda à se soumettre; Alphonse lui fit l'accueil le plus gracieux, le rétablit dans ses biens et dans ses charges, et l'investit de la haute dignité de porte-étendard de Castille. Don Juan, touché de tant de bontés, et de faveurs si inattendues de la part de son souverain, lui donna tout le reste de sa vie des preuves constantes de fidélité et de dévouement.

L'exemple de Lara eut une grande influence sur la conduite d'Emmanuel. Il rentra également en grâce, et il apaisa la mésintelligence qu'il avait allumée par ses intrigues entre la Castille et le Portugal. Alphonse, voyant enfin la pacification rétablie entre les princes chrétiens de l'Espagne, et le calme rendu à ses états, résolut de veiller aux mouvemens des Maures d'Afrique et de Grenade, et d'empêcher leurs progrès.

Alphonse s'avança avec son armée jusqu'à Ronda; n'ayant pu s'emparer de cette forteresse, située sur un rocher escarpé, il donna le signal de la retraite. Aussitôt l'armée Chrétienne fut assaillie d'une nuée d'innombrables cavaliers d'Afrique et de Grenade. Alphonse attendit avec calme l'attaque des ennemis. Ils prirent bientôt la fuite, et se retirèrent dans les montagnes voisines; mais les Chrétiens les y poursuivirent, et tel fut l'acharnement des combattans, qu'il n'échappa pas un seul Maure au massacre de cette journée.

BATAILLE DE SALCÉDO, OU DE TARIFFE.

En apprenant la mort de son fils, le roi de Maroc, transporté de rage, jura de la venger. Il fit un appel à tous les Musulmans d'Afrique, et rejoignit bientôt, avec son armée, celle du roi de Grenade. Les troupes mahométanes réunies, s'élevaient, dit-on, à quatre cent mille hommes d'infanterie, et soixante mille de cavalerie. Elles investirent d'abord la place de Tariffe. Alphonse, en apprenant le danger que courait cette forteresse, se hâta de marcher à son secours, après avoir invité le roi de Portugal à joindre son armée à la sienne.

L'armée Chrétienne était forte de quarante mille hommes d'infanterie et de vingt mille de cavalerie; mais tous pleins de confiance dans leur religion, dans leur valeur et dans l'expérience qu'ils avaient de la guerre. La bataille se livra dans les plaines de Salcédo ; elle fut longue, opiniâtre et long-temps indécise ; enfin la victoire se déclara en faveur des Chrétiens. Deux cent mille Maures périrent sur le champ de bataille, ou furent massacrés dans la poursuite. Leur roi se sauva à Algésiras, d'où la nuit même, il se retira de l'autre côté du détroit. (30 octobre 1340.)

Le succès de la bataille de Salcédo ou de Tariffe, fit tomber plusieurs villes au pouvoir des Castillans. Ils formèrent le siége d'Algésiras, l'un des plus longs et des plus mémorables de ces guerres. Cette place ne se rendit qu'après deux ans, et quand la garnison eut employé toutes les ressources pour se défendre et pour vivre. La prise d'Algésiras fut suivie d'une trève de dix ans entre Alphonse et Albohacem, roi de Maroc. Cependant, cinq ans après, la révolte d'un fils d'Albohacem, qui s'était emparé de quelques villes d'Espagne, dépendantes du royaume de Maroc, parut un motif de rompre la trève. Alphonse alla mettre le siége devant Gibraltar, mais la peste se mit dans son armée, et lui-même, atteint de la maladie, mourut le 26 mars 1350. Son règne eût été celui d'un héros si plusieurs actions condamnables n'en avaient terni l'éclat.

PIERRE-LE-CRUEL.

Alphonse XI n'avait laissé qu'un fils nommé Pierre, de son mariage avec Marie de Portugal. Il avait eu plusieurs autres enfans d'une union illégitime avec

Eléonore de Guzman ; l'aîné était Henri, comte de Transtamare, qui succéda à Pierre-le-Cruel. Eléonore de Guzman fut la première victime des fureurs de Pierre Ier. A peine était-il monté sur le trône, qu'il fit arrêter cette malheureuse princesse et la fit égorger dans sa prison. Sur un simple soupçon, il fit tuer dans son palais de Burgos, Garcie de la Véga, adelantade, ou lieutenant-général de Castille, qu'il croyait attaché aux intérêts des fils de Léonore. C'est par ces meurtres qu'il préludait aux crimes qui ont rendu sa mémoire si odieuse, et l'ont placé à côté des plus odieux tyrans dont l'histoire ait gardé le souvenir.

Il serait trop long de raconter en détail tous les forfaits de ce tigre altéré de sang, et heureusement que notre cadre ne nous permet pas de souiller notre plume par le récit des meurtres, des assassinats, des violences de toute nature, qui composent les seules annales d'un règne de dix-neuf ans.

Alphonse d'Albuquerque, ministre de Pierre, avait espéré adoucir l'humeur farouche de son maître en lui faisant contracter un mariage avec une princesse aimable et vertueuse, qui pourrait le ramener à des sentimens d'humanité. En conséquence il négocia son mariage avec Blanche, sœur de la reine de France, fille de Pierre Ier, duc de Bourbon, la plus belle et la plus aimable princesse de l'Europe. Le mariage fut célébré; mais trois jours après, le roi fit enfermer sa jeune épouse, pour se livrer sans contrainte à ses goûts dépravés et à ses criminels penchans.

Cependant les princes, les grands et plusieurs villes se liguèrent pour contraindre le tyran de la Castille à changer de conduite ou à abdiquer. Bientôt obligé de fuir devant l'armée des confédérés, il se vit enfermé dans le château de Toro, sans espoir d'échapper aux mécontens. Il descendit alors aux plus humiliantes prières, il fit les plus séduisantes promesses, il les corrobora par les sermens les plus solennels. La plupart des seigneurs se laissèrent gagner. Ils lui rendirent la liberté ; mais bientôt ils apprirent à leur dépens ce que valait la foi d'un tel homme. Aussitôt qu'il se vit libre, il rassembla les cortès pour en obtenir des fonds, sous prétexte de lever des troupes pour faire la guerre aux infidèles. Mais une fois à la tête d'une armée, il ne songea qu'à exercer les plus cruelles vengeances contre tous ceux qui avaient pris part à la ligue. Les plus illustres citoyens périrent dans les supplices, et la malheureuse Blanche de Bourbon, qui languissait depuis long-temps dans une prison, fut empoisonnée par ses ordres, sous prétexte qu'elle avait pris part à la ligue. Pierre-le-Cruel pensait que la France, livrée alors aux désordres qui suivirent la captivité du roi Jean, ne lui demanderait jamais compte de ce forfait ; mais ce fut précisément ce qui attira sa ruine.

Ses fureurs augmentèrent à tel point, que ses sujets effrayés fuyaient en foule, et se retiraient en Aragon auprès de Henri de Transtamare, qui s'y était réfugié et que la Castille commençait à envisager comme son libérateur.

Pierre, détesté de ses sujets, en horreur à tous

les princes chrétiens, trouva pourtant un allié digne de lui dans le roi de Navarre, Charles-le-Mauvais, dont le caractère et la conduite ne justifièrent que trop cet odieux surnom. On sait qu'une grande partie des malheurs de la France, à cette époque, sont dus à ce prince; mais quelque exercé qu'il fut au crime, il avoua que Pierre le surpassait. Ils conclurent ensemble une alliance offensive et défensive contre le roi d'Aragon; mais Charles bientôt dégoûté de cette alliance l'abandonna pour en contracter une avec le roi d'Aragon et Henri de Transtamare.

Enfin la France était en paix : Charles V, depuis long-temps irrité contre Pierre, en raison du meurtre de Blanche de Bourbon, accueillit la demande de secours que lui fit Henri de Transtamare. Il chargea le brave Bertrand Duguesclin, de conduire en Castille les bandes d'aventuriers, connues sous le nom de grandes compagnies, et qui, depuis la paix, troublaient la tranquillité de ses états. Dès que la troupe de Duguesclin eut rejoint l'armée de Henri, ils entrèrent en Castille, où ils n'éprouvèrent aucune résistance.

Pierre, effrayé, s'enfuit à leur approche. Toutes les villes ouvrirent leurs portes, et reçurent Henri comme un libérateur. L'archevêque de Tolède lui posa la couronne sur la tête avec une pompeuse cérémonie; tous les grands lui prêtèrent serment, et en moins d'un mois toute la monarchie lui fut soumise, sans qu'il ait eu un seul combat à livrer.

Pierre s'était enfui en Portugal. Le roi, son oncle, refusa de lui donner asile. Il passa alors en Galice, s'embarqua à la Corogne, et se rendit à Bordeaux, auprès d'Edouard, prince de Galles, surnommé le prince Noir. Edouard, prince magnanime et loyal était loin de ressentir pour Pierre aucune espèce d'intérêt ; mais il craignait l'alliance du nouveau roi de Castille avec la France, et ce motif le détermina à promettre son secours au roi détrôné. Bientôt, à la tête d'une nombreuse armée, il arriva sur les frontières de la Navarre, dont le roi, facile à changer d'alliance, lui livra le passage. Avant d'entrer en Castille, Edouard avait envoyé des émissaires rappeler les Anglais qui se trouvaient en grand nombre dans les troupes qu'avait amenées Duguesclin. Ils accoururent aussitôt se ranger sous les drapeaux du prince Noir, malgré la générosité avec laquelle Henri avait payé leurs légers services. L'armée anglaise, grossie de ce renfort, pénétra par Logrono dans la Rioja, et rencontra celle de Henri près de Navarète. Duguesclin était d'avis de ne pas livrer une bataille dont l'issue pouvait être douteuse ; il proposait de garder les défilés de la Vieille-Castille, et de traîner la guerre en longueur, ce qui aurait bientôt fatigué et affaibli les Anglais. Les seigneurs Castillans furent d'un avis contraire, et Henri n'osa pas les contredire. La bataille s'engagea, et en moins d'une heure l'armée espagnole fut en pleine déroute. Duguesclin, après avoir long-temps combattu seul contre plusieurs chevaliers anglais, fut forcé de céder au nombre ; il remit son épée au prince de Galles. Henri se sauva en Aragon, et de là en Languedoc, où il fut accueilli par Louis, duc d'Anjou, frère de Charles V. (1367).

La victoire de Navarète plongea la Castille dans la désolation. Le prince de Galles eut beau faire promettre à Pierre qu'il userait avec modération de la victoire, le tyran tint cette promesse comme toutes celles qu'il était habitué de faire. La barbarie, qu'il déploya de nouveau, indigna le généreux Edouard, qui se repentit bientôt de l'avoir protégé. Pierre refusa même d'accorder aux Anglais les indemnités qu'il leur avait promises, et le prince de Galles se préparait à le punir de son manque de foi, quand la peste qui commençait à ravager son armée, et une maladie de langueur dont il était lui-même atteint, l'obligèrent de hâter son retour en Guyenne.

Henri, ayant appris la retraite du prince Edouard, rentra en Espagne avec de nouveaux secours que la France lui avait donné (1368). Il reparut aux mêmes lieux où il avait été vaincu l'année précédente. L'amour des peuples grossit rapidement ses forces. Bientôt elles s'accrurent encore par l'arrivée de Duguesclin, qui, après avoir payé sa rançon, lui amenait l'élite des guerriers de sa nation. Henri parvint en peu de temps à Tolède. De là il s'avança contre Pierre, qui venait de Cordoue, avec une armée composée en grande partie de troupes Maures. Les deux rivaux se rencontrèrent dans la plaine de Montiel, au milieu de la Castille-Nouvelle. Les troupes de Pierre furent en un instant culbutées. Il s'enferma dans Montiel, où il fut aussitôt investi. Le défaut de provisions ne lui permettant pas de faire une longue résistance, il se détermina à sortir de la place à la faveur des ténèbres, accompagné seulement de quelques personnes. Il tâchait de découvrir quelque poste facile à surprendre, lorsqu'il fut arrêté par un chevalier français, nommé le Bègue de Vilaine, qui l'emmena dans sa tente. Henri y arriva aussitôt. Un combat s'engagea à l'instant entre les deux frères, qui se roulèrent par terre, cherchant à se frapper de leurs poignards. La lutte fut courte, mais acharnée ; Pierre, frappé mortellement, expira sous les coups de son frère, qui vengeait ainsi le sang de sa mère et de tous les siens versés par ce monstre couronné. Ainsi périt le plus barbare des hommes, et le plus affreux des tyrans, dans la trente-cinquième année de son âge, et la dix-neuvième de son règne (1369). En lui finit la branche légitime des rois issus de Raymond de Bourgogne, qui avait gouverné la Castille l'espace de deux cent soixante ans.

CHAPITRE VI.

Henri II, de Transtamare. — Don Juan Ier. — Henri III. — Juan II. — Henri IV. — Rois des Espagnes réunies. — Isabelle et Ferdinand V, surnommés rois Catholiques. — Projets de Ferdinand sur le royaume de Grenade. — Réforme des abus. — Etablissement de l'inquisition. — Prise de Grenade et expulsion des Maures. — Découverte de l'Amérique. — Mariage des infans d'Espagne. — Expulsion des Maures et des Juifs. — Conquête de Naples et de la Navarre.

HENRI II. (1369-1379).

L'AUTORITÉ de HENRI fut reconnue par les cortès générales, à l'unanimité des suffrages, et sans aucune contestation, par tous les habitans de la Castille et de l'Aragon. Les étrangers seuls lui disputèrent la couronne. Il fut successivement attaqué par les forces de l'Angleterre, du Portugal, de l'Aragon, de Grenade et de la Navarre. Henri II employa à défendre ses états la même valeur qu'il avait mis à les acquérir. Soit par la force des armes, soit par la négociation, il parvint à éviter ou à repousser les tentatives de ses ennemis. La Castille touchait au moment de jouir, des avantages d'une paix générale, lorsque la mort prématurée de Henri, vint détruire cette belle perspective. Ce prince mourut dans la quarante-sixième année de son âge, et la dixième de son règne (1379). Il recommanda en mourant, à son fils, don Juan, de garder soigneusement, à son exemple, l'alliance de la France.

JUAN 1er. (1379-1390).

Don Juan Ier se montra digne de son illustre père. Il soutint avec prudence et talent, une guerre contre le Portugal et l'Angleterre, et la termina par une paix avantageuse. Il s'occupa alors uniquement du bonheur de ses sujets; il diminua les impôts, fit revivre le commerce et refleurir l'agriculture. La Castille retentissait de ses louanges, et faisait des vœux pour la conservation d'un si bon prince, quand un accident funeste vint l'enlever tout-à-coup à l'amour de ses peuples. Il mourut écrasé par son cheval qui se renversa sur lui (10 octobre 1390).

La mort de don Juan avait été précédée de celle de Charles-le-Mauvais, roi de Navarre, et de Pierre IV, roi d'Aragon. Le premier eut pour successeur, Charles, surnommé le Noble, à cause des qualités de son cœur, opposées en tout aux vices de son père. Jean, fils aîné du second, hérita de ses nombreux états.

Juan Ier laissait deux fils, Henri et Ferdinand, de sa première épouse, Eléonore d'Aragon, morte en 1382.

HENRI III, DIT L'INFIRME. (1390-1406).

L'aîné des fils de Juan Ier n'avait encore que onze ans à la mort de son père. Il avait été fiancé à Catherine, fille du duc de Lancastre, celui qui prétendait avoir des droits à la couronne de Castille, par sa femme Constance, fille de Pierre-le-Cruel. Ce mariage termina les contestations : c'est à cette occasion que le prince royal reçut le titre de prince des Asturies, titre qu'ont toujours porté depuis les fils aînés des rois d'Espagne.

La minorité et les premières années du règne de Henri III, furent très-orageuses. Il eut beaucoup à souffrir de la part de l'archevêque de Tolède (son premier ministre), du duc de Benevente et du comte de Gijon, ses deux grands oncles, et de sa tante l'infante dona Léonore. Mais à peine eut-il atteint sa majorité, que Henri déploya tout-à-coup une fermeté de caractère inattendue. Il fit rendre un compte sévère de leur gestion à ses tuteurs qui s'étaient enrichis des trésors de l'état, pendant qu'ils laissaient le monarque manquer du nécessaire. L'archevêque de Tolède et les princes du sang lui restituèrent des sommes considérables, mais ils devinrent ses plus dangereux ennemis. L'archevêque fut le premier avec lequel le roi se réconcilia. Les autres levèrent l'étendard de la révolte ; Henri marcha contre eux, les vainquit et leur pardonna. Les Portugais voulurent rompre la trêve conclue avec Juan Ier; Henri les battit sur terre et sur mer, porta la terreur au-delà de leurs frontières, et les força à demander la paix.

Il réprima ensuite les corsaires africains qui faisaient de fréquentes incursions sur les côtes de l'Andalousie.

Henri se distingua pendant tout son règne, par le soin qu'il mit à faire exécuter la justice. Une des maximes de ce prince était qu'un roi doit redouter d'avantage la haine de ses sujets que les armes de ses ennemis. En conséquence il se conduisit toujours de manière à se faire aimer du peuple. Aucun monarque n'a donné des preuves d'une plus grande modération, on ne peut cependant l'attribuer à la faiblesse de son caractère, car il sut aussi bien punir que récompenser. Il s'appliqua particulièrement à réprimer l'orgueil de la noblesse, qui, non contente d'avoir abusé de sa minorité, s'était encore montrée rebelle au moment où il voulait exercer sa puissance. Ses sujets le regardaient moins comme un monarque que comme un père. Malheureusement sa faible santé, qui lui a fait donner le surnom d'infirme, ne pouvait donner l'espoir que ce prince parcourrerait une longue carrière. Il mourut le 25 décembre 1406, à l'âge de vingt-sept ans, emportant les regrets de tous ses sujets.

JUAN II. (1406-1454).

Les Cortès étaient réunies lorsque la nouvelle de la mort de Henri III vint jeter la consternation dans cette assemblée. Le roi n'avait qu'un fils âgé de vingt-deux mois, et la crainte de maux presque inséparables d'une longue minorité effrayait les esprits. Pour éviter de nouveaux orages, les grands proposèrent la couronne à Ferdinand, comte de Peñafiel, frère du roi défunt. Ce prince était digne de la porter, mais il était incapable de la recevoir aux dépens de son neveu. Il refusa avec une fermeté sincère l'offre qui lui était faite; et demandant en même temps que le drapeau de Castille fut déployé, il fit proclamer don Juan II. A défaut de la couronne, la régence fut déférée à l'unanimité, à Ferdinand, qui voulut la partager avec Catherine de Lancastre, sa belle-sœur. Il donna pour précepteur à son neveu le savant Paul de Burgos, juif converti, que ses talens et ses vertus avaient élevé au siége épiscopal de Carthagène.

Martin, dernier roi d'Aragon, étant mort sans postérité (1410), les états du royaume s'assemblèrent et élurent pour leur roi, Ferdinand de Castille, comme descendant par sa mère Eléonore, des rois d'Aragon. Ainsi les deux frères occupèrent les deux trônes qui devaient se réunir plus tard, sous leurs petits-enfans.

Ferdinand, surnommé le Juste, n'oublia pas sur le trône d'Aragon, les intérêts de son neveu, et l'on peut dire qu'il gouvernait deux royaumes en même temps. Malheureusement il mourut en 1416, et Juan II, à peine sorti de l'enfance, perdit en lui son meilleur ami et son plus solide soutien. Pour surcroît de malheur, il mit toute sa confiance dans un indigne favori, don Alvaro de Luna, qui fut cause des guerres qu'il entreprit et des dissensions qui troublèrent ce royaume, voulant par ce moyen éloigner le roi des affaires, et se rendre nécessaire à son souverain. Juan II remporta d'éclatantes victoires sur les rois de Navarre et d'Aragon, et les força de lui demander la paix. Il tourna bientôt ses armes contre les Maures de Grenade. Il avait rétabli leur roi sur le trône ; cet ingrat monarque, oubliant bientôt un service aussi signalé, ravageait les provinces limitrophes de son bienfaiteur. Mais Juan, dans une seule bataille (1431), lui tua douze mille hommes, et le mit complètement en déroute. Il se serait emparé de Grenade, si le désordre ne s'était mis dans sa propre armée. Don Alvaro de Luna fut accusé de cette trahison, pour laquelle il avait reçu de l'argent du roi Maure.

Les troubles de Castille, produits par les prétentions et l'orgueil des grands, et par la révolte de Henri, prince des Asturies, continuaient d'agiter le royaume. Juan, ayant épuisé tous les moyens de réconciliation, se décida, pressé par les remontrances réitérées de la reine, à en faire arrêter le principal auteur. Son procès fut bientôt instruit, et D. Alvaro de Luna, connétable de Castille, grand-maître de St-Jacques, qui pendant quarante-cinq ans avait été favori, ministre, général, et plus roi que le roi lui-même, perdit la tête sur un échafaud en 1453. Le roi ne survécut pas long-temps à son ancien favori, il mourut à Valladolid, le 20 août 1454, après un règne de quarante-huit ans. Il s'était marié deux fois. La première, avec Marie d'Aragon, dont il eut deux filles, et Henri IV, son successeur ; la seconde, avec Isabelle de Portugal, qui lui laissa la célèbre Isabelle et l'infant don Alphonse. Le règne de Juan II, fut une époque mémorable dans l'histoire de la littérature espagnole, et l'on peut dire que c'est à ce monarque qu'on en dut la restauration.

HENRI IV. (1454-1474.)

Avant de monter sur le trône, Henri n'étant que prince des Asturies, avait déjà montré des penchans à la débauche, à l'indolence et à tous les vices qui peuvent rendre un simple particulier méprisable, mais qui sont des calamités publiques dans un souverain. Il avait tous les défauts et plus que les défauts de son père, sans être doué d'aucune de ses qualités. Son règne fut encore celui des favoris. Don Juan Pachico, qu'il nomma marquis de Villina, le gouvernait avec autant d'ascendant que don Alvaro de Luna en avait eu sur le dernier roi.

Quelque temps avant la mort de son père, Henri s'était séparé par un divorce scandaleux, de Blanche, fille du roi de Navarre, sa première femme. Pachico lui conseilla, quand il fut roi, d'épouser Jeanne de Portugal, afin d'écarter du trône Alphonse et Isabelle, enfans issus du second mariage de son père. Ce mariage eut lieu, et cinq ans après la reine mit au monde une fille, que Henri déclara héritière de la couronne de Castille; mais la noblesse refusa de reconnaître cette enfant comme légitime. Une ligue formidable se forma alors contre Henri. L'amirauté de Castille, les comtes de Placentia, de Benevente, et d'Ossuna; les archevêques de Tolède et de Compostel, les grands-maîtres de Calatrava et d'Alcantara, et jusqu'au favori Pachico, alors tombé en disgrâce, en faisaient partie. Ils publièrent un manifeste dans lequel ils accusèrent le roi d'avoir cherché à priver son frère Alphonse de la succession au trône, et trompé la nation en supposant un enfant à Jeanne. Ils prétendirent, en vertu du privilége de leur ordre, avoir le droit de faire le procès à leur souverain et de le juger. Ils convoquèrent en conséquence une assemblée à Avilla (1465). Là se passe la scène la plus étrange dont l'histoire fasse mention. Sur un vaste théâtre, élevé hors des murs de la ville, on plaça sur un trône l'effigie du roi, revêtue de ses ornemens, une couronne sur la tête; un sceptre en main, et l'épée de justice à son côté. Un héraut lut à haute voix l'acte d'accusation, et la sentence de déposition contre Henri IV. Après la lecture du premier article, un des seigneurs ôta la couronne posée sur la tête de l'effigie ; après celle du second article, un autre arracha l'épée de justice ; à la fin du troisième, le comte de Benevente enleva le sceptre ; enfin, à la suite du quatrième, Lopez de Stuniga renversa l'effigie du trône. Au même instant, Alphonse, enfant de douze ans, fut proclamé roi de Castille et de Léon, à la place du monarque déposé.

Tant d'audace réveilla Henri de la léthargie dans laquelle l'enchaînait la débauche. Il ordonna des levées extraordinaires; l'outrage inoui fait à la royauté, excita une indignation générale, et cent mille hommes offrirent leurs bras à Henri, pour le venger. Au lieu de profiter des bonnes dispositions de ses sujets, il traita avec les rebelles, et licencia ses troupes, afin de pouvoir reprendre sa vie oisive. Mais bientôt il fut obligé de les rappeler, car les ligueurs, loin de déposer les armes, comme Henri l'avait espéré, s'emparait des villes les plus considérables, et proclamaient Alphonse. Il marcha enfin contre eux, au moment où ils assiégeaient Médina del Campo. La bataille se livra sous les murs de cette ville; elle dura jusqu'à la nuit, sans aucun avantage marqué de part et d'autre. Cette indécision dans le résultat de la bataille, équivalait presque à une défaite pour Henri. Mais bientôt la mort subite d'Alphonse vint le dédommager amplement, et lui valut plus que la victoire la plus complète. On ne manqua pas d'attribuer cette mort mystérieuse au poison; cependant les soupçons ne planèrent jamais sur Henri, malgré les avantages qu'il pouvait tirer de la mort de son frère.

Les ligueurs ne se déconcertèrent pas; ils reconnurent pour chef à la place d'Alphonse, la princesse Isabelle, sa sœur. Quand ils lui offrirent la couronne, elle refusa de l'accepter du vivant de son frère Henri; mais elle déclara qu'elle s'y croyait des droits dans le cas où elle lui survivrait. Enfin des négociations s'ouvrirent entre le roi et les rebelles. Henri abandonna les droits de Jeanne, et reconnut Isabelle héritière présomptive de ses états; dès ce moment, cette princesse prit le titre de princesse des Asturies.

Si cette paix calma des intrigues, elle en fit naître de nouvelles. Le mariage d'Isabelle fut l'objet de graves discussions. Elle fut recherchée par le roi de Portugal, par Louis XI, roi de France, pour son frère, et par D. Juan, roi d'Aragon, pour son fils,

Ferdinand. Henri voulait la marier au roi de Portugal; mais les partisans d'Isabelle, et Isabelle elle-même, préféraient Ferdinand d'Aragon, déjà roi de Sicile, et qui devait bientôt hériter des états de son père, plus que septuagénaire. Malgré l'opposition du roi, le mariage se fit secrètement à Valladolid, où Ferdinand s'était rendu déguisé. L'archevêque de Tolède donna la bénédiction nuptiale aux époux, en vertu d'une dispense du pape, qui toutefois ne fut publiée que trois ans après.

Henri, furieux en apprenant ce mariage, cassa dans une assemblée solennelle, l'acte qui appelait sa sœur à sa succession, et rétablit Jeanne dans ses droits. La guerre civile se ralluma. Henri offrit la main de Jeanne au fils du roi de Portugal, qui l'accepta; mais avant que le mariage pût être célébré, le roi de Castille mourut d'une fièvre lente, qui depuis quelque temps altérait sa constitution physique et morale. A son dernier soupir, il déclara la princesse Jeanne, sa fille légitime et son successeur; mais il ne pouvait pas espérer qu'on respecterait après sa mort une volonté à laquelle on avait continuellement résisté de son vivant. La majorité de ses sujets se soumit à l'autorité de Ferdinand et d'Isabelle; les nouveaux monarques furent reçus dans Ségovie, mis en possession du trésor royal, et proclamés conjointement rois de Castille et de Léon (1474).

ROIS DES ESPAGNES RÉUNIES.

ISABELLE ET FERDINAND V, SURNOMMÉS ROIS CATHOLIQUES. (1474-1504).

La mort de Henri n'éteignit pas les espérances d'Alphonse, roi de Portugal : il entra dans la Castille, à la tête d'une armée formidable, épousa dona Jeanne, et ses prétentions au trône furent soutenues par plusieurs grands seigneurs. Mais son droit fut décidé sur le champ de bataille de Toro, où l'armée Portugaise fut complètement battue par les troupes de Ferdinand. Alphonse se retira en Portugal, renonçant à toutes ses prétentions sur la Castille ; les mécontens se soumirent, Ferdinand leur pardonna, et la Castille cessa enfin d'être en proie à la guerre civile. (1477).

Peu de temps après ces événemens, Jean II, roi d'Aragon, mourut à Barcelone, à l'âge de quatre-vingt-deux ans. (19 janvier 1479). Par son testament il laissait l'Aragon et la Sicile à son fils Ferdinand, et à ses descendans de l'un ou de l'autre sexe. A l'égard de la couronne de Navarre, qu'il possédait également, elle était dévolue, par les anciennes conventions à sa fille dona Léonore, comtesse de Foix. Cette princesse n'en jouit pas long-temps, elle mourut à Tudela, le 10 février, trois semaines après son père. François Phébus, son petit-fils, lui succéda, et laissa, quatre ans après, son royaume à Catherine, sa sœur, mariée à Jean d'Albret.

Ainsi se trouvèrent réunies les deux puissantes monarchies de Castille et d'Aragon, et là commence réellement l'histoire de l'Espagne moderne.

La conquête des îles Canaries, commencée sous le règne de Juan II, fut terminée cette année. Les seules parties de la Péninsule qui ne reconnaissaient pas l'autorité de Ferdinand et d'Isabelle, étaient le Portugal, la Navarre et le royaume mahométan de Grenade. Ce dernier royaume, seul reste du puissant empire des Sarrasins en Espagne, après avoir eu une étendue de cent soixante-dix milles le long des côtes de la Méditerranée, s'était vu graduellement resserré par les envahissemens de la Castille, et il était réduit alors à environ soixante-dix milles. Malgré le peu d'étendue de ce territoire, l'industrie des habitans en avait fait un séjour aussi agréable que productif. Les Maures étaient habiles dans l'art de la culture, et leur industrie avait fait de ce pays un vaste jardin. Ferdinand ne voyait qu'avec peine le plus beau canton de l'Espagne, entre les mains des ennemis de la religion et de sa couronne. Cette conquête était l'objet de tous ses désirs, et tous ses soins se portèrent à en assurer le succès. Mais avant de la tenter, il voulut remédier aux abus que la licence et le mépris des lois, suite ordinaire des guerres civiles, avaient introduits dans ses royaumes.

Des troupes de malfaiteurs, enhardis par l'impunité, répandaient l'effroi dans toutes les provinces; des seigneurs, même les plus puissans, tels que les ducs de Médina-Sidonia, le comte d'Arcos, d'Aguilard, cantonnés dans leurs châteaux, transformés en forteresssés, pillaient les voyageurs, foulaient leurs vassaux, ravageaient les terres de leurs voisins. Pour arrêter ces désordres, Ferdinand convoqua les cortès à Madrid, et cette assemblée se conformant aux désirs du souverain, institua dans chaque ville, des compagnies militaires, nommées de la sainte Hermandade, pour arrêter les vols, les assassinats, les crimes de toute espèce. On livra les coupables aux tribunaux, devenus plus respectables, sous un gouvernement ferme et vigoureux. L'insolence des grands fut réprimée, et le peuple bénit la main qui le tirait d'oppression.

La religion attira aussi les regards du roi. Un désir ardent de maintenir l'unité du dogme, et les conseils du cardinal de Mendosa le portèrent à ériger le tribunal de l'Inquisition, exclusivement chargé de connaître de toute opinion répréhensible, émise en matière de doctrine. Ce redoutable tribunal, indépendant de la juridiction des évêques, avait été créé deux siècles et demi auparavant, dans un concile tenu à Toulouse, par le cardinal romain de Saint-Ange, légat apostolique, sous le pontificat de Grégoire IX. Les Dominicains, institués depuis peu, furent généralement revêtus des pouvoirs d'inquisiteurs. Du Languedoc, infesté de l'hérésie des Albigeois, l'inquisition s'étendit en France sous le règne de Saint Louis; mais son existence y fut de courte durée. Innocent IV la fit recevoir en Italie. Elle préserva l'Espagne de la contagion des hérésies qui, bientôt après, déchirèrent l'église. Malheureusement les passions humaines dénaturèrent promptement cette institution, et en firent souvent un instrument de haine, de vengeance et de cupidité. Sous les rois de la maison de Bourbon, le saint office, dont leur sagesse avait tempéré la rigueur et limité le pouvoir, était rentré dans les véritables principes de son institution, et n'était plus que la sauve-garde de la foi. Il a été supprimé par les cortès de Cadix en 1812 (1).

PRISE DE GRENADE ET EXPULSION DES MAURES.

Ferdinand, ayant rétabli le calme dans ses états, jugea que le moment était venu d'occuper l'activité d'une noblesse turbulente, par l'expédition qui lui tenait tant à cœur. Muley-Hassem, roi de Grenade, averti de ses préparatifs, rompit le premier la trève en surprenant la forteresse de Zahara. Ferdinand le fit sommer de lui restituer cette place, et de lui payer le tribut promis par son père. Muley-Hassem répondit hardiment : « Que dans le lieu où se fabri- » quait la monnaie de Grenade, on ne forgeait plus » que des armes. »

L'armée castillanne franchit aussitôt les frontières, força la ville d'Alhama, et échoua devant celle de Loxa ; mais comme si ce n'était pas assez de toute la puissance des rois de Castille et d'Aragon, de nouvelles divisions vinrent affaiblir les infidèles et précépiter leur ruine.

Boabdil, fils de Muley-Hassem, se révolta contre son père, le chassa du trône et y monta à sa place. Pour légitimer son usurpation, il voulut tenter d'enlever Lucina aux Espagnols, mais il fut vaincu,

---

(1, Lafon-St-Marc, tableau de l'histoire d'Espagne.

fait prisonnier et conduit à Cordoue. Alors Muley-Hassem rentra dans sa capitale, et se prépara à continuer la guerre avec une nouvelle ardeur. Muley était vieux, infirme, presque aveugle; son frère Mohammed-el-Zagal, s'empara d'une partie de l'autorité. Ferdinand, pour augmenter encore ces dissensions funestes, rendit la liberté à Boabdil, après avoir exigé de lui la promesse de se reconnaître son vassal.

Boabdil fut reçu dans Grenade, malgré son père et son oncle. Sous prétexte de protéger ce prince devenu son vassal, Ferdinand poursuivit la guerre avec plus de vigueur qu'auparavant. Zahara retomba au pouvoir des Chrétiens, qui, dans l'espace de quatre campagnes consécutives, réduisirent Ronda, Alhora, Settenil, Velez et Malaga. Boabdil, qui ne voyait en eux que des alliés, restait dans l'inaction; mais cette conduite déplut aux Maures; ils le chassèrent de Grenade. Son père, resté seul maître de la ville, succomba bientôt aux intrigues de son frère Mohammed; celui-ci ne craignit pas d'usurper un trône si chancelant par un fratricide.

Mohammed tenta aussi de faire périr son neveu, réfugié à Alméric; des prêtres Musulmans parvinrent cependant à réunir ces deux rivaux, et ils convinrent de se partager le royaume. Ce traité fut aussitôt violé que conclu; Mohammed se vit bientôt dépouillé de ses possessions par les Chrétiens, qui se disaient les alliés de son neveu. Il ne restait plus à Mohammed que Guadin et Alméric. Craignant de ne pouvoir conserver ces deux places, il les livra à

Ferdinand pour une pension annuelle de dix mille ducats. Après avoir suivi quelque temps l'armée chrétienne, ennuyé du rôle abject qu'il y jouait, il sollicita et obtint la permission de se retirer en Afrique avec les Maures, qui préféraient le culte de leurs ancêtres au pays qui les avait vu naître (1490).

Boabdil, délivré de ce compétiteur, croyait régner paisiblement dans Grenade. Son erreur ne fut pas longue. Ferdinand lui fit demander la reddition de Grenade, suivant les conventions secrètes qu'il disait exister entre eux. La réponse de Boabdil révéla sa faiblesse. Il reconnaissait les obligations qu'il avait à Ferdinand, et les engagemens qu'il avait contractés avec lui, mais en même temps il éludait d'y satisfaire, sous prétexte qu'il n'était plus maître de sa capitale, et qu'au premier bruit d'un traité, il serait victime de l'indignation des habitans.

Ferdinand se prépara aussitôt à renverser le dernier boulevard des infidèles dans la Péninsule. Isabelle voulut l'accompagner dans cette expédition, et bientôt une armée de soixante-dix mille braves guerriers, accoutumés à vaincre sous ses étendards, se réunit à l'appel de leurs souverains. D'excellens généraux commandaient cette armée. On remarquait parmi eux don Alphonse d'Aguilar, Louis de Porto-Carrero, Rodrigue, Ponce de Léon, comte d'Arcos, créé marquis de Cadix, Henri de Guzman, duc de Médina Sidonia; Villena, le comte de Cabra et Gonzalve Fernandez de Cordoue, surnommé le grand Capitaine, célèbre entre tous les guerriers de son temps par ses rares talens, sa valeur et ses exploits.

La ville de Grenade, bâtie sur deux collines, au pied desquels coulaient les eaux du Daro et du Xénil, était défendue par une double enceinte de murailles, et renfermait encore deux cent mille habitans. Mais comme si ce peuple eût voulu jusqu'au dernier moment conspirer à sa propre ruine, au moment même où l'armée des Chrétiens approchait, la ville était ensanglantée par la rivalité de deux tribus puissantes, les Abencerrages et les Zégris. Cependant, à la vue des drapeaux ennemis qui flottaient autour du rempart, les factions firent taire un instant leur haine pour repousser le danger commun.

Il eût été périlleux d'attaquer de vive force une ville aussi bien fortifiée, défendue par une multitude brave, aguerrie et réduite au désespoir. Ferdinand le sentit, et se contenta de transformer le siége en un blocus rigoureux. Il établit son camp autour de la place, et attendit patiemment que la famine eût réduit une population si nombreuse à se rendre à discrétion. Un seul incident, qui pouvait rendre l'espoir aux assiégés, ne servit qu'à le leur faire perdre entièrement. Le feu prit pendant la nuit à la tente de la reine, et dans un instant, tout le camp dont les cabanes n'étaient couvertes que de roseaux et de chaume, fut la proie des flammes. Le désordre se mit parmi les Chrétiens; les Maures allaient en profiter, quand Ferdinand se porta à la hâte avec un corps d'élite, au-devant des assiégés, à qui sa contenance en imposa. Isabelle, loin de se décourager par cet accident, forma sur-le-champ une résolution capable d'en prévenir le retour, et de faire connaître toute la persévérance de son caractère. A la place où existait le camp, elle fit construire, dans l'espace de quatre-vingt jours, une ville, à laquelle les courtisans voulaient donner son nom; mais la pieuse reine refusa cet honneur, et elle nomma elle-même la nouvelle ville, qui subsiste encore aujourd'hui, *Santafé*, ou Sainte-Foi. Cette construction extraordinaire, qui annonçait l'inébranlable résolution des assiégeans, de ne point renoncer à leur entreprise, porta le dernier coup aux espérances des habitans de Grenade.

Les Maures, désespérés, tentèrent vainement quelques sorties, qui furent toujours repoussées. Enfin ils ne virent de salut que dans une prompte capitulation. Ferdinand l'accorda à des conditions honorables.

Boabdil aurait la propriété de vastes domaines dans les Alpuxaras; les habitans conserveraient leurs biens, l'usage de leurs lois, leurs coutumes, leur habillement, la moitié de leurs mosquées et le libre exercice de leur religion; enfin on devait fournir des vaisseaux à ceux qui voudraient être transportés en Afrique, sans qu'on pût jamais les contraindre à quitter l'Espagne.

Ce fut le sixième jour de janvier de l'an 1492, que Ferdinand et Isabelle entrèrent en triomphe dans la cité de Grenade. Dès le 2, on avait arboré sur les principales tours, et au sommet de l'Alhambra, l'étendard de la croix, celui de St-Jacques et l'étendard royal. Toute l'armée s'était prosternée à ce spectacle, en répandant des larmes de joie, tandis que la douleur en arrachait aux infidèles. Quand Ferdinand et Isabelle arrivèrent au palais de l'Alhambra, Boabdil vint à leur rencontre, et s'adressant à Ferdinand : « Nous sommes vos esclaves, lui dit-il, invincible monarque; nous livrons cette cité et ce royaume à votre clémence et à votre modération. » Il ne voulut pas profiter de l'offre que lui avait faite Ferdinand de rester en Espagne, il se retira en Afrique, et lorsqu'en s'éloignant, il tourna ses regards vers la superbe cité qu'il abandonnait, un torrent de larmes s'échappa de ses yeux. « Tu as raison, lui dit » sa mère, la sultane Ayxa, de pleurer comme une » femme la perte d'un royaume que tu n'as pas su » défendre en homme. » Il se retira à Fez, où il périt dans une émeute. Ainsi finit la domination des Maures en Espagne, après avoir duré sept cent quatre-vingts ans.

La conquête de Grenade valut aux deux époux le titre de rois catholiques, que leur déféra le pape Innocent VIII, et qu'ont pris depuis leurs successeurs.

DÉCOUVERTE DE L'AMÉRIQUE.

La même année où l'Espagne avait triomphé des infidèles, elle acheva de se couvrir de gloire par la découverte de l'Amérique. Le génois Christophe Colomb, dont le génie avait soupçonné l'existence de vastes terres dans l'Océan occidental, avait communiqué ses idées, d'abord à sa patrie, où on le traita de fou; puis à D. Juan de Portugal, qui voulut en profiter, mais à l'insu de Colomb, en chargeant un pilote Portugais de tenter la découverte, sur les données du navigateur Génois. Le pilote, effrayé, n'osa dépasser l'île de Madère; il revint à Lisbonne, et déclara le projet extravagant et impraticable. Colomb, indigné, quitta le Portugal, et, tandis que son frère Barthélemi allait sonder les intentions de la cour d'Angleterre, il se rendit en Espagne, où il trouva Ferdinand et Isabelle occupés du siége de Grenade. Ferdinand, naturellement circonspect et défiant, n'était pas disposé à favoriser l'exécution de projets hardis et extraordinaires. Isabelle, malgré la vivacité de son esprit et de son génie actif, fut d'abord influencée par l'opinion de son mari. Les propositions de Colomb furent froidement accueillies, et ce grand homme, rebuté de tant d'obstacles, se préparait à rejoindre son frère en Angleterre, lorsqu'il fut rappelé par un envoyé d'Isabelle. Grenade venait de se rendre, et le moment était favorable pour tenter de nouvelles entreprises. Des hommes d'un mérite supérieur, et qui jouissaient de la confiance de la reine, étaient enfin parvenus à lui faire adopter le plan de Colomb, dont eux-mêmes reconnaissaient la probabilité. C'étaient Alphonse de Quintanilla, grand-trésorier de Castille, Louis Saint-Angel, riche seigneur Aragonais, et le Père Juan Perez de Marchéna, supérieur du couvent des Cordeliers de Rabsidas. Le trésor royal était épuisé par la guerre de Grenade, Isabelle proposa de vendre ses pierreries, pour subvenir aux frais de l'expédition; mais Saint-Angel se chargea de faire lui-même les avances, honneur que les trois frères Pinson, Alphonse, François-

Martin et Vincent Yanez, négocians Andalous, demandèrent à partager avec lui.

Environ huit mois après la prise de Grenade, Colomb, avec trois petits vaisseaux, appelés caravelles, et moins de cent marins, sortit du port de Palos, dans l'Andalousie, pour traverser l'océan atlantique, et découvrit un nouveau monde dans l'hémisphère occidental (1).

MARIAGE DES INFANS D'ESPAGNE. — EXPULSION DES MAURES ET DES JUIFS.

A l'occasion de l'invasion de Naples, par le roi de France, Charles VIII, les rois catholiques étaient entrés dans la ligue formée par l'empereur Maximilien, pour l'expulsion des Français de l'Italie. Gonzalve de Cordoue était allé à Naples avec une armée espagnole, et était parvenu à rétablir le fils du roi détrôné, que les liens du sang unissaient à Ferdinand.

Bientôt les monarques espagnols resserrèrent leur alliance avec l'empereur Maximilien, par un double mariage de leurs enfans. L'infant Don Juan épousa l'archiduchesse Marguerite, fille de l'empereur, et Jeanne, sœur cadette de don Juan, fut unie à Philippe, fils de Maximilien, souverain des Pays-Bas et de la Franche-Comté, par sa mère, Marie de Bourgogne (1497). Les fêtes dont fut suivi ce double mariage se changèrent bientôt en des jours de deuil.

---

(1) Voir pour les détails de la découverte de l'Amérique, des succès et des malheurs de Colomb, nos illustrations de l'histoire d'Amérique.

Le prince des Asturies, don Juan, périt à la chasse, d'une chute de cheval. Sa femme, qu'il laissait enceinte, accoucha d'un enfant mort. Isabelle, leur fille aînée, mariée au roi de Portugal, mourut dans une extrême jeunesse, et donnant le jour à un fils qui ne vécut que deux ans. Restait Jeanne, l'épouse de Philippe d'Autriche, qui héritait de ses droits à la couronne, mais cette princesse donnait déjà des signes de la maladie qui l'ont fait surnommer Jeanne-la-Folle.

EXPULSION DES MAURES ET DES JUIFS.

Quoique la capitulation de Grenade garantit aux Maures la liberté de leur culte, on avait tenté plusieurs fois de leur faire embrasser la religion chrétienne. Ces tentatives avaient toujours été infructueuses. Le zèle alla bientôt plus loin. François Aimenès de Cisnéros, archevêque de Tolède, persuada au roi d'employer la rigueur pour opérer la conversion des Grenadins. Ce moyen ne servit qu'à les irriter, ils coururent aux armes, furent battus, et on ne leur laissa d'autre alternative que celle de recevoir le baptême ou de sortir de l'Espagne. Cinquante mille renoncèrent au Koran ; les autres, en beaucoup plus grand nombre, demandèrent à passer en Afrique. Soixante-dix ans après la prise de Grenade, la rigueur du gouvernement, envers ceux qui étaient restés, les détermina à se révolter : ils furent aisément vaincus, et, au commencement du dix-septième siècle, nous verrons Philippe III ordonner leur expulsion définitive.

Les Juifs subirent le même sort que les Mahométans. Un édit bannit à perpétuité ceux qui refuseraient d'abjurer leurs croyances. Quelques-uns se convertirent pour ne pas abandonner leurs établissemens. Ceux qui ne voulurent pas les imiter furent forcés de quitter le royaume.

CONQUÊTE DE NAPLES ET DE LA NAVARRE.

Les guerres de l'Espagne en Italie, et la conquête de Naples, signalèrent la fin du quinzième et le commencement du seizième siècle. La reine Isabelle mourut en 1504, laissant par son testament le trône de Castille, à sa fille, l'archiduchesse Jeanne, et la régence à Ferdinand. Mais Philippe, époux de Jeanne, réclama contre cette disposition, et il fut proclamé roi, malgré son beau-père. Philippe mourut au bout de deux ans, à peine âgé de vingt-huit ans, et sa femme, dont la raison était déjà égarée, acheva de perdre l'esprit. Philippe laissait deux enfans mâles, Charles, duc de Luxembourg, et Ferdinand. Le premier, âgé seulement de dix ans, était dans les Pays-Bas, où il resta sous la tutelle de l'empereur Maximilien. Le second fut élevé en Espagne auprès de son aïeul maternel.

Ferdinand, appelé à la régence de Castille, se trouva réunir l'autorité sur les deux royaumes. De ce moment la Castille jouit d'une tranquillité parfaite. Ximénès, élevé à la dignité de cardinal, fut déclaré premier ministre. Ferdinand n'aimait pas ce prélat; mais il rendait justice à ses talens, et, dans cette circonstance, il sacrifia sans hésiter, ses penchans à l'intérêt de l'état.

Ximénès illustra son ministère par la conquête d'Oran, qu'il entreprit à ses frais, et qu'il accomplit en sept jours. L'année suivante (1510), l'Espagne étendit encore ses possessions en Afrique. Le roi de Bougie se reconnut tributaire de la couronne de Castille.

En 1512, Ferdinand s'empara de la Navarre, dont le trône était occupé par Catherine, épouse de Jean d'Albret, sous prétexte que Jean d'Albret était allié du roi de France, avec lequel il était en guerre, et que la couronne de Navarre devait lui appartenir du chef de sa mère. Le duc d'Albe, qu'il chargea de cette mission, s'en acquitta avec succès et rapidité; le 25 juillet 1512, le royaume de Navarre fut réuni à la couronne de Castille, quatre cent soixante-huit ans après en avoir été séparé à la mort du roi D. Sanche-le-Grand.

Jean d'Albret et sa femme se retirèrent en Béarn, où ils continuèrent à porter le titre de roi de Navarre, qu'ils transmirent aux rois de France dans la personne de Henri IV de Bourbon, leur petit-fils.

Après la conquête de la Navarre, la monarchie d'Espagne s'étendit depuis les frontières de Portugal, jusqu'aux Pyrénées.

Jusqu'à la mort de Ferdinand, arrivée en 1516, aucun événement important ne se passa dans la Péninsule. De grands intérêts s'agitaient en dehors, et surtout en Italie. Ferdinand y prenait une part active; mais ces événemens n'appartiennent pas proprement à l'histoire d'Espagne. Il mourut à l'âge de 64 ans, dans la 42 année de son règne, depuis la mort de Henri IV.

Sous lui l'Espagne parvint à un degré de grandeur, auquel elle n'avait pu atteindre pendant qu'elle était divisée en plusieurs monarchies. Mais son habileté dans l'art de gouverner, la finesse et la duplicité de sa politique, y contribuèrent autant que son hymen avec Isabelle. Il nomma par son testament, Charles, son petit-fils, son unique héritier, en chargeant, jusqu'à son arrivée, le cardinal Ximénès, de la régence de Castille, et l'archevêque de Saragosse, de celle de l'Aragon.

CHAPITRE VII.

Maison d'Autriche. — Charles Ier (empereur, sous le nom de Charles-Quint). — Le cardinal Ximénès. — Son caractère. — Mesures qu'il prend pour abaisser la noblesse. — Arrivée de Charles en Espagne. — Charles est élu empereur d'Allemagne. — Association de la Germanada. — Le roi de France prisonnier à Madrid. — Mariage de Charles-Quint. — Paix de Cambrai. — Expédition de Tunis. — Dissolution des Cortès. — Révolte de Gand. — Guerre avec la France. — Paix de Crespy. — Abdication de Charles-Quint. — Sa mort. — Son portrait. — Philippe II. — Paix de Cateau-Cambresis. — Mariage de Philippe avec Elisabeth de France. — Philippe II va en Espagne, et se fixe à Madrid. — Révolte des Pays-Bas. — Tyrannie du duc d'Albe. — Mort de D. Carlos. — Révolte des Mauresques. — Bataille de Lépante. — Indépendance des Pays-Bas. — Réunion du Portugal à l'Espagne. — L'invincible Armada. — Tentative de Philippe II pour s'emparer de la couronne de France. — Sa mort. — Philippe III. — Décadence de l'Espagne. — Le duc de Lerme et Calderon. — Reconnaissance des Provinces-Unies. — Expulsion définitive des Mauresques. — Alliance avec la France. — Disgrâce du duc de Lerme. — Mort de Philippe III. — Philippe IV. — Le duc d'Olivarès. — Révolte de la Catalogne. — Révolution du Portugal. — Disgrâce d'Olivarès. — Traité de Westphalie. — Traité des Pyrénées. — Charles II. — Troubles pendant sa minorité. — Majorité de Charles II. — Ligue d'Augsbourg. — Paix de Riswick. — Testament et mort de Charles II.

MAISON D'AUTRICHE. — CHARLES Ier, EMPEREUR SOUS LE NOM DE CHARLES-QUINT.

CHARLES était à Bruxelles quand il apprit la mort de Ferdinand. Il écrivit aussitôt aux deux régens d'inviter les Espagnols à le reconnaître pour roi. Le cardinal Ximénès s'empressa de convoquer les Cortès à Madrid, mais cette assemblée ne voulait reconnaître Charles d'Autriche qu'en qualité de prince héréditaire; le régent irrité, rompit l'assemblée, et fit proclamer le souverain par le corrégidor de la ville. La même cérémonie se fit aussitôt dans le reste du royaume.

L'archevêque de Saragosse, qui n'avait pas la même fermeté que Ximénès, ne put réussir à faire proclamer Charles en Aragon. Les états de ce royaume ne voulurent lui reconnaître d'autre titre que celui de prince, jusqu'à son arrivée en Espagne.

Ximénès s'attacha, pendant sa régence, à détruire l'influence de la noblesse, qui toujours avait voulu s'élever au-dessus de l'autorité royale. Personne plus que lui n'était fait pour accomplir une tâche aussi difficile. De simple moine de Saint-François, il était devenu confesseur de la reine Isabelle, puis archevêque de Tolède, le plus riche archevêché de la chrétienté ; enfin il avait été promu à la dignité de cardinal, et nommé régent du royaume. Mais ces honneurs, ces richesses, ne changèrent rien à sa manière de vivre. Quoiqu'obligé de déployer en public la magnificence convenable à sa dignité, il conserva dans son intérieur la sévérité monastique, et sous ses habits pontificaux, il porta constamment le froc grossier de Saint-François, qu'il avait coutume de raccommoder lui-même, lorsqu'il était déchiré. Il ne goûtait à aucun des mets délicats servis sur sa table, et s'en tenait à la nourriture simple prescrite par la règle de son ordre. Jamais ce saint personnage n'usait de linge ; il se couvrait d'une chemise de laine, se couchait tout habillé, le plus souvent sur la terre ou sur le plancher. Les immenses revenus de son archevêché étaient employés en aumônes, ou à des entreprises utiles à l'état. C'est ainsi que nous l'avons vu, sous le règne de Ferdinand, entreprendre à ses dépens la conquête d'une ville en Afrique. En s'éloignant du monde, en se rendant maître de ses propres passions, Ximénès avait étudié le monde avec attention, et avait appris à maîtriser et à diriger les passions des autres.

Pour réussir dans le projet qu'il avait conçu d'affermir l'autorité royale contre les prétentions formidables de la noblesse, il commença par former un corps de troupes réglées, ce qui n'existait pas encore en Espagne, et il en donna le commandement à des hommes sûrs et dévoués. Il affranchit par-là le trône de l'espèce de dépendance où le tenaient les grands, qui seuls avaient la disposition de la force militaire, composée de leurs vassaux. Quand le cardinal-ministre, se vit entouré de forces suffisantes pour l'exécution de son plan, il créa un comité, à l'effet de rechercher l'origine des propriétés des nobles et des grands, dont une partie provenait d'usurpation, ou de terres détachées des domaines de la couronne, pendant les troubles des règnes précédens.

De pareilles revendications excitèrent de grands murmures. Les nobles, qui se trouvaient particulièrement frappés par cette mesure, se concertèrent ensemble, et résolurent de se soulever; mais auparavant, pour montrer la justice de leurs droits, ils envoyèrent une députation au régent, pour examiner les pouvoirs en vertu desquels il exerçait des actes d'autorité d'une nature aussi majeure. La députation était composée de l'amirauté de Castille, du duc de l'Infantado et du comte de Bénevente. Quant ils eurent fait connaître l'objet de leur mission, le cardinal répondit qu'il tenait ses pouvoirs du testament

du feu roi. « Mais, répliquèrent les députés, Ferdi-
» nand n'étant qu'administrateur du royaume pour
» sa fille la reine Jeanne, il n'a pu vous transmettre
» des droits qu'il n'avait pas lui-même. » Ximénès
avait prévu l'objection, et préparé sa réponse. Pendant que les députés de la noblesse parlaient avec
chaleur, le cardinal les conduisit insensiblement vers
un balcon d'où l'on voyait un corps considérable de
troupes sous les armes, et un train d'artillerie formidable. « Voilà, leur dit-il, en leur montrant son
» armée, voilà les pouvoirs dont m'a revêtu sa ma-
» jesté catholique; puis élevant la voix, il continua :
« C'est à l'aide de cette puissance que je gouverne
» la Castille et que je la gouvernerai jusqu'à ce que
» le roi votre maître et le mien, vienne prendre pos-
» session de son royaume. »

Une réponse aussi ferme et aussi fière déconcerta
les députés de la noblesse : toute idée de rébellion
s'évanouit. Ximénès fit rentrer des sommes énormes
au trésor royal, et malgré la jalousie des grands, il
continua de gouverner le vaisseau de l'état avec sa
fermeté accoutumée, et d'assurer, par son habileté,
la tranquillité de la Castille.

ARRIVÉE DE CHARLES EN ESPAGNE.

Charles était impatiemment attendu en Espagne.
Dès que l'on apprit son arrivée à Villa-Viciosa, port
sur la côte des Asturies, où il était débarqué, une
joie universelle se répandit dans tout le royaume.
Les grands, humiliés par Ximénès, volèrent au-devant
de leur souverain, comme à leur libérateur. Il écouta

leur plainte et leur promit d'examiner la conduite de l'impérieux prélat ; celui-ci s'était mis aussi en route pour aller à la rencontre du roi ; mais il mourut avant d'avoir pu le joindre (1517). Charles fut reconnu à Valladolid, par les Cortès assemblées à cet effet, et quelque temps après il se fit couronner à Saragosse.

Tandis que Charles recevait en Espagne les couronnes de Castille et d'Aragon, on faisait pour lui des découvertes immenses au-delà des mers ; Fernand Cortès, soumettait l'empire du Mexique ; Magellan découvrait une partie de l'Amérique méridionale et le détroit qui porte son nom, et Pizarre faisait la conquête du Pérou (1).

En même temps, la mort de son aïeul paternel, l'empereur Maximilien, lui donnait les états de la maison d'Autriche, et enfin les électeurs d'Allemagne l'élevèrent à la dignité impériale. Ainsi, à peine à l'âge de dix-neuf ans, Charles se trouvait souverain des Espagnes réunies, de Naples, de Sicile, de Sardaigne, de Majorque, d'Autriche, d'Allemagne, des Pays-Bas, de la Franche-Comté, et de royaumes et d'empires immenses et inconnus au-delà des mers. Si les richesses, si la puissance peuvent donner le bonheur, jamais homme ne dut être plus heureux que l'empereur Charles-Quint, et cependant nous le verrons, après avoir joui de tant de fortune, de tant de pouvoir, pendant plus de trente ans, s'en dégoûter, pour venir chercher un peu de bonheur et de repos dans la solitude d'un cloître.

---

(1) Voir pour les détails, nos illustrations de l'histoire d'Amérique.

Charles était à Barcelone lorsqu'il reçut la nouvelle de son élection au trône impérial. Il en ressentit toute la joie dont est susceptible un jeune homme plein d'ambition. Les Espagnols n'éprouvèrent pas à beaucoup près les mêmes sentimens. Ils redoutaient l'absence de leur souverain, qui les livrerait au gouvernement d'un vice-roi, et ferait passer leurs trésors en pays étrangers. Les Cortès assemblées à Saint-Jacques, adressèrent des remontrances au roi; mais il les rejeta, et s'embarqua à la Corogne, après avoir conféré la régence de Castille, à l'évêque de Tortose; la vice-royauté d'Aragon, à D. Juan de Lanuza; et celle de Valence, à D. Diego de Mendoza.

Son départ fut le signal de quelques troubles qui éclatèrent dans les principales villes de la Castille. Valladolid, Ségovie, Burgos, Avila, Zamora, Toro, Léon, Salamanque, Tolède, formèrent une association sous le nom de *Germanada*, ou la Fraternité; elle prit aussi le nom de Sainte-Ligue ou *Las-Comunidades*. Les membres de cette association se portèrent à tous les excès, et il fallut que les gouverneurs de Charles-Quint employassent des mesures extrêmes de rigueur pour calmer cette effervescence.

Le roi de France avait voulu profiter de ces troubles pour former une entreprise sur la Navarre, en faveur de Henri-d'Albret. Mais cette tentative échoua complètement.

Nous ne suivrons pas Charles-Quint dans tous les actes de sa politique en dehors de l'histoire d'Espagne; ces actes, et les événemens qui en furent la la suite, appartiennent pour la plupart à la biographie particulière de ce prince, ou à l'histoire d'Allemagne, d'Italie, de France, plutôt qu'à celle d'Espagne; nous en avons traité ailleurs, et nous n'en parlerons ici que dans ce qui a spécialement trait aux intérêts de la Péninsule (1).

En 1522, Charles-Quint, après avoir réglé les affaires de l'empire, et chargé l'archiduc Ferdinand, son frère, de les diriger en son absence, quitta l'Allemagne pour repasser en Espagne. Il s'arrêta quelques jours en Angleterre, où il contracta une alliance avec Henri VIII contre la France : son retour dans la Péninsule causa une joie universelle. Ceux qui avaient pris part à la ligue de la Germanada, étaient seuls effrayés; mais il calma bientôt leurs craintes, en publiant, contre l'avis de son conseil, une amnistie générale, dont les plus mutins seulement, en très-petit nombre, furent exceptés. On raconte que dans cette circonstance, un courtisan officieux, croyant faire sa cour à Charles, offrit de lui découvrir la retraite d'un des proscrits : l'empereur confondit le dénonciateur en se contentant de lui répondre : « Vous auriez mieux fait d'avertir ce » gentilhomme de ma présence ici, que de m'instruire » de l'endroit où il a trouvé un asile. »

Charles, pendant son séjour en Espagne, tout en donnant ses soins à l'administration intérieure du pays, s'occupait activement des affaires du dehors, il poursuivait avec activité la guerre contre le roi de France, François Ier, et outre le roi d'Angleterre,

---

(1) Voir nos illustrations de l'histoire d'Allemagne et d'Italie.

les Milanais, et le pape qu'il avait engagé dans son parti, il reçut les offres d'un prince français, le connétable de Bourbon, mécontent du roi de France et de la duchesse d'Angoulême, sa mère. L'Italie était le principal théâtre de la guerre, et la campagne de 1525 fut surtout favorable aux armes de Charles-Quint. Le roi de France vaincu devant Pavie, tomba au pouvoir des troupes de l'empereur.

LE ROI DE FRANCE PRISONNIER A MADRID.

La nouvelle de la victoire de Pavie apportée en Espagne, y causa des transports d'une joie excessive. On croyait déjà voir la France conquise et l'Europe entièrement subjuguée. Mais Charles-Quint n'eut pas l'air de prendre part à l'allégresse commune. Il alla d'abord remercier Dieu du succès de ses armes, dans l'église de Nuestra-Senora-d'Atocha, hors de Madrid ; puis il défendit les réjouissances publiques, sous prétextes qu'il ne convenait de se glorifier que des avantages remportés sur les ennemis de la foi. Mais cette apparence de modestie, et ce langage plein de modération, cachaient les projets que son ambition méditait, et qui ne tardaient à rien moins qu'à l'empire universel.

François Ier fut transféré à Madrid, et il n'obtint sa liberté qu'à des conditions indignes d'un rival généreux, conditions inexécutables, et qui loin de terminer les différends entre les deux monarques, en firent naître de nouveaux.

MARIAGE DE CHARLES-QUINT.

L'administration de ses vastes états et les travaux guerriers avaient jusque-là occupé exclusivement Charles-Quint. Il profita du calme momentané que lui donnait son traité avec François Ier, pour contracter un mariage, auquel l'invitaient les Cortès de Castille et d'Aragon. Il demanda la main d'Isabelle, sœur de Jean III, roi de Portugal, princesse d'une beauté rare et d'un mérite accompli. Le mariage se fit à Séville, et cette union fut regardée avec une égale satisfaction par les Portugais et par les Espagnols, qui y voyaient un gage de paix et d'alliance pour l'avenir entre les deux nations.

Mais aux fêtes du mariage, succédèrent bientôt les alarmes de la guerre. François Ier avait su mettre dans ses intérêts une partie des puissances de l'Europe, jalouse de la prospérité de Charles-Quint. Le roi d'Angleterre, Henri VIII; le pape Clément VII, les Vénitiens, le duc de Milan et le roi de France, formèrent une coalition dont le but était d'arrêter les progrès de l'ambition de Charles. Les armes de l'empereur partout victorieuses, réussirent à dissiper cette ligue, qui se termina par la paix de Cambrai (1529).

Charles profita de la tranquillité que lui accordait le traité de Cambrai, pour parcourir ses états d'Allemagne et d'Italie. Il fit élire son frère roi des Romains, et tenta inutilement d'arrêter les progrès de l'hérésie de Luther, qui commençait à se propager d'une manière effrayante dans l'empire. Après avoir repoussé les Turcs qui venaient d'envahir la Hongrie, il revint en Espagne (1533).

A peine était-il de retour dans la Péninsule, qu'il médita une expédition contre Tunis, dont venait de s'emparer le fameux corsaire Barberousse, déjà en possession d'Alger. A la tête d'une flotte nombreuse et de trente mille hommes de vieilles troupes, Charles s'empara de Tunis, en chassa Barberousse et rendit la liberté à vingt mille esclaves Chrétiens de toutes nations, qui gémissaient en captivité dans cette ville. L'empereur ne garda pas sa conquête ; il la rendit à Muley-Hassem, qui avait été détrôné par Barberousse, à condition que le port de la Goulette, qui commande le baie de Tunis, resterait au pouvoir de Charles ; que Muley-Hessem se reconnaîtrait vassal du roi d'Espagne, et lui payerait tribut (1534).

La paix rétablie entre François Ier et Charles-Quint, par le traité de Cambrai, ne subsista pas long-temps. Pendant que l'empereur était occupé de son expédition d'Afrique, François attaqua, sous un prétexte léger, le duc de Savoie son allié. Charles lui déclara la guerre, et attaqua la France par deux points opposés, la Provence et la Picardie (1536). Mais il échoua dans ces deux tentatives, et après une campagne également insignifiante, les deux monarques, dont les trésors et les ressources étaient épuisées, conclurent une trêve de dix ans (1538).

DISSOLUTION DES CORTÈS.

L'empereur, de retour en Espagne en 1539, assembla les Cortès à Tolède, pour leur demander les fonds nécessaires pour remplir ses trésors épuisés par des guerres si longues et si dispendieuses. Mais les Cortès au lieu de répondre à la demande du souverain, selon ses désirs, se plaignirent que leur pays était lui-même épuisé de richesse et d'habitans, pour soutenir des guerres lointaines, dont il ne résultait aucun avantage pour l'Espagne. Les nobles surtout réclamèrent avec chaleur, et prétendaient que si Charles eût imité l'exemple de ses prédécesseurs, qui résidaient constamment en Espagne, et ne s'engageaient point dans une multitude d'affaires étrangères à leur pays, les revenus attachés à la couronne eussent été plus que suffisants pour défrayer les dépenses nécessaires du gouvernement.

Charles, après avoir employé les représentations, les moyens de persuasion et les promesses, sans pouvoir rien obtenir, congédia les Cortès avec un mouvement d'indignation. Depuis cette époque les anciennes Cortès cessèrent d'exister. On forma bien dans la suite une assemblée composée des représentans de dix-huit cités seulement, au nombre de trente-six, qui reçurent aussi le nom de Cortès, mais ils ne ressemblaient en rien, soit du côté du pouvoir, soit du côté de la dignité, à l'ancienne assemblée de ce nom (1).

L'empereur s'adressa à tous ses peuples pour se procurer de l'argent. Il tira de fortes sommes de ses

---

(1) Les cortès de 1812, et celles qui subsistent actuellement en Espagne en vertu de la dernière constitution, n'ont pas plus de rapport avec les anciennes cortès, que notre assemblée constituante de 1790, et nos chambres législatives actuelles n'en ont avec nos anciens états-généraux.

royaumes de Naples et de Sicile. Les Pays-Bas lui accordèrent aussi un subside très-considérable; mais les Gantais ne voulurent pas lui en permettre la perception chez eux, et se révoltèrent. L'empereur quitta l'Espagne, et traversa la France, pour aller apaiser cette révolte. L'accueil qu'il reçut de François Ier, en traversant ses états, pouvait faire espérer que la bonne harmonie ne serait pas troublée de sitôt entre ces deux souverains. Espérance trompeuse qui devait être bientôt démentie !

Après avoir calmé la révolte de Gand, Charles parcourut l'Allemagne et se rendit en Italie d'où il tenta une expédition contre Alger (1541). Ses succès devant Tunis lui faisaient espérer les mêmes avantages sur cette autre partie du littoral Africain. Mais cette fois il échoua complètement, et il fut encore fort heureux de pouvoir gagner les côtes d'Espagne, après une navigation longue et périlleuse.

Il comptait s'y reposer pendant quelque temps, quand il apprit que la France lui déclarait la guerre, et que cinq armées formidables envahissaient ses états et ceux du duc de Savoie. Leurs opérations embrassaient l'Espagne, le Luxembourg, le Brabant, la Flandre et le Piémont. Charles après avoir mis l'Espagne en sûreté, et contracté alliance avec le Portugal et l'Angleterre, partit pour l'Allemagne. Cette campagne fut signalée par la bataille de Cérisolle, gagnée par les Français, et se termina par le traité de paix de Crespy (1545).

Charles-Quint passa le reste de son règne en Allemagne, où le retinrent les troubles occasionnés par le luthéranisme (1). Pendant qu'il était occupé de ces soins importans, Henri VIII et François Ier moururent. Henri II, successeur de François Ier, se ligua avec les protestans d'Allemagne ; le nouveau roi de France s'empara de Metz, Toul et Verdun, tandis que les protestans furent sur le point de faire prisonnier Charles-Quint, et le forcèrent à consentir la paix de Passaw. Charles, pour se venger du roi de France, vint, avec une armée de cent mille hommes, faire le siége de Metz, la plus importante conquête de Henri. Mais cette place fut si bien défendue par le duc de Guise, que l'empereur fut obligé de se retirer honteusement après avoir perdu plus du tiers de son armée.

ABDICATION DE CHARLES-QUINT.

La guerre continua pendant plusieurs années en Italie et sur les frontières des Pays-Bas, entre la France et l'empereur, avec des alternatives de bons et mauvais succès, lorsque Charles donna au monde le spectacle inattendu de son abdication. Il convoqua les états des Pays-Bas, à Bruxelles, pour le 23 octobre 1555, et là, en présence des princes de l'empire et des grands d'Espagne qu'il avait appelés à cette cérémonie, il céda à son fils Philippe, les Pays-Bas et la Franche-Comté. Le 6 janvier suivant (1556), il lui résigna les royaumes d'Espagne, de Naples et de Sicile, le Milanais, la Sardaigne et le Nouveau-Monde. Son dessein était de lui transmettre

---

(1) Voir nos illustrations de l'histoire d'Allemagne.

aussi la couronne impériale ; mais la résistance de son frère Ferdinand, déjà nommé roi des Romains, le détermina à la résigner à ce dernier.

Débarrassé des soins du gouvernement, il s'embarqua à Ruisbourg en Zélande, et arriva au port de Larido en Espagne. En débarquant, il se prosterna contre la terre qu'il baisa en disant : « Nu je suis » sorti du sein de ma mère, et nu je te retournerai, » toi mère commune du genre humain. » De Larido, il se rendit au monastère des hyéronimistes de Saint-Just en Estramadure, qu'il avait choisi pour sa retraite. Il y vécut encore deux ans, uniquement occupé de pratiques pieuses. Quelques jours avant sa mort il fit célébrer ses propres funérailles, comme s'il eût voulu, pendant qu'il en jouissait encore, renoncer à la vie comme il avait renoncé à l'empire. La fatigue ou l'émotion que lui causa cette triste cérémonie hâta sa fin. Il fut saisi de la fièvre, la nuit suivante, et il expira au bout de peu de jours, dans la cinquante-neuvième année de son âge, la quarante-troisième de son règne, en qualité de roi d'Espagne, la quarantième comme empereur (1).

On peut mettre ce prince au rang des plus grands rois qui aient gouverné le monde. Doué d'un génie vaste, actif, hardi, qui lui fit exécuter de grandes choses, Charles était brave dans les combats, profond dans les conseils, habile général et savant politique ; il connaissait bien les hommes, aussi sut-il employer

---

(1) Voir pour les détails de l'abdication de Charles-Quint, et de son séjour au monastère de Saint-Just, nos illustrations de l'histoire d'Allemagne.

les plus capables. Maître d'un empire quatre fois plus grand que celui de César, il rêvait encore, dit-on, l'assujettissement de tous les peuples chrétiens qui n'étaient pas soumis à sa domination. Si ce projet n'a pas réellement existé, son caractère et ses succès ont dû le faire craindre, car, à ses éminentes qualités, il joignait les défauts trop ordinaires aux grands politiques et aux grands conquérans. Souvent il se montra fourbe, dissimulé, peu scrupuleux sur ses promesses, lorsqu'il se trouvait intéressé à ne pas les tenir. Ces défauts étaient rendus plus odieux par la comparaison que faisaient ses contemporains de la franchise et de la loyauté de son rival François Ier.

Si le règne de Charles-Quint fut favorable à la grandeur de l'Espagne, il fut fatal à la liberté de ce royaume. Tout en tolérant le nom et la forme des cortès, Charles réduisit l'autorité de ce corps à une juridiction presque nulle, et la composa de telle manière qu'elle ressemblait plutôt à une réunion de vassaux de la couronne, qu'à une assemblée des représentans de la nation.

RÈGNE DE PHILIPPE II. — (1555—1598).

Quoique Charles-Quint eût échoué dans le projet de transmettre à son fils le sceptre impérial, PHILIPPE II, au moment de l'abdication de son père, n'en était pas moins le plus puissant monarque de son siècle. Il possédait les royaumes de Castille, d'Aragon, de Navarre, de Naples et de Sicile, le duché de Milan, la Franche-Comté et les Pays-Bas. Son autorité était reconnue à Tunis et à Oran, au cap Vert et aux îles

Canaries. Mais quelle que fût l'étendue de ses domaines d'Europe et d'Afrique, ils n'égalaient pas ses possessions dans le Nouveau-Monde. Là, des empires au lieu de provinces, avaient été ajoutés à la couronne d'Espagne, et fournissaient des sources inépuisables de richesses : l'immense produit des mines du Mexique, du Pérou, du Chili et du Potosi, refluait dans le sein du Guadalquivir ; et l'Espagnol pouvait s'écrier, dans la plénitude de sa joie et de son orgueil : « Qui » n'a pas vu Séville, n'a pas vu la merveille du » monde. »

Outre ces avantages, Philippe avait encore à ses ordres une armée de vétérans, renommée par la sévérité de sa discipline, et commandée par des officiers aguerris et accoutumés à la victoire, une flotte plus nombreuse que toutes celles des autres puissances de l'Europe réunies ; enfin un conseil composé d'hommes d'état versés dans les affaires, et habitués à toutes les intrigues de la diplomatie.

Le mariage qu'avait contracté Philippe, quelque temps avant l'abdication de son père, ajoutait encore à sa puissance. Il avait épousé Marie, reine d'Angleterre, et les forces de cette nation devaient encore s'ajouter à toutes celles dont il pouvait déjà disposer.

La médiation de Marie avait amené une trêve entre son mari et le roi de France Henri II. Cet armistice, connu sous le nom de trêves de Vauxelles, fut rompu par le roi de France qui, d'accord avec le pape Paul IV, voulait renouveler les prétentions de ses prédécesseurs sur le royaume de Naples. La guerre recommença en Italie et dans le nord de la France. Tandis que le duc d'Albe remportait de grands avantages au-delà des Alpes, Philippe entra en Picardie, mit le siége devant Saint-Quentin, et défit l'armée française que le connétable de Montmorency amenait au secours de cette place (10 août 1557). Cette victoire pouvait ouvrir au vainqueur la route de Paris. Cette ville s'attendait à chaque instant à voir arriver les Espagnols; mais Philippe trop circonspect, n'osa pas entrer dans l'intérieur de la France, avant d'avoir réduit en son pouvoir les places de la frontière. Pendant qu'il perdait le temps à faire le siége des villes fortes, Henri II, revenu d'un premier effroi, rappela d'Italie le duc de Guise, déjà célèbre par sa belle défense de Metz; bientôt les succès de Guise, qui reprit Calais et les places occupées par les Anglais depuis le règne d'Edouard III, amenèrent Philippe à recevoir les propositions de paix du roi de France. Les conférences s'ouvrirent d'abord à l'abbaye de Cercamp; puis elles furent interrompues par la mort de la reine d'Angleterre, enfin reprises et terminées par un traité de paix (1559), à Cateau-Cambresis. Par suite de ce traité, Henri II promit en mariage, sa fille aînée, Elisabeth, à Philippe II, veuf pour la seconde fois. (Il avait épousé en premières noces une princesse de Portugal, dont il avait un fils D. Carlos, à cette époque prince des Asturies).

Le duc d'Albec fut envoyé à Paris pour épouser la princesse française au nom de son maître. Dans un tournois donné, selon l'usage du temps, à l'occasion de ces noces, Henri II fut blessé mortellement en luttant contre le comte de Montgomery, capitaine de ses gardes.

PHILIPPE II VA EN ESPAGNE ET SE FIXE A MADRID.

La paix de Cateau-Cambresis permit enfin à Philippe de retourner en Espagne, qu'il n'avait pas encore visitée depuis son avènement à la couronne. A la hauteur de Larédo, une tempête violente dispersa sa flotte, et fit périr un grand nombre de bâtimens chargés de richesses précieuses, de statues et de tableaux d'Italie et de Flandre que Charles-Quint avait employé près de quarante ans à recueillir. Le vaisseau monté par le roi entra avec beaucoup de peine dans le port, le 29 août 1559. Philippe visita les cités les plus importantes de son royaume avant de se rendre à Madrid, où il était résolu de fixer sa résidence.

Charles-Quint pendant tout son règne n'avait cessé de parcourir ses vastes états, et n'avait jamais paru fixé nulle part. Philippe II au contraire, ne quitta plus son royaume, après son retour ; mais non moins ambitieux que son père, il voulut aussi s'assujétir l'Europe, non par la force des armes, comme avait paru vouloir le tenter Charles-Quint, mais par l'ascendant d'une politique adroite et raffinée, principale ressource de son génie. L'agitation de l'Angleterre et de la France, tourmentée par les guerres de religion, les dispositions pacifiques du pape, du duc de Savoie et des autres princes d'Italie, la déférence de l'empereur pour le chef de sa maison, pouvaient favoriser singulièrement l'exécution de ce plan. Ce grand projet et celui de mériter réellement le nom de roi catholique, en travaillant avec ardeur à la destruction de l'hérésie, furent dès lors les seules pensées qui occupèrent toute sa vie.

RÉVOLTE DES PAYS-BAS. — TYRANNIE DU DUC D'ALBE. — MORT DE D. CARLOS.

Sous lui, l'inquisition d'Espagne redoubla de zèle et d'ardeur dans les recherches et dans la punition des hérétiques, ou même de ceux qui étaient soupçonnés d'hérésie. Il voulut aussi établir cette institution dans les Pays-Bas; mais elle occasionna une révolte que tenta vainement d'apaiser la duchesse de Parme, sœur de Philippe, qu'il avait nommée gouvernante des Pays-Bas. Après avoir employé inutilement la douceur, les menaces, la force, la duchesse engagea son frère à venir lui-même dans les Pays-Bas, persuadée que sa présence suffirait pour y rétablir le calme. Mais Philippe y envoya le duc d'Albe avec un pouvoir illimité. La duchesse de Parme se retira alors en Italie.

Les rigueurs excessives du lieutenant de Philippe dans les Pays-Bas, les flots de sang qu'il fit répandre, et la tyrannie cruelle qu'il exerça, ont donné à ce ministre et au roi son maître, une triste célébrité. Les Flamands, poussés à la dernière extrémité, ne craignirent pas d'engager une lutte à mort avec leur puissant oppresseur, et, après quarante ans d'une guerre acharnée, les Pays-Bas parvinrent à secouer le joug de l'Espagne et à proclamer leur indépendance.

Avant de lever 'étendard de la révolte, les Flamands avaient voulu porter leurs plaintes au pied du trône, contre l'abus que le duc d'Albe faisait de son pouvoir. Mais Philippe approuva la conduite de son lieutenant, et l'encouragea à persévérer dans les voies de rigueur qu'il avait adoptées. Bientôt la scène tragique, qui se passa au sein même de la famille royale, apprit aux Flamands qu'ils n'avaient rien à espérer du caractère tyrannique et impitoyable de leur souverain.

D. Carlos, fils aîné du roi, prince des Asturies, né de sa première femme, Marie de Portugal, fut mis à mort secrètement par l'ordre de son père. La cause de cette mort tragique a été l'objet de plusieurs conjectures de la part des historiens. Les uns ont prétendu que le prince royal entretenait une correspondance avec les rebelles des Pays-Bas, et voulait se mettre à leur tête ; d'autres ont attribué sa mort à la jalousie de Philippe, qui avait épousé Elisabeth de France, destinée à D. Carlos, avant le traité de Cateau-Cambresis, et qui crut s'apercevoir que la reine aurait préféré son fils à lui-même. Pour appuyer cette conjecture, on a remarqué que cette princesse mourut peu de temps après, et l'on a prétendu que Philippe l'avait fait empoisonner. Du reste toutes ces conjectures n'offrent aucune certitude ; un voile épais couvrit aux yeux de l'Europe les causes de cet horrible événement, et c'est encore aujourd'hui une de ces énigmes historiques, dont le mot ne sera peut-être jamais trouvé.

RÉVOLTE DES MAURESQUES. — BATAILLE DE LÉPANTE.

Les descendans des Maures, restés dans les Alpuxarras, après la prise de Grenade, avaient pour la plupart embrassé la religion chrétienne, dans la crainte de se voir chassés de cet asile. On les accusa d'être revenus à leur ancien culte, et l'inquisition fut chargée de les poursuivre. Les Mauresques, comme on les appelait, se soulevèrent; ils se répandirent dans le royaume de Grenade, profanèrent les églises, massacrèrent les prêtres et les moines. On envoya contre eux des troupes, commandées par D. Juan d'Autriche, frère naturel de Philippe II. Ce jeune prince remporta sur eux un avantage décisif auprès d'Alméria, les poursuivit au sein de leurs montagnes, et les força de se soumettre.

Quelque temps après, D. Juan d'Autriche remporta la victoire la plus brillante du règne de Philippe II; car elle fut gagnée, non sur des sujets révoltés, mais sur les ennemis du nom chrétien. Le sultan Sélim II, fils du redoutable Soliman, après s'être emparé de l'île de Scio et de plusieurs places de la Dalmatie, menaçait d'envahir l'Italie. Le pape Pie V fit un appel aux princes Chrétiens; Venise et l'Espagne répondirent seules aux vœux du saint Père. Les escadres Espagnole, Vénitienne et Romaine, se réunirent dans le port de Messine, et s'avancèrent, sous les ordres de D. Juan d'Autriche, vers les côtes de la Livadie. Ils rencontrèrent la flotte Ottomane dans le golfe de Lépante; D. Juan donna aussitôt le signal de l'attaque, et le combat s'engagea de part et d'autre avec une ardeur égale. Enfin la valeur de D. Juan, qui s'empara du vaisseau amiral ennemi, fixa la victoire du côté des Chrétiens. Les Turcs perdirent, dans cette terrible bataille, trente mille hommes, et cent quatre-vingt galères. Jamais leur marine ne s'est relevée de ce désastre (1571).

INDÉPENDANCE DES PAYS-BAS.

La révolte des Pays-Bas un instant comprimée, s'était réveillée avec une nouvelle énergie. Le duc d'Albe fut rappelé, et remplacé par don Louis Requesens, grand commandeur de Castille. Ce nouveau gouverneur suivit un système entièrement opposé à celui de son prédécesseur. Mais les mécontens en étaient arrivés à un point d'exaspération, où la douceur n'était plus qu'un remède inutile, et qui ne servait qu'à leur donner plus d'audace. Requesens mourut : D. Juan fut nommé pour lui succéder. Un tel général à la tête des troupes espagnoles, alors les meilleures de l'Europe et les mieux disciplinées, ne pouvait que paraître très-redoutable aux insurgés des Pays-Bas. Ce héros remporta une victoire mémorable sur les rebelles commandés par le prince d'Orange, mais sa mort précipitée détruisit tout le fruit de ce succès. (1578).

En 1579, les provinces Walonnes (aujourd'hui la Belgique), se donnèrent à François, duc d'Alençon, frère de Henri III, roi de France; les états de Hollande, Zélande, Utrech, Zutpen et Gueldres, Over-Issel, Frise, Groningue, s'unirent à Utrech par un acte public. Leurs députés assemblés à la Haye, prononcèrent la déchéance du roi d'Espagne, comme souverain des Pays-Bas, pour avoir violé les priviléges des peuples : ils érigèrent l'état en république, et élurent pour chef le prince d'Orange, sous le nom de Stathouder. Ainsi fut fondée la république de Hollande, ou des Provinces-Unies, qui faible et pauvre dans ses commencemens, s'éleva avec une telle rapidité, qu'un demi-siècle après, elle disputait l'empire des mers à ses anciens maîtres.

RÉUNION DU PORTUGAL A L'ESPAGNE.

Au moment où Philippe II perdait les Pays-Bas, il acquérait un nouveau royaume. Sébastien roi, de Portugal, petit-fils et successeur de Jean III, fut tué dans une expédition qu'il avait tentée en Afrique contre le roi de Maroc. Comme il ne laissait point d'héritier direct, son grand-oncle, le cardinal Henri, archevêque d'Evora, frère de Jean III, monta sur le trône (1580). Son règne ne dura que dix-sept mois. Une foule de prétendans réclamèrent sa succession. C'étaient la duchesse de Bragance, Philippe d'Espagne, le duc de Savoie, et don Antonio de Crato, qui tous étaient petits-enfans d'Emmanuel-le-Grand, père de Henri ; d'autres encore se mettaient sur les rangs, tels que Raume-Farnèse, duc de Parme Catherine de Médicis, veuve de Henri II, roi de France, et jusqu'au pape Grégoire XIII, qui prétendait que le Portugal était feudataire du saint-siége apostolique.

La loi de primogéniture se trouvait favorable à Philippe II, et à la duchesse de Bragance. Celle-ci soutenait que son redoutable concurrent devait être écarté en vertu des lois fondamentales du royaume, qui excluaient les princes étrangers de la couronne. Philippe admettait ce principe relativement aux ducs de Parme et de Savoie, mais soutenait qu'il ne pouvait lui être opposé, le Portugal n'étant qu'un démembrement de la monarchie espagnole. Il soutint ses prétentions par le terrible argument d'une armée de trente-cinq mille vétérans, commandés par le redoutable duc d'Albe. Malgré ses menaces, les Portugais, qui désiraient conserver leur nationalité, et qui détestaient la tyrannie de Philippe II, proclamèrent pour leur roi, à Lisbonne, D. Antonio de Crato, l'un des prétendans. Mais deux batailles suffirent pour décider du sort du Portugal et d'Antonio; les Portugais furent défaits, la capitale se soumit, Antonio prit la fuite et se retira en France.

Philippe qui attendait, à Badajoz, l'issue de son entreprise, s'avança jusqu'à Elvas pour recevoir les hommages de ses nouveaux sujets. Le duc de Bragance et le duc de Barcelos, son fils, vinrent le saluer à la tête des grands. Il convoqua ensuite à Tommar une assemblée générale de la nation, dans laquelle il fit solennellement confirmer son autorité. L'exemple de la mère-patrie fut suivi par les riches colonies qui appartenaient à la couronne de Portugal, en Afrique ou aux Indes. Les Açores seules résistèrent quelque temps, mais elles furent bientôt soumises par le marquis de Santa-Crux. C'est surtout après l'accroissement que donnait à l'Espagne la réunion du Portugal et de ses colonies, que l'on pouvait dire avec vérité que jamais le soleil ne se couchait sur les possessions des monarques espagnols.

L'INVINCIBLE ARMADA.

Philippe II, malgré l'augmentation de sa puissance, ne pouvait parvenir à soumettre les Pays-Bas. Se voyant dans l'impossibilité de triompher de Guillaume, prince d'Orange, par la force des armes, il promit une récompense à celui qui l'assassinerait. Cet appel fait au crime fut entendu, et le Stathouder fut tué d'un coup de pistolet par Balthasar Gérard. Les Hollandais déférèrent le Stathoudicat à Maurice de Nassau, fils de Guillaume, jeune homme plus remarquable encore par ses brillantes qualités que par sa haute naissance. Maurice lutta avec courage et quelquefois avec succès, contre le duc de Parme, commandant de l'armée espagnole, dans les Pays-Bas.

Cependant la nouvelle république, épuisée par ses propres efforts, allait finir par succomber. Elle implora l'appui d'Elisabeth, reine d'Angleterre, et sa demande fut entendue. Des armateurs anglais parcoururent les mers du Sud, et portèrent le ravage dans les colonies espagnoles. Les plaintes des négocians espagnols, ne furent pas écoutées de l'Angleterre, et la reine ajouta bientôt à ces griefs en envoyant des secours aux confédérés des Pays-Bas.

Ces motifs pouvaient être suffisans pour déclarer la guerre; mais Philippe tira encore parti d'une circonstance odieuse dans la vie d'Elisabeth, la mort de l'infortunée Marie-Stuart, pour légitimer son attaque, et paraître ne s'armer que pour venger une reine innocente et l'honneur de tous les trônes. L'ambition animait en outre le zèle de Philippe : Sixte-Quint, en excommuniant Elisabeth, offrit au roi catholique les royaumes d'Angleterre et d'Irlande, comme fiefs du Saint-Siége ; enfin Marie-Stuart elle-même avait, disait-on, désigné Philippe pour son successeur au trône d'Ecosse.

Un projet aussi vaste présentait d'immenses difficultés. Philippe avait tout calculé. Il fit construire dans tous les ports de sa domination, en Sicile, à Naples, en Espagne et en Portugal, des vaisseaux d'une capacité extraordinaire. On les équipa avec beaucoup d'activité, et l'on y fit embarquer une armée nombreuse et aguerrie. Cette flotte, la plus nombreuse qui eut encore paru sur l'Océan, était composée de près de deux cents gros vaisseaux, sans compter les bâtimens légers, et elle portait quarante mille hommes de débarquement. La force prodigieuse de cet armement, auquel rien ne paraissait devoir résister, lui fit donner le nom d'*invincible Armada*.

La flotte, sortie du port de Lisbonne, éprouva d'abord une violente tempête à la hauteur du cap Finistère. Elle parvint enfin dans la Manche, mais assaillie par les vents contraires, et par les nombreux et légers bâtimens anglais et hollandais, elle fut dispersée ; un violent orage acheva de la ruiner à la hauteur des Orcades. Ainsi se termina cette malheuheureuse expédition, dans laquelle l'Espagne perdit soixante-deux navires, et plus de vingt mille hommes, et pour laquelle elle avait prodigué les trésors des deux mondes. Cet événement mortifia singulièrement Philippe, mais il fut assez maître de sa personne pour n'en pas témoigner de trop vifs regrets. Il se contenta de dire, en apprenant cette nouvelle : « J'avais » envoyé une flotte pour combattre les Anglais, mais » non pas les élémens ; Dieu en soit loué ! » Il ordonna ensuite de secourir les malheureux, et récompensa ceux qui s'étaient le plus distingués dans cette expédition (1588).

TENTATIVE DE PHILIPPE II, POUR S'EMPARER DE LA COURONNE DE FRANCE. — SA MORT.

Après avoir échoué dans ses projets sur l'Angleterre, Philippe eut un instant l'espoir de placer sur sa tête la couronne de France. Après la mort du dernier des Valois, Henri III, le trône appartenait de droit à la famille des Bourbons, dont le chef Henri, était déjà roi de Navarre. Mais l'attachement de ce prince à la religion protestante, fut un obstacle ou un prétexte employé par les ligueurs, pour le repousser. Ce fut alors que Philippe II fit valoir ses prétentions, comme gendre de Henri II, et beau-frère des trois derniers rois. Une armée et des sommes considérables furent employées pour obtenir les suffrages des états-généraux convoqués par les ligueurs. L'abjuration de Henri IV, et le succès de ses armes détruisit toutes les menées de l'Espagne. Cependant la guerre subsista encore quelque temps entre la

France et l'Espagne ; elle fut terminée enfin par la paix de Vervins, 2 mai 1598. Philippe mourut cette même année, le 13 septembre, à l'âge de soixante-douze ans.

Son règne est moins brillant que celui de son prédécesseur ; mais son habileté, sa prévoyance, conservèrent à l'Espagne l'ascendant qu'elle avait pris parmi les nations chrétiennes depuis le mariaga d'Isabelle et de Ferdinand-le-Catholique. Plus jaloux d'inspirer de la crainte que de l'amour à ses sujets, il ne gouverna que par la terreur. Il favorisa cependant les lettres et les arts, et, pendant son règne, la Péninsule parvint au plus haut point de sa gloire littéraire, et posséda les plus célèbres artistes de l'Europe.

PHILIPPE III. (1598-1621). — DÉCADENCE DE L'ESPAGNE.

Depuis un siècle l'Espagne n'avait fait qu'accroître sa puissance et étendre sa domination ; elle va maintenant subir le sort de tous les grands empires, et s'écrouler sous le poids de sa trop vaste étendue.

Déjà les symptômes de cette décadence s'étaient fait remarquer dès le règne de Philippe II. La découverte de l'Amérique avait été plus fatale qu'avantageuse à l'Espagne. La population de la Péninsule, c'est-à-dire la véritable force de l'état, avait éprouvé une notable diminution. Les Espagnols, attirés par l'appât des richesses, s'étaient précipités en foule dans le nouveau monde ; ils avaient voulu occuper une trop vaste étendue de pays ; il leur fallut soutenir de longues guerres, et ils dépeuplèrent ainsi les états qu'ils possédaient en Europe, pour aller s'engloutir dans les immenses contrées des Indes-Occidentales.

Le luxe qui marche à la suite d'une abondance excessive, sortit des mines du Mexique et du Pérou; il vint en Espagne corrompre les mœurs des Espagnols; il éblouit les peuples par l'éclat de fortunes rapides. Les hommes qui avaient de l'énergie, de l'activité, de la force, dédaignèrent alors les ressources trop lentes du travail et de l'économie; ils abandonnèrent la culture des terres, leurs professions, leurs états, où ils vivaient dans une paisible médiocrité, pour aller à travers les dangers, dans des climats éloignés, au milieu des feux de la guerre, arracher aux malheureux Indiens leur or et leur argent. Ceux en petit nombre qui échappaient aux naufrages, aux maladies, aux dangers des combats, venaient étaler en Espagne des richesses immenses qu'ils dissipaient avec une profusion sans bornes.

Les étrangers s'empressèrent d'aller porter leur industrie en Espagne; ils se rendirent nécessaires aux riches, ils leur vendirent chèrement leurs travaux et leurs talens, et recueillirent ainsi la plus grande partie des trésors de l'Amérique.

Les rois d'Espagne dissipèrent dans des guerres longues et presque continuelles les richesses du Nouveau-Monde, qui ne pouvaient même suffire à leurs dépenses; ils achevèrent de dépeupler leurs états déjà épuisés par des émigrations abondantes et continuelles.

Loin donc que l'or de l'Amérique enrichit l'Espagne, il y apporta au contraire la stérilité. Les besoins de la vie devinrent plus difficiles à satisfaire; l'abondance du numéraire mit un plus grand prix aux denrées. Les ouvriers et les laboureurs étaient devenus soldats, et les étrangers tenaient l'Espagne dans une sorte de dépendance.

LE DUC DE LERME ET CALDERON.

Telle était la situation de l'Espagne quand Philippe III monta sur le trône. C'était un prince doux, pieux, équitable, humain; mais insouciant, mou, incapable de s'appliquer à rien de sérieux, sans caractère, sans passions, sans jugement. Ne pouvant s'occuper lui-même des affaires, il abandonna les rênes de l'état à don François Roscas de Sandoval, marquis de Denia, duc de Lerme, son favori. Cet homme, doué de tous les avantages qui forment un courtisan accompli, était loin de posséder au même degré les qualités d'un bon administrateur. Il se débarrassa du fardeau des affaires entre les mains de Rodrigue Calderon, son secrétaire, homme médiocre, fils d'un pauvre soldat, créé marquis de Sept-Eglises, puis comte d'Oliva. Une administration si vicieuse ne pouvait avoir que des conséquences funestes.

RECONNAISSANCE DES PROVINCES-UNIES. — EXPULSION DÉFINITIVE DES MAURES.

La guerre des Pays-Bas n'offrit plus que des revers. L'archiduc Albert, qui en était chargé, quoique doué de talens militaires, ne put conserver les places conquises dans la Hollande. Contraint de se replier dans la Flandre, il y fut suivi par Maurice de Nassau, qui gagna sur lui la mémorable bataille de Nieuport (1600). Albert reprit Ostende, tombée au pouvoir de Maurice; ce fut là le dernier avantage remporté par les troupes espagnoles. Battu dans toutes les rencontres, l'archiduc n'osait plus se flatter de reprendre sa supériorité, il engagea le premier ministre à transiger avec les états de Hollande. Des négociations furent entamées non sans quelque difficulté. Enfin, une éclatante victoire gagnée par les Hollandais dans la baie de Gibraltar, leva tous les obstacles. On conclut à la Haye, une trève de douze ans, qui assurait l'indépendance des sept Provinces-Unies, et garantisssait la liberté de leur commerce dans les Indes et dans l'Amérique (1609).

L'indépendance des Provinces-Unies porta un coup fatal à la réputation de la monarchie Espagnole, depuis si long-temps accoutumée à dicter des lois à ses ennemis. La fierté des nobles Castillans se trouva fortement humiliée des concessions que les Provinces-Unies avaient obtenues de leur souverain. En vain pour cacher la faiblesse de leur patrie, ils déclamèrent contre la conduite des ministres, les symptômes de décadence étaient trop apparens pour que l'on pût s'y tromper. Cette vaste monarchie, naguère si florissante, se trouvait alors dans une situation déplorable. Le trésor était épuisé, et la milice qu'on n'avait plus moyen de soudoyer, refusait ses services. La marine tombait, le commerce était anéanti, l'agriculture délaissée. Qui le croirait? de tant d'or apporté du Mexique, du Pérou, du Chili, il n'en restait pas dans le trésor de quoi satisfaire aux besoins les plus urgens du service. Le duc de Lerme établit de nouveaux impôts; mais voyant qu'ils étaient insuffisans, il imagina de donner, par un édit, à la monnaie de cuivre, la valeur de celle d'argent. Une pareille mesure eut les résultats les plus désastreux, et acheva d'appauvrir l'Espagne. Les nations voisines inondèrent l'Espagne de fausse monnaie de cuivre, et lui enlevèrent en retour le peu qui lui restait d'espèces frappées avec les précieux métaux importés d'Amérique.

Dans des circonstances aussi critiques, le ministre eut encore l'ineptie de priver l'Espagne d'une multitude de sujets laborieux. Les Mauresques cultivaient paisiblement les terres concédées à leurs ancêtres; ils soutenaient des manufactures, faisaient fleurir les arts mécaniques. C'étaient les seuls habitans de l'Espagne qui eussent encore conservé le goût du travail. Ils étaient laborieux, frugales, industrieux. Tandis que les villages de la Castille et de l'Andalousie devenaient déserts, et tombaient presque en ruine, ceux des Mauresques étaient presque aussi populeux que florissans. On les accusa de rester attachés à la religion de Mahomet, et de n'avoir embrassé qu'en apparence la religion chrétienne; et sans chercher à vérifier ces accusations, ou s'occuper si elles étaient vraies, de moyens propres à les ramener à la foi, un décret les obligea sous peine de mort, à partir, dans le délai de trois jours, pour divers ports, où les attendaient des vaissaux destinés à les transporter en pays étrangers. Cette mesure impolitique priva l'Espagne de près de six cent mille de ses plus laborieux habitans.

Tandis que l'Espagne s'affaiblissait de jour en jour sous un roi et sous un ministre également incapables, la France au contraire réparait ses pertes, relevait son commerce, garnissait ses arsenaux, creusait des ports, lançait des vaisseaux en mers, et cependant les coffres de l'état se remplissaient, et le peuple n'était pas accablé d'impôts immodérés. Mais la France au lieu d'un Philippe III, avait pour roi un Henri IV, et Henri, au lieu d'un duc de Lerme, avait pour ministre un Sully. Le roi de France pensait que le moment était venu d'abaisser l'orgueil de la maison d'Autriche, et d'empêcher l'Espagne d'intervenir désormais dans les affaires intérieures de la France. Déjà ses préparatifs étaient faits lorsqu'il tomba assassiné sous le poignard de Ravaillac (1610). Marie Médicis, sa veuve, suivit un système tout opposé. Elle s'unit à l'Espagne par la promesse du double mariage de Philippe, prince des Asturies, fils aîné du roi, avec Elisabeth, fille de Henri IV, et d'Anne d'Autriche, fille de Philippe III, avec le nouveau roi de France Louis XIII.

Le reste du règne de Philippe III offre peu d'intérêt. Le duc de Lerme, depuis long-temps en but à la jalousie des grands, à la tête desquels était son propre fils, don Christophe de Sandoval, duc d'Uzéda, chercha à gagner les bonnes grâces du prince des Asturies. Il espérait ainsi prolonger sa faveur au-delà du règne actuel, et conserver toute son influence sous le règne suivant. Mais ces intrigues furent découvertes, et Philippe III disgrâcia son ministre. La chute du duc de Lerme entraîna celle de Calderon. On reprochait à celui-ci son faste, son orgueil, ses immenses richesses, fruit, disait-on, de ses malversations. On lui imputait des crimes atroces de tout genre. Ces accusations étaient évidemment exagérées, il n'en fut pas moins arrêté par ordre du roi, conduit en prison à Valladolid, d'où il ne sortit que deux ans après, au commencement du nouveau règne, que pour monter sur l'échafaud.

Le duc d'Uzéda remplaça son père dans la faveur de Philippe ; ce nouveau ministre, parvenu à la puissance par des moyens peu honorables, montra peut-être plus de talent pour l'intrigue que son père, mais il ne montra pas plus de capacité dans l'art de gouverner.

Philippe III mourut victime de l'étiquette. Au sortir d'une maladie, il se trouvait un jour d'hiver dans la chambre du conseil. La vapeur d'un brasier ardent l'ayant incommodé, le roi demanda qu'on retirât le feu. L'officier chargé de cette commission, était absent, personne n'osa remplir son emploi. Tandis qu'on était allé le chercher, le roi se trouva de plus en plus souffrant. Il fallut le transporter à demi-asphyxié sur son lit, où il mourut quelques heures après (31 mars 1621).

PHILIPPE IV. (1621-1665). — LE DUC D'OLIVARÈS.

Philippe IV monta sur le trône à l'âge de seize ans. Son génie différait peu de celui de son père. Il donna toute sa confiance et l'administration absolue des affaires à Gaspard de Guzman, comte d'Olivarès, son favori, jeune, ambitieux, habile politique, méditant les plus grands projets, mais cependant manquant de talens nécessaires pour les amener à une parfaite exécution. Le nouveau ministre aspirait à la gloire de rendre à l'Espagne son luxe et sa grandeur. La trève avec les Hollandais venait d'expirer. Olivarès se dispose aussitôt à les attaquer. Il donna ordre au marquis de Spinola, qui commandait l'armée espagnole, de recommencer les hostilités. Ce général assiégea sans succès Berg-Opzoom ; mais il se rendit maître de Breda. Les flottes hollandaises furent battues sur les côtes d'Espagne, mais elles remportèrent une grande victoire sur les côtes du Pérou, près de Lima. Cette riche cité fut pillée, et les vainqueurs firent un immense butin.

Olivarès aspirait ouvertement à établir l'autorité de la maison d'Autriche, sur tous les peuples de l'Europe. Pour augmenter les possessions de l'Espagne en Italie, il voulut incorporer la Valtéline au Milanais ; mais la France, le duc de Savoie et les Vénitiens s'y opposèrent.

Richelieu, alors ministre de Louis XIII, n'était pas homme à laisser paisiblement le comte d'Olivarès suivre ses projets. Le cardinal français reprit les plans de la politique de Henri IV, abandonnée après sa mort, et tendant à abaisser la maison d'Autriche. Il se ligua avec la Hollande et les princes protestans d'Allemagne, dans cette célèbre guerre de trente ans, qui fut si fatale à la branche cadette de la maison d'Autriche (1). La guerre entre la France et l'Espagne se fit en Italie, en Franche-Comté, et dans la Flandre, avec des succès variés.

RÉVOLTE DE LA CATALOGNE.

Pour subvenir aux dépenses excessives de la guerre, Olivarès multipliait les impôts. Les provinces de l'ancien royaume de Castille, acquittaient sans murmurer toutes ces taxes. Mais la Catalogne, jalouse de ses priviléges, refusa de rien ajouter au don gratuit ordinaire. Le roi se rendit à Barcelone, dans l'espoir de vaincre cette obstination. Au milieu de l'assemblée des états, le duc de Cordoue fut frappé d'un coup de poignard, parce qu'il engageait les Catalans à payer le tribut qu'on leur demandait. Philippe IV se retira avec indignation; la Catalogne fit un crime à Olivarès de ce départ précipité (1626).

Mais ce premier mouvement n'était rien en comparaison de la révolte qui éclata plus tard (1640), quand, malgré leurs remontrances, le roi ordonna à six mille Catalans de partir pour l'Italie, et mit sur la province une imposition proportionnée à ses richesses. Deux députés de Barcelonne, l'un chanoine et l'autre gentilhomme, furent envoyés à la cour où ils firent des représentations menaçantes au roi et au ministre. Ils furent arrêtés. A cette nouvelle, Barcelonne donne le signal de la révolte. Les habitans de la plupart des villes de la Catalogne, massacrent

---

(1) Voir les détails de cette guerre dans nos illustrations de l'histoire d'Allemagne.

les Castillans. Le marquis de Sainte-Colombe, vice-roi, au moment où il veut s'embarquer, est assassiné.

Après de tels actes de révolte, les Catalans qui connaissaient le caractère du comte-duc (c'était ainsi qu'on appelait Olivarès), pensant bien qu'ils n'avaient point de pardon à espérer, se déclarèrent indépendans, et des rives de la Méditerranée jusqu'aux confins de l'Aragon, ils firent entendre ce cri : *La liberté ou la mort.*

Pour ramener cette province à l'obéissance, Olivarès y envoya une armée de trente mille hommes, commandée par le marquis de Los-Velès, excellent officier, d'autant plus détesté des Catalans, qu'il était Catalan lui-même, et qu'il se chargeait d'exécuter les ordres du comte-duc. Les Catalans résistèrent avec opiniâtreté, et prolongèrent long-temps la guerre civile. Chacun des deux partis éprouva des fortunes diverses, et souilla ses victoires, comme c'est l'usage dans ces sortes de guerres, par d'excessives cruautés.

RÉVOLUTION DU PORTUGAL.

Tandis que la Catalogne était en feu, une autre nation, placée à l'autre extrémité de la Péninsule, secouait aussi le joug de l'Espagne. Le Portugal autrefois si florissant, languissait depuis son union avec l'Espagne. Cette nation n'attendait que l'occasion de rompre ses fers. Elle voyait avec indignation le despotisme avec lequel elle était gouvernée ; elle gémissait sur l'anéantissement de son commerce, sur la perte de ses possessions dans les Indes-Orientales; sur son humiliation, qu'augmentait encore la haine nationale, et la rigueur et les exactions du gouvernement de Michel Vasconcellos, Portugais, mais créature du comte-duc, et qui, sous le titre de secrétaire d'état, opprimait sa patrie. Les guerres civiles et étrangères dans lesquelles l'Espagne était engagée, parurent offrir aux Portugais une occasion favorable. Enfin une conspiration, préparée pendant trois ans dans le plus grand silence, éclata le 3 décembre 1640. Vasconcellos fut massacré, et le duc de Bragance, proclamé roi sous le nom de Jean IV (1).

Toute l'Europe était instruite de l'étonnante et heureuse révolution de Portugal, et Philippe IV, que ce grand événement touchait de si près, l'ignorait encore. Olivarès vint l'en informer en affectant un air de gaîté qui ne lui était pas ordinaire : « Seigneur, dit-il, en abordant le roi, j'apporte à » votre majesté une bonne nouvelle; le duc de » Bragance a eu la folie de se faire proclamer roi de » Portugal ; son imprudence vous vaudra une con- » fiscation de douze millions. » Le roi se contenta de répondre gravement : « Il faut y mettre ordre », et ne dérangea rien à ses amusemens ordinaires.

DISGRACE D'OLIVARÈS.

Le comte-duc tenta vainement de recouvrer le Portugal, par la force des armes, et en employant

---

(1) Voir à la suite les illustrations de l'histoire du Portugal.

la voie plus déloyale de la trahison. La Catalogne refusa également de se soumettre, mais après s'être constituée en république, craignant de ne pouvoir résister seule aux forces de l'Espagne, elle se donna à la France. Richelieu envoya aussitôt des troupes qui s'emparèrent du Roussillon, et occupèrent les places fortes de la Catalogne. D'autres provinces se soulevaient également, et menaçaient de se séparer de l'Espagne, quand les ennemis du comte-duc, ayant à leur tête la reine et les grands, obtinrent du roi l'éloignement de ce favori, que l'on signalait comme l'auteur de tous les malheurs publics. Olivarès fut relégué à Toro, où il mourut deux ans après, d'ennui et de chagrin (1642).

Tandis que l'Espagne était occupée des révolutions de la Catalogne et du Portugal, Louis XIII et Richelieu moururent. La minorité du nouveau roi de France, Louis XIV, à peine âgé de cinq ans, sous la tutelle d'Anne d'Autriche, semblait offrir à l'Espagne une occasion favorable de poursuivre la guerre avec succès. Les troupes espagnoles qui se trouvaient dans les Pays-Bas, pénétrèrent en Champagne, sous les ordres du duc de Fuentès, assiégèrent Rocroy, et répandirent la terreur dans toute la contrée; mais le jeune duc d'Enghien, fils du prince de Condé, accourut bientôt, les attaqua, les défit, et les obligea de se retirer en Flandre (1643).

TRAITÉ DE WESTPHALIE. — TRAITÉ DES PYRÉNÉES.

En 1448, Philippe IV conclut avec les Provinces-Unies, un traité par lequel il reconnaissait leur indépendance, et leur rendait toutes ses conquêtes. A la même époque, la France signa, avec les puissances belligérantes, le fameux traité de Westphalie, qui fixa le sort de l'empire Germanique, de la France et des autres états. Philippe refusa de donner son consentement à ce traité, par lequel il était gravement lésé ; et quoiqu'il se vit seul avec un royaume dans l'épuisement, il continua de faire une guerre active à la France. La guerre civile qui désolait alors celle-ci, et qui est connue sous le nom de *la Fronde*, fut tellement favorable aux armes espagnoles, qu'elles se firent respecter dans l'Italie, la Flandre, le Roussillon et la Catalogne. Le duc d'Enghien, alors prince de Condé, guerrier célèbre, à qui des victoires signalées ont fait donner le surnom de *Grand*, devenu l'ennemi du cardinal Mazarin, successeur de Richelieu, passa au service d'Espagne. Réunissant ses talens militaires à ceux de D. Juan d'Autriche, il contribua si souvent à l'affaiblissement des Français dans des occasions importantes, qu'il les aurait réduits au dernier état de détresse, si son intrépidité et son courage n'eussent rencontré dans le maréchal de Turenne un digne adversaire. Ce fut dans ces circonstances, que Mazarin demanda la paix à Philippe IV, en proposant un mariage entre l'infante Marie-Thérèse et Louis XIV. Le roi d'Espagne rejeta d'abord cette demande, parce que n'ayant pas d'héritier mâle, il craignait que sa couronne ne passât à la France. Mais la naissance d'un fils lui ayant ôté cette crainte, il consentit à l'alliance proposée.

Don Louis de Haro, neveu, et successeur au

ministère du comte-duc d'Olivarès, et le cardinal Mazarin, s'abouchèrent dans l'île des Faisans, formée par la rivière de la Bidassoa, à la frontière des deux royaumes. Ils y conférèrent, pendant trois mois, des moyens de rétablir l'harmonie entre les deux royaumes. Enfin, l'alliance fut conclue, moyennant une dot de cinq cent mille écus d'or au soleil, et la nomination de Marie-Thérèse aux droits qu'elle pourrait avoir un jour à la succession de son père. L'Espagne restitua toutes ses conquêtes; la France conserva le Roussillon, le Conflant, la majeure partie de l'Artois, avec des places dans la Flandre, le Hainaut et le duché de Luxembourg (1659).

Don Louis de Haro mourut peu de temps après cette négociation. C'était le seul homme capable de relever la monarchie Espagnole. De ce moment elle ne fit plus que décliner de plus en plus.

Après le traité des Pyrénées, le règne de Philippe se prolongea cinq années, pendant lesquelles l'Espagne fut encore condamnée à gémir sous le fléau de la guerre. La cour de Madrid ne pouvait pas se résoudre à renoncer à l'espoir de reprendre le Portugal. Don Juan d'Autriche fut chargé de cette entreprise. Il eut d'abord quelques succès; mais la régente de Portugal ayant appelé l'Angleterre et la France à son secours, en reçut quelques renforts, qui lui permirent de tenir tête aux troupes espagnoles. Don Juan fut vaincu près d'Estrémos; les Portugais, enflés de leur victoire, pénétrèrent en Espagne et emportèrent Valence d'Alcantara.

Le commandement de l'armée espagnole fut ôté

à D. Juan, et donné au marquis de Caracèna. Ce nouveau général, désirant venger l'affront qu'avaient essuyé les armes espagnoles à Estrêmos, hasarda une bataille décisive dans la plaine de Montes-Claros, près de Villaviciosa. La fortune trahit son courage. Dix mille Castillans périrent dans cette fatale journée; quatre mille furent pris, avec l'artillerie, le bagage et la caisse militaire. On peut dire que c'est à ce triomphe mémorable que la maison de Bragance doit la souveraineté du Portugal : dès lors, l'Espagne ne fut plus en état de soutenir ses prétentions, et elle finit par reconnaître l'indépendance d'un pays qu'elle traitait de province rebelle.

La perte de la bataille de Villaviciosa, causa à Philippe un chagrin mortel. La douleur qu'il éprouva, jointe à quelques infirmités, avança le terme de ses jours. Il mourut le 17 septembre 1665, à l'âge de soixante ans, après en avoir régné quarante-quatre. Il n'était pas dépourvu de talens ni de vertus; mais sa négligence, sa mollesse, son goût pour les plaisirs accrurent les vices déjà si nombreux de l'administration, et préparèrent les malheurs du règne suivant.

CHARLES II. (1665-1700).

CHARLES II était à peine âgé de quatre ans, à la mort de son père. Par son testament, le roi défunt avait chargé de la régence, Marie-Anne d'Autriche, reine-mère, sous la direction d'un conseil ou junte, composé du président de Castille, du président d'Aragon, de l'archevêque de Tolède, de l'inquisiteur général, d'un grand d'Espagne et d'un conseiller d'état.

Mais l'opinion publique fut mécontente de ne pas voir siéger dans le conseil de régence, don Juan d'Autriche, qui, par ses qualités, son mérite, aurait dû y tenir la première place. La reine douairière, bien loin de réparer cet oubli, éloigna du gouvernement tous les membres de la junte, et confia l'exercice de toute l'autorité au père Everard Nithard, son confesseur, jésuite allemand, qu'elle nomma grand inquisiteur et conseiller d'état.

Don Juan, qui aspirait lui-même à gouverner, voulait faire éloigner ce ministre. Celui-ci le retint dans l'exil. Leurs querelles divisèrent la cour, et occasionnèrent ces troubles si ordinaires pendant les minorités, surtout en Espagne. Ces intrigues occupèrent tout le temps de la minorité de Charles II. Louis XIV profita de ces désordres pour réclamer, du chef de sa femme, le Brabant, la Flandre et la Franche-Comté. On lui objectait les renonciations de l'infante, mais il répondait que le défaut de paiement de sa dot les rendait nulles. Et pour appuyer ses réclamations, il envahit les trois provinces avec trois puissantes armées. Les Hollandais, alarmés de l'ambition de Louis XIV, se liguent avec l'Angleterre et la Suède pour la modérer. Louis détourna cet orage en proposant lui-même la paix à l'Espagne. Elle se conclut à Aix-la-Chapelle, sous la médiation du pape Clément IX. Le roi de France retint les villes qu'il avait conquises dans les Pays-Bas, il restitua la Franche-Comté et confirma la renonciation de Marie-Thérèse.

Quelques années après, Louis XIV, mécontent

des Hollandais, qui se flattaient d'avoir borné ses conquêtes, résolut d'humilier leur orgueil. Il leur déclara la guerre, et en moins de trois mois, il subjugua la plus grande partie des Provinces-Unies. Ses succès réveillèrent l'attention de l'Europe. L'empereur Léopold, le roi de Danemarck, et presque toute l'Allemagne armèrent en leur faveur. L'Espagne les soutint, sans oser se déclarer ouvertement. Cette coalition arrêta Louis XIV; il fut obligé d'abandonner ses conquêtes, à l'exception de Maëstricht et de Grave. Mais pour se dédommager, il se jeta une seconde fois sur la Franche-Comté, s'en empara, et dès lors cette province est restée à la France. (1674).

Tandis que l'Espagne perdait ainsi ses provinces d'Europe, sans pouvoir les défendre, ses possessions d'Amérique étaient insultées, désolées, ravagées par des aventuriers connus sous le nom de Flibustiers ou Boucaniers. Maracaïbo, San-Pédro, Porto-Bello, tombèrent en leur pouvoir, ou ne se rachetèrent du pillage qu'en payant des sommes énormes.

Tant de calamités ne pouvaient tirer le gouvernement espagnol de sa léthargie. Valenzuéla, qui avait remplacé le père Nithard dans la faveur de la reine, bornait ses occupations à amuser le peuple de Madrid par des fêtes, des combats de taureaux, des jeux de cannes; il faisait représenter des comédies de sa composition, et dissipait les revenus de l'état pour fournir à ces inutiles dépenses.

Une affreuse licence régnait dans la capitale. Les vols, les assassinats y étaient fréquens. On ne pouvait plus sortir la nuit sans danger. La régente défendit, sous peine de mort, de paraître dans les rues avec des armes à feu. Ce rigoureux édit ne remédia à rien. On fut forcé de le laisser sans exécution, et cette faiblesse acheva de faire tomber l'autorité royale dans le mépris. L'administration des provinces était totalement négligée. Quelques-unes gémissaient sous l'oppression de leurs gouvernemens. On n'avait aucun égard à leurs plaintes. Cette conduite, non moins injuste qu'impolitique, amena la révolte de Messine, qui, fatiguée de réclamer sans succès l'appui de leur souverain, contre les violences de ses officiers, se mit sous la protection de la France (1).

MAJORITÉ DU ROI.

Dès que le roi eut atteint sa quinzième année, la scène changea d'aspect. Don Juan d'Autriche fut appelé au ministère, la reine exilée à Tolède, Valenzuéla, arrêté, dépossédé de sa dignité et envoyé aux îles Philippines.

Le nouveau système de gouvernement aurait peut-être rétabli l'ordre et la tranquillité, si don Juan avait vécu. Bientôt sa mort laissa les affaires entre les mains de Charles II, homme d'une complexion débile, d'une âme faible et pusillanime. Tout devait empirer sous un gouvernement sans énergie : la reine même fut rappelée à la cour, et quoiqu'elle ne prît aucune part aux affaires, sa présence inspira la défiance.

---

(1) Laffon-Saint-Marc, tableau d'Espagne.

LIGUE D'AUGSBOURG. — PAIX DE RISWICK.

En 1687, les puissances européennes, excitées par Guillaume de Nassau, prince d'Orange, formèrent une ligue contre Louis XIV. Le but de cette ligue, qui fut conclue à Augsbourg, était de détrôner le roi d'Angleterre Jacques II, ce fidèle allié de la France, et de mettre à sa place son gendre Guillaume de Nassau; puis d'enlever à Louis XIV toutes les conquêtes que lui avait laissées le traité de Nimègue, afin de les rendre à leurs premiers propriétaires. L'Espagne s'empressa d'accéder à la coalition dans l'espoir de recouvrer les belles provinces que la nécessité l'avait forcée de céder à Louis XIV. Une partie seulement du plan de la ligue put s'accomplir. Guillaume détrôna son beau-père et le remplaça; mais Louis actif et belliqueux prévint ses ennemis sur le Rhin. L'Espagne, obligée de faire face à ses armées sur plusieurs points différens, acheva de s'épuiser. Pendant huit années consécutives qu'elle soutint la guerre, elle n'eut l'avantage que dans deux combats insignifians. En Flandre elle perdit les batailles de Fleurus, de Leuse, de Steinkerque; en Italie celles de Staffarda et de Marseille; et en Catalogne celles de Ter et de Barcelonne. Les conséquences funestes et naturelles de tant de malheurs furent la perte d'Urgel, Belver, Roses, Palamos, Gérone, Ostalric et Barcelonne, dans la Catalogne; Luxembourg, Mons, Charleroy et Namur, dans les Pays-Bas; la conquête et le pillage du port de Carthagène des Indes. Enfin les alliés, se voyant trop éloignés de pouvoir réaliser leurs projets, se fatiguèrent d'une guerre qui n'avait d'autre résultat que de procurer plus de gloire et de puissance à la France. D'un autre côté Louis XIV, qui avait des vues sur la succession de l'Espagne, voulait conclure la paix avant la mort de Charles II, que la faiblesse de sa constitution et ses maladies continuelles semblaient rendre prochaine; il fit à l'Espagne des propositions de paix, offrant de lui restituer la plus grande partie de ses conquêtes. La paix fut signée à Riswich. L'Espagne recouvra ce qu'elle avait perdu en Catalogne; et dans les Pays-Bas, Luxembourg, le comté de Chiney, Mons, Ath, Charleroi et Courtray (1697).

TESTAMENT ET MORT DE CHARLES II.

Charles II, dont la santé avait toujours été chancelante, était près de descendre au tombeau, et ne laissait point d'enfans, quoiqu'il eut été marié deux fois. Le dauphin de France et l'empereur Léopold aspiraient à cette succession. Mais les autres puissances européennes regardaient la réunion de la monarchie espagnole à la couronne de France ou aux états héréditaires de la branche allemande d'Autriche, comme pouvant devenir également funeste à leur tranquillité. Charles II assembla un conseil à Madrid (1698), où il fut décidé que le jeune prince de Bavière, son neveu, serait appelé à la succession de ses états. L'empereur ne vit point sans indignation cet héritage enlevé à son fils, et, dans les premiers mouvemens de sa colère, il proposa aux principales puissances de l'Europe de déchirer et de partager la monarchie qui lui échappait. Louis XIV plus prudent envoya à Madrid le marquis d'Harcourt, qui sut prévenir par une conduite sage, par un esprit insinuant, et par ses intrigues secrètes, les grands et les ministres en faveur de la France. Cependant Louis XIV fit un traité à la Haye, par lequel il proposait de partager la succession d'Espagne entre les prétendans. Sur ces entrefaites, le jeune prince de Bavière mourut. Il fallait que le roi se choisit un autre successeur. Les intrigues, les cabales recommencèrent. Enfin le parti français l'emporta ; Charles fit au mois d'octobre 1700, un testament qui déclarait Philippe de Bourbon, duc d'Anjou, second fils du dauphin de France, héritier de toute la monarchie Espagnole.

Bientôt ses souffrances augmentèrent, et il expira le 1er novembre suivant, après avoir confié le gouvernement du royaume, en attendant l'arrivée de son successeur, à une junte présidée par la reine douairière, et composée du cardinal Porto-Carrero et de don Manuel Garcias. Charles II était âgé de trente-neuf ans, et en avait passé trente-cinq sur le trône. La dynastie autrichienne, qui finit en lui, avait gouverné l'Espagne pendant cent quatre-vingt quatre ans, non compris la courte durée du règne de Philippe Ier.

CHAPITRE VIII.

Maison de Bourbon. — Philippe V. — Guerre de la succession. — Paix d'Utrecht. — Albéroni. — Abdication de Philippe V. — Mort de Louis Ier. — Philippe remonte sur le trône. — Paix avec l'empereur. — Ferdinand VI. — Paix d'Aix-la-Chapelle. — Charles III. — Le pacte de famille. — Bonne administration de Charles III. — Tentative contre Alger. — Guerre d'Amérique. — Charles IV. — Emmanuel Godoy, duc d'Alendia. — Guerre avec la république française. — Traité de Bâle. — Godoy, prince de la paix. — Entrevue de Bayonne. — Les Français en Espagne, 1808-1814. — Retour de Ferdinand VII à Madrid. — Révolution de 1820. — Expédition du duc d'Angoulême.

MAISON DE BOURBON. — PHILIPPE V. 1700-1746.

L'EXÉCUTION du testament de Charles II parut d'abord ne devoir souffrir aucune difficulté. Aussitôt que Louis XIV eut reçu le testament de ce prince, Philippe, duc d'Anjou, son petit-fils, fut déclaré roi d'Espagne, et partit pour Madrid, où il arriva au mois de février 1701. Il y fut reçu avec les plus grandes protestations de respect et d'amour. Les grâces de la jeunesse (il avait dix-sept ans), son affabilité, ses manières nobles et prévenantes, lui gagnèrent bientôt tous les cœurs. Il fut également proclamé sans opposition à Naples, en Sicile, à Bruxelles et à Milan.

Le pape Clément XI, le roi d'Angleterre, Guillaume III, Pierre, II, roi de Portugal, Frédéric IV roi de Danemarck, la république de Hollande, l'électeur de Bavière, et les autres puissances le reconnurent aussitôt comme souverain. L'empereur Léopold seul, persistant dans ses prétentions, résolut de remettre au sort des armes la décision des droits qu'il prétendait avoir au trône d'Espagne. A la faveur de la crainte qu'inspirait à l'Europe l'agrandissement de la maison de Bourbon, il n'eut pas de peine à engager quelques puissances à soutenir sa querelle, surtout celles qui, se voyant frustrées des avantages du démembrement de l'Espagne, se flattaient par ce moyen, d'en avoir quelque partie. On peut dire que Philippe V n'avait pas encore ceint sa couronne, lorsque l'Allemagne, l'Angleterre et la Hollande se réunirent pour l'en dépouiller; ces trois puissances formèrent avec solennité le traité de la *grande alliance* qui fut conclue à la Haye, sous prétexte de rétablir l'équilibre européen rompu par l'accroissement de puissance de la maison de Bourbon.

GUERRE DE LA SUCCESSION.

Alors commença cette guerre terrible, connue sous le nom de guerre de succession d'Espagne, qui, pendant treize ans, ensanglanta l'Europe et faillit devenir si fatale à la France et à la Péninsule. L'étendue de cet ouvrage ne nous permet pas de suivre toutes les phases de cette guerre, qui se poursuivait avec une égale ardeur sur terre et sur mer, en

Italie, en Flandre, en Allemagne et en Espagne (1). Nous n'en rapporterons que les principaux traits.

Les hostilités commencèrent en Italie. Le prince Eugène de Savoie, commandant des troupes impériales remporta quelques avantages dans la haute Italie, tandis que les émissaires de l'empereur faisaient soulever Naples en sa faveur. Philippe V crut alors que sa présence était nécessaire en Italie. Il se rendit à Naples, où son arrivée excita le plus vif enthousiasme de la part des habitans, et fit disparaître toute idée de rébellion. Il se rendit ensuite dans la haute Italie, et remporta plusieurs avantages remarquables sur les impériaux.

L'empereur céda ses droits sur l'Espagne à son fils l'archiduc Charles, qui prit aussitôt le nom de Charles III, et fut reconnu par l'Angleterre et la Hollande, et bientôt par le Portugal et la Savoie, qui s'étaient détachés de la France. Une puissante armée navale fournie par l'Angleterre et la Hollande, transporte le prétendant sur les côtes d'Espagne, où l'attendait une armée portugaise, prête à envahir l'Espagne. Philippe V, de retour d'Italie prévint lui-même ses ennemis en pénétrant en Portugal à la tête d'une armée de vingt-cinq mille hommes. Pendant qu'il s'empare de plusieurs places dans la province de Beira et dans l'Alentéjo, les anglais lui enlèvent Gibraltar. Une flotte française tente

---

(1) Voir nos illustrations de l'histoire de France, d'Allemagne et d'Italie.

en vain de reprendre cette forteresse importante ; elle est battue devant Malaga, et Gibraltar dès lors est resté au pouvoir de l'Angleterre.

Les Français n'étaient guère plus heureux en Allemagne, où le général Marlboroug et le prince Eugène remportaient de grands avantages. L'empereur Léopold était mort et son successeur Joseph Ier, héritier de son ambition, brûlait comme lui du désir d'agrandir sa famille.

L'archiduc Charles ne pouvant pénétrer en Espagne par les frontières du Portugal, fit une descente en Catalogne. Barcelone et tous les habitans de la province se déclarèrent en sa faveur, et, en six semaines, les Anglais lui soumirent le royaume de Valence, et l'Aragon. Philippe se hâta de porter ses forces dans ces provinces pour en chasser son rival. Mais il échoua au siége de Valence et de Barcelone, et fut obligé de gagner le Roussillon et la Navarre. Pendant ce temps les quarante mille Anglais et Portugais pénétraient dans la Castille nouvelle, après avoir successivement forcé Alcantara, Coria, Placentia, Ciudad-Rodrigo, Salamanque. Ils entrèrent sans résistance dans Madrid, au moment où la reine en sortait pour se réfugier à Burgos. L'archiduc fut proclamé roi dans la capitale par les soldats étrangers ; mais le peuple répondait à leurs cris par celui de vive le roi Philippe ! (1706).

La fermeté que déploya Philippe dans cette position critique, ranima l'esprit abattu de ses partisans. Les Castillans surtout lui montrèrent le plus grand dévouement ; les femmes et les enfans même prirent les armes. Une foule de volontaires courut se ranger sous ses drapeaux. Alors les ennemis furent attaqués et battus en détail. Les troupes Anglaises et Portugaises qui occupaient Madrid, furent obligées de se retirer de cette ville, après avoir essuyé des pertes qui les avaient réduites de moitié. L'archiduc regagna en toute hâte le royaume de Valence, et Philippe rentra dans sa capitale au milieu des acclamations d'un peuple transporté d'allégresse.

La campagne de 1707 fut favorable à Philippe V. Le 25 avril, le maréchal de Berwick, commandant l'armée Franco-Espagnole, gagna la célèbre bataille d'Almansa, contre les Anglais, les Allemands, les Portugais et les Hollandais. L'artillerie, les bagages, les drapeaux, tombèrent au pouvoir du vainqueur. A peine six mille hommes de l'armée ennemie, sur trente-cinq mille, purent-ils parvenir à s'échapper. Le duc d'Orléans, arrivé le lendemain de la victoire, prit le commandement de l'armée française, et remit l'Aragon et le royaume de Valence sous la domination de Philippe V. En Italie, la trahison de plusieurs grands seigneurs, livra le royaume de Naples à l'empereur.

1708. Philippe perd la Sardaigne, par la trahison de plusieurs seigneurs de cette île, qui la livrent aux Anglais. Port-Mahon tombe aussi entre les mains des Anglais, et les Maures reprennent Oran, sur la côte d'Afrique.

Dans les Pays-Bas, les Français perdent la bataille d'Oudenarde et de Plassendal. Le prince Eugène se rend maître de Lille, et fait lever le siége de Bruxelles.

1709. Le roi de France accablé par ses malheurs, demanda la paix. Les alliés ne voulaient consentir qu'à une trève, et exigeaient pour condition, que Louis XIV s'unit à eux contre son petit-fils. Une proposition si révoltante, rendit au vieux monarque toute sa fierté. « J'aime mieux, répondit-il, puis-
» qu'il faut continuer la guerre, la faire contre mes
» ennemis que contre mes enfans. » — Bataille de Malplaquet, la plus meurtrière et la plus longue de toute cette guerre. Elle fut perdue par les maréchaux de Villars et de Bouflers, contre le prince Eugène et le duc de Marlboroug.

1710. Louis XIV rappela d'Espagne les troupes françaises pour défendre son propre royaume, menacé de l'invasion. Il tenta encore d'obtenir la paix des états de Hollande, mais ils la lui offrirent à des conditions qu'il ne pouvait accepter, et la guerre continua. Philippe V, battu successivement à Almenara, à Penalva, à Saragosse, fut encore obligé d'abandonner sa capitale. L'archiduc s'y rendit une seconde fois, et s'y fit de nouveau proclamer roi. Mais les Castillans, fidèles à leur souverain, montrèrent tant de tristesse et de répugnance, que l'archiduc ne se croyant pas en sûreté, sortit de Madrid et se retira à Barcelone.

Le duc de Vendôme, envoyé à Philippe, par Louis XIV, rendit, par sa présence, l'espérance au roi et à toute la nation. Il amenait avec lui trois mille hommes d'élite ; il obligea les ennemis à s'éloigner du

Mançanarès, et ramena le roi à Madrid. Bientôt il gagna sur les alliés la bataille décisive de Villaviciosa, qui détruisit entièrement les espérances des alliés dans la Péninsule.

PAIX D'UTRECHT.

L'année suivante, la mort de l'empereur Joseph Ier, changea la face des affaires. Les alliés, qui n'avaient pris les armes que pour maintenir l'équilibre européen, reconnurent qu'il serait rompu d'une manière plus désavantageuse encore, si l'archiduc Charles, appelé à succéder à son frère, réunissait à l'empire toutes les couronnes de l'Espagne. C'eût été rétablir la puissante domination de Charles-Quint, et l'Angleterre ni la Hollande n'étaient disposées à le souffrir. Ces considérations décidèrent ces puissances à écouter les propositions de paix que leur faisaient la France et l'Espagne. Les négociations se traînèrent avec lenteur pendant l'année 1712; mais la victoire de Denain, remportée par le maréchal de Villars, fit disparaître tous les obstacles qui s'opposaient à la paix.

Le traité fut signé à Utrecht, entre les puissances belligérantes, à l'exception de l'Autriche. L'Espagne céda aux Anglais Gibraltar et l'île de Minorque. On donna la Sicile avec le titre de roi au duc de Savoie. On réserva à l'empereur la souveraineté de huit provinces des Pays-Bas Espagnols; on lui assura de plus, le royaume de Naples, la Sardaigne, le Milanais et les places qu'il avait conquises en Toscane.

L'empereur Charles VI, ne voulut pas acquiescer

à ce traité ; les défaites successives que lui fit essuyer le maréchal de Villars, le forcèrent à faire, l'année suivante (1714), sa paix particulière avec la France, mais il persista dans le refus de reconnaître Philippe V, sans avoir toutefois le dessein de le troubler dans la possession de ses états.

L'empereur avait encore des partisans en Catalogne et à Majorque. Mais la prise de Barcelone par les troupes de Philippe, et la réduction de l'île de Majorque par sa flotte, permirent enfin au roi d'Espagne, de jouir tranquillement des états que lui assurait le traité d'Utrecht.

ALBÉRONI.

Au milieu de ses succès, Philippe eut le chagrin de perdre Marie-Louise de Savoie, sa femme, à laquelle il était tendrement attaché. Cette perte plongea ce prince dans une profonde douleur. Mais trop jeune pour demeurer long-temps veuf, il songea bientôt à contracter un nouveau mariage. Les intrigues de Jules Albéroni, ecclésiastique Florentin, que la protection du duc de Vendôme avait introduit à la cour, déterminèrent le roi à épouser Elisabeth Farnèse, nièce de François, duc de Parme et de Plaisance. La nouvelle reine prit, sur son mari, un empire qu'elle ne perdit jamais. Albéroni, à qui elle devait sa fortune, eut toute sa confiance et la méritait. Elle le fit entrer au conseil, dont il dirigea bientôt les décisions. Il fut ensuite nommé évêque de Malaga, cardinal et ministre. En deux ans, cet homme remarquable rétablit la marine presque détruite, réorganisa l'armée, ranima le commerce, et rendit l'Espagne, qu'on croyait épuisée, redoutable à toutes les puissances étonnées de cette espèce de résurrection. Il voulait faire recouvrer à l'Espagne les possessions qu'elle avait perdues en Italie. Une flotte espagnole s'empara de la Sardaigne et de la Sicile. Ce fut le signal d'une nouvelle coalition contre l'Espagne, à laquelle la France prit part, parce que Albéroni avait le projet d'enlever la régence de Louis XV, au duc d'Orléans, pour la donner à Philippe V. Une armée française pénétra en Espagne, et força le roi à consentir à la paix et à renvoyer son ministre. La Sardaigne fut donnée au duc de Savoie en échange de la Sicile.

ABDICATION DE PHILIPPE V. — MORT DE LOUIS Ier.

L'année suivante, on arrêta le mariage du prince des Asturies, don Louis, avec Elisabeth d'Orléans, fille du régent. En 1724, Philippe V étonna l'Europe, par la résolution inattendue de renoncer à la couronne en faveur de ce même don Louis; il fixa sa retraite avec la reine et un petit nombre de domestiques dans le château de Saint-Ildefonse, qu'il avait fait construire sur le modèle de celui de Versailles, pour avoir au fond de la Castille, une image qui lui retraçât le souvenir de ce berceau de son enfance. Mais une année ne s'était pas écoulée, que Louis Ier, dont les belles qualités annonçaient un règne heureux, mourut de la petite-vérole, à l'âge de dix-sept ans. Philippe V, pressé par la reine, la noblesse et la cour de Castille, abandonna malgré lui les douceurs de sa retraite, pour les agitations de la cour et les sollicitudes inséparables du trône.

PHILIPPE REMONTE SUR LE TRÔNE. — PAIX AVEC L'EMPEREUR.

Après de longues négociations sans succès, Philippe V et l'empereur Charles VI firent ensemble un traité de paix (1725). La double élection d'un roi de Pologne renouvela la guerre en 1733. Une armée espagnole pénétra dans le royaume de Naples ; aussitôt les habitans de ce royaume et de la Sicile se déclarèrent contre les Autrichiens, et proclamèrent roi l'infant don Carlos, né du second mariage de Philippe V. Les succès des troupes françaises sur le Rhin, déterminèrent l'empereur à rechercher la paix. Par le traité qui eut lieu sous la médiation de l'Angleterre et de la Hollande, l'infant don Carlos retint la couronne des Deux-Siciles, et céda les duchés de Parme et Plaisance à l'empereur, pour les posséder en toute propriété (1).

L'Espagne se trouva engagée dans la guerre générale, qui s'alluma en Europe pour la succession de l'empereur Charles VI (2). Les armées espagnoles, après avoir eu de brillans succès dans la haute Italie, éprouvèrent des revers non moins éclatans. Philippe V. mourut avant que cette guerre fut terminée, le 11 juillet 1746, à l'âge de soixante-deux ans, après un règne de 46 ans. Sa mort laissa des

---

(1) Voir pour plus de détails, nos illustrations de l'histoire d'Italie.
(2) Voir nos illustrations de l'histoire d'Allemagne.

regrets à toute la nation. Il les méritait en effet, car il s'était constamment occupé du bonheur de ses sujets. Il remit en vigueur les lois auparavant méprisées ; il réforma la justice, dans l'administration de laquelle s'étaient glissés de grands abus. Le commerce lui dut son activité, l'agriculture sa prospérité ; l'industrie, les arts, les sciences, trouvèrent en lui un zélé protecteur. Il rétablit la marine et la discipline militaire. La bibliothèque royale de Madrid, le séminaire destiné à l'éducation de la noblesse, l'académie de l'histoire, l'académie espagnole, lui doivent leur fondation.

FERDINAND VI. (1746-1759).

FERDINAND VI, son fils aîné, lui succéda. Ce prince naturellement disposé à la paix, persuadé que l'Espagne en avait besoin, s'occupa activement de procurer à ses peuples ce bienfait. Cependant il ne put l'obtenir avant l'année 1748, époque à laquelle, le traité d'Aix-la-Chapelle, compléta la grande œuvre de la paix générale.

D'après les clauses de ce traité qui concerne l'Espagne, l'infant don Carlos fut maintenu dans la possession des Deux-Siciles, à condition de s'en dessaisir en faveur d'un de ses fils, ou de son frère, puîné (l'infant don Philippe), s'il parvenait au trône d'Espagne ; on assura à l'infant don Philippe, les duchés de Parme, Plaisance et Guastalla, avec clause de retour en faveur de l'impératrice Marie-Thérèse, dans le cas où la couronne de Naples reviendrait à l'infant.

Après cette paix, Ferdinand, libre de suivre les penchans de son cœur, ne s'occupa plus que des moyens d'assurer la félicité de l'Espagne. Il modéra les impôts les plus onéreux au peuple, il protégea les cultivateurs, il encouragea l'industrie; le nombre des manufactures s'accrut et leur travail se perfectionna.

En 1755, la guerre éclata entre la France et l'Angleterre, au sujet de leurs possessions d'Amérique. Ferdinand, fidèle au système de paix qu'il s'était tracé, garda une stricte neutralité, employant uniquement ses vaisseaux à protéger le commerce.

Pendant les quatorze ans que dura son règne, l'Espagne jouit d'un calme profond, fruit de la prudence de son roi. Ce royaume pouvait encore espérer une longue suite d'années de bonheur et de prospérité, sous un monarque à peine âgé de quarante-six ans, quand le chagrin que lui causa la mort de la reine sa femme, lui occasionna une maladie de langueur, qui l'entraîna au tombeau. Il mourut le 10 août 1759. Comme il ne laissait point d'enfans, les lois de la monarchie appelaient à sa succession, son frère don Carlos, roi des Deux-Siciles. Ferdinand, avant de mourir, chargea la reine douairière de la régence, jusqu'à l'arrivée de ce prince.

CHARLES III. (1759-1788).

D'après les clauses du traité d'Aix-la-Chapelle, la couronne d'Espagne et celle des Deux-Siciles ne pouvaient être réunies sur la même tête. Charles céda la dernière à Ferdinand, son troisième fils, et se rendit à Madrid accompagné de son second fils, Charles-Antoine, déclaré prince des Asturies. Son fils aîné, don Philippe, était dès son enfance atteint d'une maladie épileptique, qui l'avait réduit à un état d'imbécilité légalement constaté.

Charles III était digne de son prédécesseur ; à des mœurs douces et pures, à la plus exacte probité, il joignait une rare valeur et une grande habitude dans l'art difficile de gouverner. Il signala son arrivée dans la Péninsule par des grâces et des bienfaits qui lui gagnèrent tous les cœurs.

LE PACTE DE FAMILLE.

Il ne crut pas devoir montrer la même prudence, ou peut-être la même timidité que son frère dans la guerre qui existait encore entre la France et l'Angleterre. Il signa avec la France le traité connu sous le nom de pacte de famille, par lequel les trois monarques de la famille des Bourbons, France, Espagne et Naples, resserraient entre eux les liens du sang, et se garantissaient mutuellement la possession de leurs états.

Cette convention alarma l'Angleterre, et Georges III déclara la guerre à Charles III. La marine anglaise fit éprouver de grandes pertes au commerce et aux colonies espagnoles, et dans le traité de paix de 1763, l'Espagne fut obligée de céder la Floride aux Anglais, il est vrai qu'elle reçut en compensation la Louisiane.

BONNE ADMINISTRATION DE CHARLES III.

Charles III, dès que la paix fut signée, s'occupa sans relâche de travaux propres à faire refleurir les arts, le commerce et l'agriculture. Près des montagnes de la Sierra-Moréna, se trouvait une vaste étendue de terrain fertile, mais dépeuplée et restée inculte depuis l'expulsion des Maures. Ce désert, qui servait de repaire aux voleurs et aux bêtes féroces, fut repeuplé par les soins de Charles, de huit mille cultivateurs français ou allemands, auxquels on accorda de grands avantages, et l'exception de tout impôt.

La construction du canal royal d'Aragon, l'établissement de la banque nationale de Saint-Charles, la fondation de la compagnie des Philippines, peuvent être cités parmi les bienfaits nombreux dont ce règne a doté l'Espagne.

Les soins que Charles donnait aux arts de la paix, ne lui avaient pas fait négliger ceux de la guerre. Les places furent mises dans un meilleur état de défense, l'armée de terre fut réorganisée; mais la marine surtout devint plus florissante qu'elle ne l'avait jamais été. En 1774, l'Espagne arma une flotte de plus de 400 voiles pour aller conquérir Alger, mais cette expédition formidable échoua complètement par suite de la mésintelligence des chefs. Au débarquement tenté par les Espagnols, les Maures opposèrent une vigoureuse résistance, et après huit heures d'un combat acharné, pendant lequel les assaillans ne gagnèrent pas un pouce de terrain;

l'armée espagnole fut obligée de regagner ses vaisseaux après avoir laissé quatre à cinq mille hommes sur le champ de bataille. Elle en perdit encore autant dans la précipitation et l'embarras du rembarquement, fait au milieu du feu terrible et bien dirigé des Arabes. Cette tentative et tant d'autres, faites tout aussi infructueusement contre Alger, doivent nous faire apprécier de plus en plus le brillant résultat obtenu par l'armée française à l'attaque de cette ville en 1830, cinquante-six ans après l'expédition de Charles III.

Depuis la guerre d'Alger, la paix de l'Espagne ne fut plus troublée jusqu'à la guerre de l'indépendance américaine. La France ayant reconnu les nouveaux Etats-Unis, l'Angleterre lui avait déclaré la guerre. Louis XVI engagea Charles III, en vertu du pacte de famille, à y prendre part. L'Espagne qui d'ailleurs avait depuis long-temps de graves sujets de mécontentement contre l'Angleterre, pensa que le moment était venu de punir l'orgueil de cette nation qui prétendait à l'empire des mers. Elle unit ses armes à celles de la France, et bientôt don Louis de Cordova, capitaine général de la marine espagnole, entra dans la Manche avec trente-quatre vaisseaux qui se réunirent avec un nombre égal de navires français, destinés à faire une descente sur les côtes d'Angleterre. Mais cet armement formidable se borna à de vaines démonstrations, sans tenter aucune attaque sérieuse. (1779).

Les succès de la France et de l'Espagne étaient plus remarquables en Amérique. Le comte d'Estaing et don Joseph Salano y soutinrent chacun avec éclat l'honneur de leur patrie. Tandis que l'un battait les Anglais dans la mer des Antilles, l'autre, secondé par don Luc Galvaz, recouvra la Floride occidentale, et détruisit tous les établissemens formés par l'Angleterre dans l'Yucatan.

Ce qui sourtout avait engagé les Espagnols dans cette guerre, c'était l'espoir de reprendre enfin Port-Mahon et Gibraltar, depuis si long-temps occupés par les Anglais. Le duc de Crillon, à la tête de l'armée combinée de France et d'Espagne, débarqua à Minorque, s'empara de Port-Mahon et de toute cette île importante. Ce succès inspira aux alliés l'espoir de réussir aussi devant Gibraltar. Le siége de cette place fut poussé avec vigueur par terre et par mer ; mais ni les batteries flottantes, construites pour cette attaque, ni le feu de deux cents pièces d'artillerie du côté de la terre, ne purent endommager ces fortifications immenses et formidables, élevées par la nature et l'art, pour la défense de cette ville. Il fallut convertir le siége en blocus ; mais du côté de la mer il était presque impossible d'empêcher la ville d'être ravitaillée, ainsi l'espoir dont on s'était flatté fut abandonné.

Enfin les puissances belligérantes firent la paix en 1783. L'Espagne conserva Minorque et les deux Florides, en cédant aux Anglais l'île de Bahama, l'une des Lucayes.

Charles, rendu à la paix, ne songea plus qu'à réparer les maux que la guerre avait occasionnés. Il fut puissamment secondé par le comte de Florida-

Blanca, son ministre, animé comme lui de l'amour du bien public.

Au milieu de ces occupations, Charles III, qui avait toujours joui d'une bonne santé, fut attaqué d'une fièvre inflammatoire qui l'enleva en peu de jours. Il mourut le 14 décembre 1788, à l'âge de 73 ans. Ce monarque est sans contredit l'un des meilleurs qui ait régné sur l'Espagne. Sa mort fut pleurée comme elle le méritait, et sa mémoire conservera des droits éternels à la reconnaissance de tous les Espagnols.

CHARLES IV. (1788-1808).

Les circonstances difficiles au milieu desquelles allait être jeté Charles IV, auraient demandé un prince ferme, capable, éclairé, actif, et le successeur de Charles III était faible, mou, ignorant complètement les premiers élémens de l'art de gouverner. Sous ce règne, la monarchie Espagnole retomba dans le même état de langueur et d'affaissement où elle se trouvait à l'extinction de la dynastie Autrichienne.

Les trois premières années du règne de Charles IV n'offrirent pas une différence remarquable avec le règne précédent, parce que le comte de Florida-Blanca, resté à la tête des affaires, continua de s'occuper avec activité, des moyens de rendre l'Espagne florissante au-dedans et respectable au-dehors; mais en 1792, une intrigue de cour, dirigée par la reine, fit renvoyer avec éclat ce ministre. Il emporta, pour toute consolation, dans son exil, les regrets du peuple, dont il voulait assurer le bonheur.

EMMANUEL GODOY, DUC D'ALENDIA.

Ce fut alors qu'on vit paraître tout-à-coup au timon des affaires, un homme inconnu jusqu'alors, mais qui jouissait depuis quelque temps de toute la faveur du roi et de la reine. Cet homme était Manuel Godoy, né à Badajoz, de parens obscurs, et qui avait servi comme simple garde-du-corps, du temps de Charles III. Après le départ du comte de Florida-Blanca, Godoy fut nommé premier ministre, et créé grand d'Espagne, sous le titre de duc d'Alendia.

L'inexpérience de ce nouveau parvenu, dont l'élévation choqua la haute noblesse, prépara les malheurs de la monarchie. Son administration incertaine fatigua inutilement le peuple; tous les ressorts du gouvernement s'usèrent entre ses mains; de grands abus s'introduisirent; les emplois publics devinrent l'apanage de la faveur et de la médiocrité; les finances restaurées par les deux derniers rois, furent totalement négligées; et malgré les trésors du nouveau monde, on n'acquitta qu'avec peine les dépenses ordinaires de l'état.

GUERRE AVEC LA RÉPUBLIQUE FRANÇAISE. — TRAITÉ DE BALE. — GODOY, PRINCE DE LA PAIX.

Cependant la marche de la révolution française était effrayante. Louis XVI était prisonnier de ses sujets. On voulait renverser son trône et détruire la religion qui lui prêtait son appui. Tous les rois de l'Europe s'émurent, l'Allemagne et la Prusse unirent leurs armes, pour arracher le malheureux roi de France de sa captivité. La convention répondit en jetant pour défi aux rois coalisés, la tête de Louis XVI. Charles IV déclara aussitôt la guerre, et deux armées espagnoles couvrent à la fois les frontières de la Biscaye et celles de la Catalogne. Le succès de la première campagne fut tout à l'avantage des Espagnols ; mais dans la seconde ils éprouvèrent des revers, et bientôt les républicains français envahirent la Catalogne, la Biscaye et menacèrent la Vieille-Castille.

Dans ce pressant danger, Charles IV, cédant aux conseils de Godoy, se détermina à signer le traité de Bâle, en vertu duquel les deux puissances conservèrent leurs limites continentales, mais l'Espagne y perdit ses possessions de Saint-Domingue. Le roi, pour témoigner à Godoy sa reconnaissance de ce traité, le décora du glorieux titre de *Prince de la Paix*, le créa généralissime de ses armées de terre et de mer, et lui fit épouser Marie-Thérèse de Bourbon, sa nièce. Ce fut là la récompense des intrigues du favori, qui en définitive, n'avait eu d'autres résultats, que de montrer un Bourbon se retirant le premier de la ligue formée contre le gouvernement anarchique, par lequel les Bourbons de France venaient d'être renversés.

On peut dire que Charles IV avait cessé de régner de fait. Il ne se mêlait plus des affaires ; la chasse était sa principale occupation ; avant le jour, il s'enfonçait dans les bois ; après dîner, il y retournait encore ; le soir il donnait pour la forme une demi-heure d'audience à ses ministres, faisait de la musique jusqu'à neuf heures et demie, et se couchait à dix. Le prince de la paix seul dirigeait les affaires. Toute sa politique extérieure consistait à conserver une parfaite harmonie entre son maître et les gouvernemens qui se succédaient rapidement en France. Il fut tour à tour l'allié de la convention, du directoire, du consulat et de l'empire. A l'intérieur, tous ses efforts tendaient à se maintenir au pouvoir. Il savait combien il était haï, non-seulement des grands, mais encore des membres de la famille royale. Il eut l'art d'indisposer le roi contre sa famille, qu'il chérissait tendrement, et surtout contre Ferdinand, le prince des Asturies, qui était son plus redoutable ennemi.

Durant le consulat et les premières années de l'empire, la meilleure intelligence ne cessa de régner entre la France et l'Espagne. Napoléon faisait l'éloge de Charles, au sein du corps législatif; la Toscane était cédée, sous le titre de royaume d'Etrurie, aux infans établis en Italie, et l'Espagne en retour abandonnait la Louisiane à Napoléon, qui la vendait aux Etats-Unis. Dans la guerre entre la France et l'Angleterre, l'Espagne unit sa flotte à l'armée navale française, et la bataille de Trafalgar anéantit la marine de Charles. L'empereur des Français voulut aussi avoir des troupes espagnoles dans ses armées, et Charles ou plutôt Godoy, s'empressa de lui envoyer trente mille soldats d'élite, commandés par les deux meilleurs généraux de l'Espagne, la Romana et O'farill. Enfin il entama des négociations avec le favori, et conclut avec son agent Izquierdo un traité ayant pour objet le démembrement du Portugal (1). Ce traité fut signé à Fontainebleau en octobre 1807. Aussitôt dix mille Français passèrent les Pyrénées pour s'acheminer vers le Portugal, tandis qu'un corps d'observation de quarante mille hommes se réunissait dans le midi de la France et n'attendait que le signal pour se mettre en marche. Cette convention, en apparence si favorable à l'Espagne, n'était pour Napoléon qu'un acheminement à la soumission de ce vaste pays : la discorde qui se mit, ou qui fut excitée, entre les membres de la famille régnante, fit le reste.

ENTREVUE DE BAYONNE.

Le fils aîné du roi, Ferdinand, prince des Asturies, n'aimait pas le prince de la paix, et il ne laissait échapper aucune occasion de lui témoigner son aversion. Depuis dix-huit mois il était veuf de Marie-Antoinette, fille du roi des Deux-Siciles. Godoy imagina de lui faire épouser sa belle-sœur ; mais le prince refusa avec hauteur, et pour se mettre à l'abri des poursuites de Godoy, et déranger son plan, Ferdinand, d'après le conseil de l'archevêque de Tolède, Escoïquin, son ancien gouverneur, ne trouva pas de meilleur expédient que de se mettre sous la protection de Napoléon, et de lui demander en mariage une de ses nièces. On pénétra les inten-

---

(1) Voir plus bas à l'article du Portugal.

tions de l'infant. Il fut arrêté et enfermé à l'Escurial. — Sur ces entrefaites, les Français s'avançaien à travers l'Espagne, dans le but ostensible de poursuivre la guerre contre le Portugal. Mais l'occupation de Figuières, de Barcelone, de Saint-Sébastien, de Pampelune et d'autres places fortes, ouvrirent les yeux à Godoy lui-même. La cour effrayée se prépara à quitter Aranjuez, pour se rendre à Séville, d'où elle devait, dit-on, s'embarquer pour le Mexique. A cette nouvelle, le peuple de Madrid se soulève aux cris de *vive le roi! vive le prince des Asturies! à bas Godoy!* L'émeute est générale; on court à Aranjuez, on n'entend qu'une clameur contre le favori; la garde royale se joint à la multitude irritée, et le prince de la Paix, qui, à l'approche du péril, s'était caché dans un grenier, y est découvert. Il allait être immolé quand Ferdinand accourt et le sauve par la promesse de le livrer à la rigueur des lois. Le vieux roi éperdu au milieu du tumulte, se sentant incapable de gouverner sans l'homme qui le débarrassait du fardeau de la royauté, abdiqua en faveur du prince des Asturies.

A la nouvelle de l'abdication de Charles IV, la joie des Espagnols fut à son comble, Ferdinand fut proclamé au milieu des témoignages de l'allégresse publique. Trois jours après il fit son entrée solennelle dans Madrid, occupée par une garnison française sous les ordres de Murat, dont les événemens d'Aranjuez avaient précipité l'arrivée. Ce général, qui était beau-frère de Napoléon, et qui connaissait probablement ses projets, affecta de déclarer qu'il ne pouvait donner au nouveau roi d'autre titre que celui de prince des Asturies, parce qu'il ignorait encore si l'empereur consentirait à le reconnaître. Au milieu de ces incertitudes, on fit entendre à Ferdinand qu'il retirerait de grands avantages d'une entrevue avec ce redoutable voisin. Elle devait avoir lieu à Burgos; mais Napoléon eut l'adresse d'attirer le jeune roi à Bayonne, et après lui toute la famille royale.

Là eut lieu un des drames les plus extraordinaires dont l'histoire fasse mention. Charles IV, excité par sa femme et par le prince de la Paix vendu à Napoléon, était furieux contre son fils, et l'accusa d'avoir voulu le détrôner, l'assassiner, et il se leva de son siége pour le frapper. La reine alla plus loin encore; abjurant toutes les convenances et tous les sentimens de mère, elle demanda à Napoléon d'envoyer Ferdinand à l'échafaud. Son exaspération, son langage de furie, remplirent Napoléon lui-même d'une sorte de stupeur. On l'entendit plusieurs fois répéter, en sortant de cette entrevue : « *Quelle scène monstrueuse! quelle femme! quelle mère! elle m'a fait horreur.* Enfin, Charles, tout entier à la colère, donna à son fils l'ordre d'abdiquer par un acte signé de lui et de ses frères, acte qui serait remis avant la sixième heure du jour suivant. Des menaces plus calmes et plus sérieuses furent ensuite adressées à l'infant, de la part de l'empereur. Il fallut se résigner. Il rétrocéda à son père la couronne qu'il en avait reçue; alors Charles fit une pareille cession de ses droits à Napoléon, l'invitant à choisir dans *l'intérêt de la nation*, la personne et la dynastie qui régneraient sur l'Espagne. L'empereur adjugea ce trône à son frère Joseph, qui occupait alors celui de Naples (2 mai 1808).

Les infants d'Espagne furent conduits dans le Berry, à Valançay, et relégués dans le château du ministre Talleyrand. Charles IV, la reine, et l'indispensable Godoy, se rendirent à Fontainebleau, ensuite à Compiègne, toujours escortés par la garde impériale. Ayant obtenu quelque temps après l'autorisation d'aller habiter un climat plus chaud, ils se retirèrent à Marseille avec la reine d'Etrurie et l'infant don François de Paule. Plus tard ils fixèrent leur séjour à Rome.

LES FRANÇAIS EN ESPAGNE (1808 A 1814).

L'immense majorité du peuple Espagnol ne ratifia pas l'abdication forcée de Bayonne ni le choix d'un souverain étranger. Du 2 mai 1808 au 10 août 1814, ce ne fut qu'un combat où le sang ne cessa de couler de Cadix à Pampelune, de Grenade à Salamanque; nulle part ni trêve, ni miséricorde, mort et destruction, telle était la sentence de tous les jours; les femmes même égorgeaient les Français isolés; elles se plaisaient à les faire périr dans de longs tourmens; on admira leur courage, leur patriotisme, mais on frémit de leurs vengeances. L'armée française dans sa plus grande force fut de deux cent mille fantassins et de trente mille chevaux. En 1812, lors de l'évacuation de Madrid, elle ne comptait que cent trente mille hommes d'infanterie et vingt mille cavaliers. Elle avait été renouvelée plusieurs fois; il fallut des sommes énormes pour subvenir à son entretien, au milieu des ravages du plomb, du poignard, des épidémies et de la famine. Le sacrifice de la France en argent, s'éleva à plus de deux cent trente millions, sans y comprendre les pertes du commerce. Après les désastres de Moscou et de Leipsick, Napoléon, ne pouvant plus remplacer tant de pertes, se vit contraint de rappeler de la Péninsule, pour la défense du territoire français, la plus grande partie des troupes qui s'y trouvaient. Craignant de laisser cette contrée soumise à l'influence des Anglais, et de l'anarchie populaire qu'il redoutait peut-être encore davantage ; ne pouvant pas non plus rendre la couronne à Charles IV, qui vivait dans la retraite à Rome, et était de plus en plus incapable de la porter, il songea à Ferdinand, et lui envoya à Valençay un conseiller d'état muni de pleins pouvoirs. Un traité fut signé, le 11 décembre 1813, par lequel Napoléon reconnaissait Ferdinand VII, roi d'Espagne et des Indes (1).

RETOUR DE FERDINAND VII EN ESPAGNE.

Malgré la convention du 11 décembre, ce n'est que le 3 mars 1814 qu'il fut permis à Ferdinand de quitter Valençay. Dès qu'il eut passé les Pyrénées, les peuples accoururent en foule sur son pas-

---

(1) Le cadre de cet ouvrage ne permet pas de donner, même en analyse, l'histoire si intéressante de cette terrible guerre d'Espagne. Des ouvrages spéciaux et nombreux ont été faits sur ce sujet et nous engageons nos lecteurs à y recourir.

sage, et jusqu'à Madrid il ne marcha qu'au milieu des acclamations et des cris de joie. En arrivant dans sa capitale, il s'occupa d'y rétablir l'autorité royale sur ses anciennes bases, et refusa d'adopter la constitution que les Cortès avaient faite en 1812. Les premières années de son retour en Espagne furent consacrées à étouffer l'esprit d'indépendance, que manifestaient une foule d'hommes imbus des idées nouvelles et des principes révolutionnaires. Ces idées, ces principes avaient traversé l'Océan, et les riches colonies que l'Espagne possédait en Amérique se soulevèrent contre la mère-patrie, et proclamèrent leur émancipation. Ferdinand fit tous ses efforts pour empêcher ce mouvement, qui allait priver l'Espagne de ses plus précieuses ressources. Trois expéditions qu'il envoya dans ces contrées lointaines n'obtinrent aucun résultat. Vers la fin de 1819, il préparait une quatrième expédition plus formidable que les précédentes, quand tout-à-coup la révolte éclata parmi les troupes dont une incroyable fatalité suspendait depuis plusieurs mois le départ dans l'île de Léon, sous les murs de Cadix. Deux officiers généraux, Quiroga et Riégo, se mirent à leur tête et les dirigèrent vers la capitale. Les insurgés demandaient à grands cris la constitution des Cortès; la révolte s'étendit avec rapidité sur tous les points, et Ferdinand assailli, menacé, se vit contraint d'accepter cette même constitution des Cortès qu'il avait refusée autrefois avec tant d'énergie, cette constitution tout-à-fait démocratique, et dont le moindre vice était de mettre tous les pouvoirs dans les mains d'une assemblée unique et sans cesse délibérante. Bientôt le roi, captif dans son palais, fut forcé d'approuver tous les excès auxquels se portèrent des hommes qui se disaient appelés à régénérer leur patrie.

Les puissances de l'Europe, effrayées, résolurent d'arrêter le mal avant qu'il eut étendu ses ravages. La Sainte-Alliance décida, dans le congrès de Laybach, que la France, qui y avait le plus d'intérêt, serait chargée de cette répression dans la Péninsule. Une armée de cent mille hommes se rendit aussitôt en Espagne, sous le commandement du duc d'Angoulême : sa mission s'accomplit sans obstacle, et en peu de temps Ferdinand fut rétabli dans toute la plénitude de son pouvoir.

En 1829, Ferdinand ayant perdu sa troisième femme, épousa, en quatrièmes noces, le 11 décembre de la même année, Marie-Christine de Naples, qui mit au jour, le 10 octobre 1830, la princesse Marie-Isabelle-Louise. C'est en faveur de cette princesse que Ferdinand, dans le testament qu'il fit pendant sa dernière maladie, abolit la loi salique, qui régissait la succession au trône d'Espagne depuis le règne des Bourbons. Ferdinand mourut à Aranjuez le 29 septembre 1833.

Nous ne parlerons pas des événemens qui suivirent la mort de ce roi, événemens qui ont entraîné l'Espagne dans une guerre civile désastreuse; qui ont forcé don Carlos, prince du sang, et Marie-Christine, mère d'Isabelle, reine actuelle d'Espagne, à se réfugier tour à tour sur le sol français ; qui ont conduit un soldat, Espartero, duc de la Victoire, à exercer le pouvoir sous le titre de régent d'Espagne (1841).

FIN DE L'HISTOIRE D'ESPAGNE.

ILLUSTRATIONS
DE
L'HISTOIRE DU PORTUGAL.(1)

Origine de la monarchie Portugaise. — Henri de Besançon. — Maison de Bourgogne. — Alphonse Ier. — Sanche Ier. — Alphonse III.—Denis. Alphonse IV. — Pédre Ier. — Ferdinand Ier. — Maison d'Avis. — Jean Ier. — Edouard. — Alphonse V. — Jean II. — Emmanuel Ier. — Jean III. — Sébastien Ier. — Maison d'Autriche Espagnole. — Philippe II. Philippe III, Philippe IV. — Maison de Bragance. — Jean IV, Alphonse VI, D. Pédre II. — Jean V. — Joseph-Marie et Pédre III. — Jean VI.

LA royauté, en Portugal, date de 1139. Nous avons vu dans l'histoire d'Espagne, qu'Alphonse VI, roi de Castille et de Léon, voyant ses frontières infestées par les Maures, vers 1087, demanda des secours à Philippe Ier, roi de France. Philippe fit un appel aux chevaliers français, et bientôt Henri de Besançon, petit-fils de Robert Ier, duc de Bourgogne, descendant de

---

(1) Nous sommes forcés de ne donner au Portugal, dans cet ouvrage qu'un espace à peu près proportionné à celui qu'il occupe dans la carte de la Péninsule ; tandis que son histoire offre une étendue et un intérêt bien autrement importans que la superficie de son territoire. Mais obligé de réduire les deux histoires en un seul volume, il nous a fallu restreindre celle du Portugal dans la proportion que nous venons d'indiquer.

Hugues-Capet, traversa les Pyrénées à la tête d'une armée peu nombreuse, mais dévouée.

Henri, dix-sept fois vainqueur des Arabes, reçut pour récompense ses propres conquêtes avec la permission de les étendre aux dépens des Maures jusqu'à la Guadiana. Alphonse lui donna en mariage Thérèse, sa fille, en lui conférant le titre de comte. Les villes que la guerre avait renversées furent relevées, celle de Porto fut presque entièrement rebâtie, et, pour conserver le souvenir du premier bienfait de son nouveau souverain, ce pays appelé autrefois Lusitanie, prit le nom de Portugal (1). Henri gouverna ses états avec autant de bonheur que de prudence; il forma ainsi une souveraineté puissante, et sans prendre le titre de roi, il jeta les premiers fondemens d'un royaume.

MAISON DE BOURGOGNE.

ALPHONSE, Ier roi. 1139. — Alphonse Henriquez, son fils, lui succéda d'abord en qualité de comte. Mais en 1139, ayant remporté une victoire signalée sur les Maures, il fut proclamé roi par ses soldats sur le champ de bataille. Alphonse ne voulut pas accepter ce titre qui lui avait été accordé dans un

---

(1) Dans le principe, le domaine du comte Henri ne consistait guère que dans Porto et ses dépendances, parmi lesquelles se trouvait la ville de Cale, située de l'autre côté du Douro, ce qui fit donner au nouvel état le nom de *Porto-Cale*. D'autres auteurs prétendent que Henri, pour conserver son origine française, joignit le nom de *Gallo* à celui de *Porto: Porto-Gallo*, port français. En 1808, Napoléon essaya de faire prévaloir cette étymologie que l'esprit national repoussa constamment. — (Notes et observations de M. J. Chaumeil de Stella, et Auguste de Santeül, essai sur l'histoire du Portugal)

moment d'enthousiasme, sans avoir auparavant l'assentiment de la nation. Il convoqua, en conséquence, les différens ordres de l'état en assemblée générale, à Lamégo. Quand ils furent réunis, un député se leva et demanda si, comme l'avait exprimé le vœu de l'armée, les états voulaient Alphonse Henriquez, pour leur roi ; tous y consentirent avec acclamation. Le même député reprit et demanda encore si la royauté se bornerait à sa personne ou si ses enfans succèderaient : on admit les enfans à hériter. Alors Alphonse se levant remercie l'assemblée, et finit son discours par ces mots : « Maintenant que je suis roi, » faisons des lois qui établissent la tranquillité du » royaume. »

C'est en effet le premier devoir d'un roi ; Alphonse s'en acquitta aussitôt, en publiant des lois qui réglaient l'ordre de succession au trône, la manière d'acquérir et de perdre la noblesse, les peines pour divers crimes et délits, etc. Ces lois, quoique imparfaites, convenaient aux mœurs de l'époque ; Alphonse les fit observer avec soin, et son règne qui dura quarante-six ans, n'est pas un des moins glorieux de la monarchie Portugaise.

SANCHE Ier, ALPHONSE II, SANCHE II.

Don Sanche, fils d'Alphonse, se montra digne de son père par son courage et ses succès contre les Maures. Il laissa le trône à son fils, Alphonse II, dont le règne fut agité par des querelles avec le clergé, querelles qu'il transmit avec la couronne à son fils, don Sanche II. Celui-ci pendant vingt-trois ans lutta contre les factions et contre les prétentions de la cour de Rome à qui il refusait de payer le tribut consenti par un de ses prédécesseurs. Le pape Innocent IV priva D. Sanche, de l'administration de son royaume, et la donna à son frère Alphonse. Sanche se retira chez le roi de Castille. Après quelques tentatives inutiles pour recouvrer son autorité, il mourut à Tolède.

Alphonse III. Ce prince, avant la mort de son frère, ne prit que le titre de régent du royaume. Un gouverneur de Coïmbre, nommé Freitas, resté opiniâtrement attaché à don Sanche, refusa de reconnaître Alphonse comme régent. Quand la nouvelle de la mort de don Sanche arriva, Alphonse l'envoya à Freitas, en le sommant d'ouvrir ses portes. Le gouverneur, croyant que c'était un piége, refuse. Le nouveau roi offre de lui permettre d'aller lui-même s'assurer du fait à Tolède, où son frère avait été inhumé. Il part, fait ouvrir le tombeau de son maître, y dépose les clefs de la forteresse, et de retour, il reconnaît Alphonse III pour son souverain. Celui-ci récompensa aussitôt la fidélité de Freitas, et lui donna toute sa confiance, tandis qu'il dédaigna ceux qui l'avaient servi contre son frère. Du reste, ce prince était actif, vigilant, juste et plein de fermeté.

Denis (1279). Denis, fils d'Alphonse, a été surnommé le *père des laboureurs et le protecteur du commerce*. Ces surnoms qu'il mérita, suffisent pour faire son éloge. Un proverbe populaire resté en Portugal, prouve également ses bonnes qualités : « Généreux, dit-on, comme le roi Denis. » S'il sut mériter l'amour et le respect de ses sujets, il ne trouva pas les mêmes sentimens dans sa propre famille. Sa mère, d'un caractère impérieux, lui causa beaucoup de tracasseries. Elle excita jusqu'à trois fois à la révolte, le jeune Alphonse, petit-fils de Denis. Trois fois le roi pardonna avec sa générosité ordinaire, et le jeune prince touché de tant de bontés chercha désormais à faire oublier par sa soumission les écarts dont il s'était rendu coupable.

ALPHONSE IV (1324). Ce prince, héritier de Denis, disgrâcia tous ceux qui l'avaient entraîné ou aidé dans ses révoltes contre son grand-père. Son règne est devenu célèbre par la mort tragique d'Inès de Castro, qui a fourni le sujet d'un grand nombre de romans et d'une tragédie estimée de M. de la Mothe.

Alphonse IV avait un fils nommé don Pèdre, déjà signalé par des preuves d'un noble et brillant courage. Il avait été marié à dona Constance, et tant que son épouse vécut, il se montra toujours un mari doux et complaisant. Constance mourut, après lui avoir donné plusieurs enfans. Don Pèdre, jeune encore, songea quelque temps après, à se remarier; mais au lieu de consulter son père, et de faire une alliance avec une personne de son rang, il épousa secrètement Inès de Castro, fille d'un gentilhomme Castillan, réfugié à la cour du Portugal. De quelque mystère que don Pèdre entourât ses relations avec Inès, l'œil jaloux des courtisans l'eut bientôt pénétré. Ils le soupçonnèrent à l'accueil que don Pèdre faisait aux Castillans, compatriotes d'Inès, et surtout aux grâces qu'il accordait à ses frères. Comment souffrir que d'héritier du trône comblât de faveur des étrangers? Dès qu'ils eurent acquis la certitude de leurs soupçons, ils en firent part au roi ; ils lui représentèrent qu'une semblable union faite sans son consentement était nulle, et qu'il convenait de remarier son fils avec quelque princesse dont l'alliance fut utile au royaume. Le roi entra parfaitement dans ces vues; mais quand il en fit part à son fils, il trouva une résistance à laquelle il ne s'attendait pas. Alphonse était ardent, bouillant, emporté; il se fâcha, menaça don Pèdre; celui-ci resta inébranlable.

Les courtisans avaient prévu cette scène; ils profitèrent de l'irritation du monarque, pour faire entendre que le seul moyen de rompre l'indigne attachement du prince était la mort de l'objet de sa passion ; qu'il était même à craindre que le funeste ascendant d'Inès, déjà plusieurs fois mère, ne devint fatal aux enfans du premier lit de don Pèdre; qu'ainsi la succession légitime au trône pourrait être interrompue, et le royaume exposé à des troubles et à des révolutions. Alphonse, de plus en plus échauffé par ces observations, veut partir à l'instant pour Coïmbre. C'était là qu'Inès vivait retirée dans un couvent où don Pèdre l'avait placée pour la soustraire aux dangers qu'elle aurait courus à la cour. Le roi, escorté de ses perfides conseillers, arriva bientôt dans ce couvent ; il fait venir aussitôt Inès devant lui, et avant qu'il ait ouvert la bouche, son regard sombre et irrité laisse deviner à Inès l'arrêt qui va s'en échapper. A l'instant elle se jette aux pieds du roi; ses deux enfans l'imitent, et leurs petits bras serrent les genoux, étreignent les mains de leur grand père. Alphonse, attendri à ce spectacle, renonce à son dessein, et se retire. Ses cruels courtisans lui reprochent alors de manquer de courage, et de montrer plus de tendresse pour une femme que pour ses sujets et pour l'état. « Allez donc, leur dit-il, exécuter vous-même. » Ils volent et poignardent la malheureuse Inès.

On ne saurait peindre la fureur et le désespoir de don Pèdre. Son exaspération était telle qu'il se livra à de véritables accès d'une démence furieuse ; sa mère et l'archevêque de Brague, parvinrent à le calmer et à le ramener à la cour. Alphonse fit tous ses efforts pour guérir ce cœur blessé. Il n'en obtint que de la dissimulation qui dura tant qu'il vécut.

PÈDRE (1357). Don Pèdre a été surnommé le *Justicier*, parce que son caractère sévère, inflexible, ne connaissait que le droit, et qu'il avait les yeux et les oreilles fermées aux sollicitations. Cependant il se laissa aller au-delà des bornes, sinon de la justice du moins de l'humanité dans la vengeance qu'il tira des meurtriers d'Inès. Ces hommes, prévoyant le courroux de ce prince, s'étaient réfugiés en Castille ; mais don Pèdre obtint facilement leur extradition de Pierre-le-Cruel qui régnait alors. Avec de l'argent, il se fit livrer les coupables, et les fit périr dans d'affreux supplices.

Don Pèdre, fidèle à sa douleur, se donna la consolation de faire faire à Inès des obsèques royales. Il assembla les états, leur produisit les preuves de son mariage avec Inès, et fit déclarer solennellement ses enfans légitimes.

Ce prince déploya dans l'exercice des fonctions royales une sévérité, une rigidité même que tempéraient toutefois une certaine affabilité, hors des momens de représentation, et un caractère remarquable de discernement, de droiture et de justesse dans l'application des lois. « Rendons la justice, » disait-il, comme elle sera rendue quand les secrets » des cœurs seront révélés. » Il se préparait lui-même à ce jugement dans de fréquens voyages qu'il faisait au monastère d'Alcobaca, où il avait fait construire son tombeau. Placé devant ce monument funèbre, il s'occupait dans un recueillement religieux, de réflexions profondes sur le compte qu'il aurait à rendre au souverain juge.

FERDINAND Ier (1367). La légèreté, l'inconséquence de ce prince firent regretter la prudence et la sagesse de son père. Après avoir recherché en mariage une princesse d'Aragon et une princesse de Castille, il s'éprit d'Eléonore Tellez, femme de don Juan d'Acunha. Malgré les engagemens qu'il avait pris avec la cour de Castille, il fit dissoudre le mariage d'Acunha, et épousa Eléonore. De ce mariage naquit une fille, nommée Béatrix, qui épousa don Juan, fils de Henri de Trantamare, roi de Castille. A la mort de Ferdinand Ier, dont on a dit : « qu'il était homme médiocre avec de l'esprit, et roi faible avec du courage, » Béatrix fut généralement reconnue pour lui succéder. Cependant son mariage avec le roi de Castille faisait craindre quelque entreprise funeste à la nationalité portugaise, et déjà un parti nombreux se prononçait en faveur de don Joao ou Jean, grand-maître d'Avis, fils naturel de don Pèdre le Justicier. La reine Léonore, veuve de Ferdinand, avait été nommée régente du royaume par le testament de son mari, en attendant l'arrivée de sa fille. Mais le peuple de Lisbonne, mécontent de Léonore qui s'était montrée cruelle, intrigante, jalouse, proclama le grand-maître d'Avis, protecteur et régent du royaume.

Léonore appela aussitôt son gendre, le roi de Castille, à venir faire reconnaître les droits de sa femme. Ce prince se hâta de lever une armée, avec laquelle il s'avança sur Lisbonne. Le grand-maître d'Avis était hors d'état de lui résister, et il ne put empêcher l'armée castillane d'investir la capitale. Tout dépendait du sort de cette ville ; et peut-être se serait-elle rendue sans résistance, si don Juan de Castille n'avait pas eu l'imprudence de prendre le titre de roi de Portugal, au lieu de le laisser à sa femme. L'orgueil portugais fut blessé au vif, et Lisbonne souffrit la famine et toutes les calamités de la guerre, plutôt que de songer à capituler. Peut-être réduite aux dernières extrémités, cette ville aurait-elle fini par céder, mais une maladie épidémique qui se répandit dans l'armée du roi de Castille, le força de se retirer. Ce ne fut pas sans une vive douleur que Léonore, sa fille et son gendre se virent contraints de s'éloigner. « Ville ingrate ! s'écriait la reine outrée de rage, ville perfide, puisses-tu être un jour bouleversée et dévorée par les flammes ! » Ce vœu d'une fureur impuissante, ne devait trouver son accomplissement que trois cent cinquante ans plus tard.

MAISON D'AVIS.

DON JOAO, OU JEAN D'AVIS (1385). Après le départ des Castillans, le grand-maître d'Avis assembla les états à Coïmbre. Il fut nommé roi à l'unanimité sous le nom de don Juan 1er. Le roi de Castille, excité par sa belle-mère Léonore, voulut tenter un nouvel effort pour ressaisir la couronne de Portugal; mais il fut complètement battu, et de ce moment don Juan régna sans contradiction. Il occupa le trône pendant quarante-sept ans, ce qui lui permit de l'assurer à sa postérité. Ce long règne fut employé à travailler au bonheur de ses sujets, et pendant tout ce temps la paix ne fut troublée que par une expédition en Afrique. Il s'empara de Ceuta, forteresse qu'il croyait nécessaire pour tenir les Maures en respect et leur ôter la facilité des embarquemens.

EDOUARD (1433). ALPHONSE V. (1443). Edouard voulut continuer les expéditions de son père en Afrique; mais il échoua devant Tanger; une partie de son armée et son frère Ferdinand restèrent prisonniers du roi de Fez. Edouard aimait les sciences et composa un livre intitulé : *le bon Conseiller*. Il mourut, après dix ans de règne, d'une peste qui ravagea le Portugal. Il laissait un fils en bas âge nommé Alphonse, par son successeur. Edouard avait désigné la reine pour exercer la régence pendant la minorité de son fils; mais les grands, mécontens de cette disposition, ne laissèrent à la mère que l'éducation de l'enfant-roi, et confièrent le gouvernement du royaume à don Pedro, frère du monarque défunt.

Alphonse V était d'un caractère léger et romanesque. Plusieurs expéditions heureuses qu'il tenta en Afrique lui firent donner le surnom d'*Africain*. Il s'engagea dans une guerre ruineuse avec la Castille, et, pour la soutenir, il rechercha l'alliance de Louis XI, roi de France. Il se rendit auprès de ce prince, avec une nombreuse escorte, dans l'espérance d'en obtenir plus facilement ce qu'il désirait. Louis, prince réfléchi et peu aventureux, amusa de belles paroles ce roi, qui courait ainsi le monde pour quêter des secours tandis qu'il avait tant d'affaires chez lui. Tout-à-coup Alphonse, changeant de résolution, abandonne sa suite, prend avec lui deux pages, deux domestiques, un chapelain, et part en pélerinage pour la Terre-Sainte. Il écrit en Portugal qu'on ne le reverra plus, et mande à don Juan, son fils, de prendre la couronne. Le prince se décore aussitôt du titre du roi. Se promenant quelques jours après sur le bord de la mer, il voit approcher un vaisseau. Un homme en sort; c'était son père. Le fils reste un moment interdit; mais enfin il prend son parti de bonne grâce et se jette dans les bras de son père. Suit entre eux un combat de déférence. Le père voulait se contenter du titre de roi des Algarves. « Non, répond don Juan; il ne peut y avoir deux » rois en Portugal, et puisque vous y êtes, il ne » peut pas y en avoir d'autre que vous. » Alphonse se laisse persuader et reprend la couronne (1). Le voyage de Jérusalem n'avait pas eu lieu; Louis XI

---

(1) Anquetil, précis de l'Histoire universelle, tome VII.

instruit de ce projet, avait fait chercher Alphonse et l'avait engagé à retourner en Portugal. Après avoir régné encore quelque temps, il abdiqua de nouveau, et se retira dans un couvent où il finit ses jours.

Jean II (1481). — Ce prince se montra extrêmement sévère à l'égard des grands accoutumés à l'indépendance. On a recueilli de lui quelques actions et quelques paroles qui suffisent pour faire juger ce prince. Un jour il dit à un juge, connu par sa facilité à recevoir des présens, mais du reste homme d'une grande capacité : « Prenez garde, je sais que » vous tenez les mains ouvertes et vos portes fermées. » Ces paroles prononcées d'un ton sévère, suffirent pour le corriger. Un homme qui avait servi ses passions dans l'effervescence de la jeunesse, lui apporta un billet signé de sa main par lequel il lui promettait de le faire duc. Le monarque lit gravement le billet, le déchire, et dit au porteur : « J'ou» blierai qu'un pareil billet ait existé ; » et se tournant vers les assistans, il ajoute : « Ceux qui cor» rompent les jeunes princes, et qui, en servant » d'instrumens à leurs plaisirs, en tirent des promesses qui ne doivent pas être tenues, doivent » estimer comme une faveur de n'en être pas pu» nis. »

C'est sous le règne de ce roi que les Portugais commencèrent ces voyages extraordinaires et ces découvertes qui devaient rendre leur pays, pendant quelque temps, l'un des plus riches et des plus commerçans du monde. En 1484, Barthélemi Diaz, atteignit l'extrémité de l'Afrique, et revint sur ses pas, après avoir donné au promontoire qui la termine, le nom de cap des Tourmentes; don Juan, plus confiant en l'avenir, le changea en celui de Bonne-Espérance.

Le royaume de Congo fut découvert à cette époque; don Juan y envoya des missionnaires, et établit des relations avec ce pays. Ses vues sur l'Afrique et les Indes Orientales, lui firent rejeter les propositions de Christophe Colomb qui lui offrait d'aller à la recherche d'un nouveau monde dans l'océan Occidental. Don Juan mourut, le 25 octobre 1495, sans héritiers directs.

EMMANUEL 1er surnommé le Grand et le Fortuné (1495). — Emmanuel était le plus proche héritier du trône, comme petit-fils d'Alphonse V, et cousin germain du dernier roi. Sous ce prince, le Portugal s'éleva au plus haut degré de gloire et de prosperité. Toutes les entreprises d'Emmanuel lui réussirent; il fit avec succès plusieurs expéditions en Afrique; il vécut en paix avec ses voisins. La bonne foi présidait à ses traités et la fermeté à leur exécution. Aucun roi n'a étalé autant de magnificence. Il la dut aux découvertes qui s'étaient déjà faites sous ses prédécesseurs, qui s'augmentèrent sous sa protection, et rendirent son royaume le centre du commerce de l'univers. Il se plaisait à donner une grande idée de lui aux étrangers, par de superbes ambassades. Quant à ses sujets, ils n'avaient qu'à regarder autour d'eux, contempler le somptuosité des édifices publics qui s'élevaient, colléges, églises, palais, hôpitaux; voir les flottes nombreuses qui sortaient de leurs ports, l'opulence des grands, l'aisance du peuple, la satisfaction peinte sur les visages, la gaîté répandue dans les campagnes, comme dans les villes, pour concevoir la plus haute opinion du monarque auteur de ces biens (1). On conçoit sans peine que les peuples, frappés de tant de magnificence et de prospérité, aient donné à leur roi le surnom de *grand* et de *fortuné*.

Emmanuel avait trouvé la marine florissante, et une expédition préparée par Juan II, qui la destinait à suivre la même route que Barthélemi Diaz, et à remonter la côte orientale de l'Afrique, après avoir doublé le cap de Bonne-Espérance ; les vaisseaux étaient tous armés, les navigateurs choisis, leur chef désigné, il ne restait plus qu'à ordonner le départ. Vasco de Gama, chargé de commander cette expédition, mit à la voile de Lisbonne en 1497 ; mais après avoir doublé le cap de Bonne-Espérance il dirigea sa route vers l'Inde et aborda sur la côte de Mozambique, au royaume de Calicut, et poussa sa navigation jusques près de Goa. Son frère Paul mourut dans cette expédition. Il revint en Portugal en 1499, et débarqua au milieu des acclamations de la foule enivrée de joie à la vue des merveilles qu'il rapportait des contrées lointaines qu'il venait de parcourir. Emmanuel, prévoyant toute l'importance des découvertes de Gama, et des richesses

---

(1. Anquetil, précis de l'histoire universelle tome VII.

qu'elles allaient procurer en Portugal, reçut le navigateur avec des témoignages flatteurs d'admiration et de reconnaissance.

En 1500, Emmanuel fit partir une nouvelle flotte pour les Indes, sous le commandement de Pierre Alvarez Cabral. Au lieu de suivre la route tracée par Vasco de Gama, il s'écarta à l'ouest pour éviter les écueils qui se trouvent sur la côte de Guinée, et après quatre-vingt jours de navigation, il aborda sur une terre inconnue dont il prit possession au nom du roi, son maître; c'était le Brésil. Il fit partir aussitôt un vaisseau pour donner avis de sa découverte à Emmanuel, et continua sa route pour les Indes, où il fit alliance avec les rois de Cahin, et de Cananor. Cette terre du Brésil, découverte ainsi par hasard, devait plus tard former la plus riche et la plus vaste des colonies portugaises.

Un immense empire fut conquis dans les Indes par la valeur des armes portugaises. Les îles Moluques, les royaumes de Calicut, de Cananor, de Cochin, les îles de Malaca, de Goa, etc., furent soumises par les Gama, les d'Albuquerques, les Alméidas, et une foule d'autres guerriers rivalisant tous de courage, d'audace et de bonheur. Les navigateurs portugais pénétrèrent en Chine, et fondèrent la ville de Macao à vingt lieues de Canton. Emmanuel fit en outre de grandes conquêtes en Afrique; nous n'en avons pas parlé, parce qu'elles ont moins d'importance que celles de l'Inde.

Tel est l'aperçu succinct de ce règne glorieux. Une fièvre épidémique qui régnait à Lisbonne, enleva ce prince (13 décembre 1521), à l'âge de cinquante-trois ans, lorsque de la tempérance, de la bonne constitution de sa vie réglée, ses sujets pouvaient encore se promettre une longue félicité.

Jean III (1521). Le règne d'Emmanuel fut heureusement continué par son fils, don Juan III, qui retraçait toutes les belles qualités de son père, surtout le discernement dans le choix des ministres, et des hommes qu'il appelait à remplir d'éminentes fonctions. C'est à cette connaissance des hommes, et au talent de les placer d'une manière convenable que le Portugal dut sa bonne administration en Europe, et ses succès continus dans les autres parties du monde. Ce règne est peu fécond en événements, du moins en Europe, car les conquêtes continuèrent en Asie et en Afrique, et sont les plus beaux jours du Portugal; jamais ce royaume ne fut plus riche, plus puissant, plus tranquille. La sagesse du souverain sut maintenir l'ordre au milieu des troubles qui l'environnaient, et prévoir tout ce qui aurait pu altérer le repos public. Ce prince eut la douleur de voir la mort enlever presque tous les membres de sa famille; il succomba lui-même au chagrin que lui causaient tant de pertes douloureuses, le 6 juin 1557.

Sébastien Ier (1557). Don Juan laissait pour successeur son petit-fils, âgé seulement de trois ans, qui devait par son imprudence causer le malheur de ses peuples. La régence de ce jeune prince fut confiée d'abord à la reine Catherine d'Autriche, son aïeule, puis elle passa entre les mains du cardinal, don Henri, son oncle. Le nouveau régent donna pour gouverneur, à son pupille, don Alexis de Menezès, et pour précepteur don Louis de Camera, jésuite. Ces instituteurs s'appliquèrent à inspirer à leur élève un zèle fervent pour la religion et l'amour de la gloire, non de cette gloire qui convient à un roi, et qu'avaient si bien connus ses deux prédécesseurs, mais de celle que l'on peut appeler chevaleresque et qui consiste à courir au-devant du danger et à le rechercher. Aussi dès que le cardinal Henri lui eut remis entre les mains les rênes du gouvernement, Sébastien ne songea plus qu'à réaliser ses idées de conquêtes, et à cette espèce d'héroïsme aventureux qu'on avait fait naître dans son âme naturellement grande et fière. Malgré les représentations de la reine dona Christine, son aïeule, et du cardinal Henri, son oncle, il passa avec quelques vaisseaux et peu de monde en Afrique, sous prétexte de visiter les places que les Portugais possédaient sur ses côtes; mais en effet il méditait quelque action d'éclat. Il fit plusieurs courses dans le pays; il osa même attaquer les Maures qui étaient beaucoup supérieurs en nombre : il les combattit avec intrépidité, et remporta sur eux quelques avantages qu'il célébra comme des victoires éclatantes. De retour à Lisbonne, il ordonna les préparatifs d'un grand armement. Cependant son conseil s'efforçait de le détourner de ses projets de conquêtes qui pouvaient lui être aussi funestes qu'au Portugal. Les ambassadeurs lui écrivirent de la part des princes auprès desquels ils résidaient, de ne point exposer sa personne. Philippe II, roi d'Espagne, son proche parent, le conjura d'écouter les avis de tant de gens sensés qui s'intéressaient à son sort. Rien ne put l'arrêter.

Le 25 juin 1578, Sébastien partit de Lisbonne sur une flotte de cinquante vaisseaux et de cinq galères, montée par quinze mille hommes de troupes de débarquement. Cet armement était dirigé contre Muley-Moluch, roi de Fez, sous prétexte de rétablir sur le trône Muley-Mahomet, neveu de Moluch que celui-ci en avait chassé. Sébastien débarqua à Tanger avec un corps de troupes; le reste de la flotte alla l'attendre à Arzile, le roi ne tarda pas à y arriver et traça son camp entre la ville et la mer.

Muley-Moluch avait assemblé une armée plus de six fois supérieure en nombre aux Portugais. Il s'avance en bon ordre et vient se poster à une lieue d'Alcaçar Quivir, en présence de l'armée chrétienne. En voyant le nombre et les dispositions de l'armée chrétienne, Muley-Moluch fut assuré de la victoire, et sa seule crainte fut de ne pas avoir le temps de battre les ennemis, parce qu'il était attaqué d'une fièvre violente, et qu'il se sentait mourir. Il se fit porter dans sa litière, à la tête de son armée, et donna ses ordres pour commencer l'action. Au premier choc, l'infanterie Portugaise eut quelques avantages, Moluch oubliant alors sa faiblesse, se précipite de sa litière, monte à cheval et veut charger lui-même le sabre à la main; ses gardes le retiennent. Ce dernier effort a épuisé ses forces. On le remet dans sa litière. Il expira un instant après en portant le doigt sur sa bouche pour recommander le secret. Ce signe fut compris ; un de ses serviteurs, placé près de la litière, entr'ouvrait de temps en temps le rideau, comme pour recevoir les ordres du défunt. Muley-Hamet continua de les donner à sa place et remporta une victoire complète. Le carnage fut affreux. Don Sébastien plus soldat que roi, se trouvait partout affrontant les plus grands dangers. Blessé d'un coup de feu à l'épaule, il continua de combattre, et eut deux chevaux tués sous lui. Tous les seigneurs qui l'environnaient périrent à ses côtés. Alors il se trouva seul, affaibli par ses blessures, accablé de fatigue, au milieu d'une troupe de Maures, qui le firent prisonnier. Chacun d'eux prétendait à l'honneur de cette brillante capture, et ils étaient sur le point d'en venir aux mains pour savoir à qui elle resterait. Un de leurs chefs entendant cette rumeur accourt, se fait jour au milieu des mutins et leur crie : « Quoi ! lorsque Dieu vous donne » la victoire, c'est pour un prisonnier que vous vous » égorgez. » Et d'un grand coup de cimeterre, il frappe le malheureux Sébastien qui tombe mourant. Les autres achèvent de le tuer.

Muley-Mahomet, ce roi détrôné, pour qui combattait Sébastien, se noya dans la rivière de Mulac en fuyant. Ainsi trois rois périrent dans cette funeste bataille. Huit mille chrétiens furent massacrés sur le champ de bataille ; presque tout le reste fut blessé et fait prisonnier ; très-peu parvinrent à se sauver. Muley-Hamet frère de Moluch lui succéda. Il fit relever le corps de don Sébastien, et l'envoya à Ceuta. De là il fut transporté à Lisbonne, où il fut inhumé. Bien des fables se répandirent dans la suite sur le sort de don Sébastien. Plusieurs soutenaient qu'il n'était pas mort, et plus de vingt ans après l'événement, on vit paraître un ou deux faux Sébastien.

Don Henri (1578). Le cardinal don Henri, frère de Sébastien, prit la couronne à l'âge de soixante-sept ans. Ce règne, qui ne dura que deux ans, ne fut rempli que des intrigues des prétendans à sa succession. Leur nombre était considérable ; mais deux seulement pouvaient être regardés comme y ayant des droits sérieux. C'étaient la duchesse de Bragance et Philippe II, roi d'Espagne; le roi Henri déclara qu'à eux seuls devait revenir la couronne, et qu'il désignerait entre eux son successeur : mais ce prince scrupuleux, indécis, timide, ne décida rien et mourut sans avoir rien prononcé. Il crut avoir assez pouvu à la tranquillité du royaume, en nommant cinq gouverneurs ou régens, qui seraient dépositaires de l'autorité souveraine après sa mort et pendant l'interrègne. Henri fut le dernier roi de la maison d'Avis.

MAISON D'AUTRICHE ESPAGNOLE.

Philippe II, (1580). Philippe III, (1598). Philippe IV, (1621). Les cinq gouverneurs ou régens, institués par le roi Henri, devaient décider la grande affaire de la succession. Nous ne répéterons pas ce que nous avons dit plus haut des motifs qui firent pencher la balance en faveur de Philippe II (1).

---

(1) Voir plus haut, au règne de Philippe II, le § ayant pour titre : Réunion du Portugal à l'Espagne.

Les Portugais furent long-temps à se façonner au joug des Espagnols, ou plutôt ils ne s'y firent jamais. Philippe II tâcha d'abord de les apprivoiser par des caresses. Il les traita ensuite comme on traite des bêtes féroces qui se sont laissé enchaîner. Il donna à ses successeurs l'exemple de manquer à toutes les paroles données pour la conservation des priviléges, et pour l'intégrité du royaume. Ses gouverneurs vexèrent les peuples, tant par la surcharge des impôts que par la manière de les lever. Les forteresses ne furent ni entretenues ni réparées. La marine fut détournée de la défense des côtes, de la protection des possessions Africaines et Asiatiques, sa destination naturelle; unie à la fameuse *invincible Armada*, elle périt presque toute entière dans cette expédition désastreuse. Le Portugal porta la peine de sa funeste alliance avec la Castille. Il vit ses plus belles colonies envahies par les Hollandais, dans la longue guerre qu'ils soutinrent pour se soustraire à la domination espagnole. Une misère affreuse couvrit la face du royaume. Les moins clairvoyans apercevaient que les Espagnols tendaient à le réduire en province d'Espagne, et que la pauvreté, le dénuement étaient le moyen dont on prétendait se servir pour arriver à ce but.

Révolution de 1640. — La fierté portugaise à la fin, s'indigna de l'oppression. Elle reprit de l'énergie après soixante ans de contrainte. La conspiration, pour secouer le joug de l'Espagne, se prépara pendant trois ans dans le plus grand silence. Le chef de cette conspiration était Jean Pinto Ribeiro, intendant du duc de Bragance, ou plutôt c'était le duc de Bragance lui-même ; mais ce seigneur était surveillé de très-près par les Espagnols, parce qu'en qualité de descendant de la maison royale, il avait un droit incontestable à la couronne.

Quand toutes les mesures eurent été concertées avec soin, les conjurés s'assemblèrent chez un d'entre eux au jour fixé. Les attaques étaient marquées ; les postes assignés ; à pied, à cheval, en litière, on se rend de toute sorte de manière, et par divers chemins, pour ne pas donner de soupçons au palais qu'habitaient la vice-reine et le secrétaire d'état Vasconcellos qui avait toute l'autorité. Pinto, quand il voit à peu près tous les conjurés rassemblés, donne le signal d'un coup de pistolet. Tous se précipitent par différentes portes, renversent la garde, montent à l'appartement de Vasconcellos, le tuent et jettent son corps par la fenêtre. La citadelle se rend sur un ordre arraché par force à la vice-reine. Le duc de Bragance est aussitôt proclamé roi aux acclamations de tout le peuple. Le signal de Pinto avait été donné à huit heures du matin. A midi tout était terminé ; les boutiques étaient ouvertes et les affaires avaient repris leurs cours.

MAISON DE BRAGANCE.

JUAN IV, (1640). L'exemple donné par la capitale fut promptement suivi par les provinces, et par les colonies. Le peuple proclama partout Juan IV, et les Espagnols, contraints de céder au mouvement général, s'enfermèrent dans les places de guerre qu'on leur enleva bientôt l'une après l'autre. Le roi, aussitôt après son couronnement, convoqua les états généraux, pour examiner de nouveau ses droits au trône, qui furent déclarés légitimes. Les emplois de l'état devinrent le partage des principaux conjurés. Pinto resta attaché à la personne du prince; sans prendre aucun titre officiel, il n'en eut pas moins une grande autorité, dont il se servit pour affermir le gouvernement qu'il avait si puissamment contribué à fonder.

L'Espagne s'efforça autant par l'intrigue que par les armes de reconquérir sa puissance en Portugal. Mais don Juan, fut toujours aussi heureux dans les découvertes des nombreuses conspirations tramées par les Espagnols contre lui, qu'il l'avait été dans l'exécution de celle qui l'avait placé sur le trône. Il réforma peu à peu une armée qu'il disciplina à l'aide d'officiers étrangers venus de tous côtés. Il aguerrit et enhardit ses nouveaux soldats, d'abord par de petites actions, dont le succès était bien préparé, et enfin par des batailles décisives qu'il gagna. Ses ambassadeurs, auparavant seulement soufferts, parurent alors avec éclat dans les cours étrangères; et à la fin de sa vie, don Juan était reconnu par tous les souverains de l'Europe, excepté l'empereur et le pape.

Ce prince mourut à l'âge de cinquante-deux ans, après seize ans de règne. Il laissait pour successeur, un fils mineur, nommé Alphonse, sous la tutelle de la reine nommée régente.

ALPHONSE VI, (1656). La régence de Françoise de Guzman, veuve de D. Juan IV, fut très-agitée. Cette princesse sortit presque toujours avec bonheur de tous les embarras qui l'assaillirent pendant son administration. La France ayant abandonné l'alliance du Portugal, dans le traité des Pyrénées, la reine se vit forcée de faire avec l'Angleterre un traité onéreux, mais qui du moins assurait l'indépendance du royaume. C'est depuis cette époque que l'Angleterre a toujours exercé une grande influence sur ce pays.

Le fameux comte de Schomberg, qui s'était signalé dans les guerres de la France contre l'Espagne, était alors à la tête des armées portugaises. Il s'appliqua à les discipliner, et à leur montrer l'art de la guerre. Sous ce grand capitaine, les Portugais triomphèrent toujours des Espagnols, et c'est à ces victoires qu'est due la reconnaissance du Portugal par l'Espagne

Alphonse VI était violent, d'un esprit faible, et peu capable de veiller à la conservation du trône, dans des momens aussi critiques. Il souleva toute la nation par sa démence et ses fureurs. Il était incapable d'application ; il maltraitait l'infant don Pedro, son frère, les délices et l'espoir du Portugal. La reine, sa femme, mademoiselle d'Aumale, fille du duc de Nemours, ne pouvant supporter sa conduite, se réfugie dans un couvent. Enfin le mécontentement public éclate, et par une révolution étonnante et subite, l'infant don Pedro est déclaré régent du royaume. Les états généraux assemblés à Lisbonne confirmèrent à don Pedro le titre de régent, et confinèrent le roi Alphonse aux îles Tercères. La reine obtient la dissolution de son marige avec Alphonse, et épouse le régent son beau-frère ; après en avoir obtenu les dispenses de la cour de Rome (1667).

Un des premiers actes du régent fut la conclusion de la paix entre l'Espagne et le Portugal, sous la médiation de l'Angleterre. L'Espagne reconnut enfin le Portugal pour un royaume libre et indépendant ; elle retrancha de ses armes celles de Portugal qu'elle y avait ajoutées. L'Espagne ne retint que la ville de Ceuta, en Afrique, qui n'avait point suivi la révolution de 1640. Ainsi se termina une guerre cruelle qui durait depuis vingt-cinq ans.

Alphonse VI fut transféré des îles Tercères au château de Cintra, près de Lisbonne, où il mourut après quinze ans de captivité (1683). Son frère prit alors le titre de roi.

Don Pedre II, (1683). — Don Pèdre se fit couronner quelque temps après la mort de son frère. La reine mourut la même année, ne laissant qu'une fille, qui fut reconnue princesse de Portugal. Deux ans après, don Pèdre épousa en secondes nôces Marie-Sophie-Elisabeth de Bavière, fille de l'électeur Palatin du Rhin.

Don Pèdre était généreux, affable, bienfaisant, juste, vertueux. Il fit le bonheur de ses sujets. Il aimait les sciences et accueillait le vrai mérite. Il avait l'esprit solide, vif, et propre aux affaires. On remarqua comme un défaut qu'il ne s'en rapportait pas assez à lui-même pour les décisions. Ses ministres étaient plus maîtres que lui. C'est ce qui fit écrire plaisamment par un ambassadeur à la reine Anne : « Nous n'avons dans le conseil qu'un ami,

qui est le roi, encore n'y a-t-il pas grand crédit. »
Ce prince mourut le 9 décembre 1705, à l'âge de 58
ans. Le prince du Brésil, son fils, lui succéda sous le
nom de Juan V.

Juan v, (1706). — Ce prince n'eut qu'à suivre
le plan de politique que son père lui avait tracé, de
tenir une juste balance entre la maison de France
et celle d'Autriche, qui se disputaient l'Espagne,
se faire rechercher par l'une et par l'autre, et s'appuyer de l'Angleterre, mais sans en être esclave. C'est
à quoi il réussit parfaitement, ainsi qu'à tenir un
rang entre les puissances de l'Europe les plus considérées, distinction dont il était fort jaloux. Il fut
heureux dans sa famille et laissa une nombreuse
postérité. Il mourut le 31 juillet 1750, à l'âge de
61 ans, regretté de ses sujets dont il avait fait le
bonheur par un gouvernement sage et prudent, et
par ses vertus généreuses et patriotiques. Il eut pour
successeur, son fils, don Joseph de Bragance.

Joseph, (1750). — Les premières années de ce
règne furent marquées par une des plus épouvantables catastrophes dont l'histoire fasse mention. Le
1er novembre 1755, un tremblement de terre souleva le sol du royaume, ravagea plusieurs villes, et
détruisit complètement celle de Lisbonne. Tous les
élémens, tous les fléaux se réunirent à la fois pour
désoler cette capitale. La mer et le Tage se débordèrent, la terre s'entr'ouvrit, la flamme dévora
les maisons. Ce jour-là, les habitans s'étaient rassemblés dans les églises pour célébrer la fête de la
Toussaint; les temples s'écroulant avec fracas les en-

gloutirent sous leurs débris ; l'incendie allumé dans les maisons renversées se propagea avec une effrayante rapidité ; dans le port, les vaisseaux périrent fracassés les uns contre les autres ; la mort était partout, et la famille royale, fuyant son palais détruit, cherchait avec épouvante une retraite à Bélem.

Au milieu de ce désastre public, l'avidité excitait au crime une foule impie de matelots, de soldats, de nègres et de scélérats à qui cet événement ouvrait les prisons ; ils se répandirent dans la ville fouillant dans les ruines, entrant de force dans les maisons restées debout, pillant, massacrant, se portant aux plus horribles excès. Enfin, pour comble de disgrâce, la famine vint menacer cette population sans abri, et la puanteur des cadavres, corrompant l'air, fit craindre un instant la peste.

Le règne de Joseph fut, à proprement parler, celui du célèbre Pombal, son principal ministre. Pombal, qui détestait les Jésuites, profita d'un événement affreux pour les faire expulser du Portugal. Le 3 décembre 1758, il faillit être victime d'un assassinat. Plusieurs seigneurs de la cour furent accusés d'avoir trempé dans cet attentat, et trois jésuites de l'avoir conseillé. Ces accusations furent basées sur les soupçons les plus vagues, et la trame de cette sanglante tragédie est restée à jamais enveloppée du plus profond mystère. Les ennemis de Pombal allèrent jusqu'à nier la conspiration. Il paraît certain que les accusés furent condamnés sans preuves, et que leur innocence fut même reconnue dans la suite. Vraie ou supposée, la conspiration causa la ruine des Jésuites, qu'on soupçonna d'en être les premiers auteurs. Le 3 septembre 1759, ils furent chassés par un édit de tout le royaume, déclarés traîtres et rebelles, et leurs biens confisqués ; on les embarqua tous au nombre d'environ six cents, sur des navires chargés de les conduire en Italie.

Le roi, cédant aux vues de son ministre, rendit plusieurs édits d'une grande utilité. Il abolit à perpétuité l'odieuse distinction des anciens et des nouveaux chrétiens en Portugal ; un autre édit releva l'esprit militaire qui avait dégénéré dans l'armée ; un autre eut pour objet de restaurer les études. D'autres réglemens, créèrent des compagnies de commerce, excitèrent l'industrie, et tendaient à arracher le Portugal au monopole des Anglais.

Joseph mourut le 23 février 1777, dans la 63ᵉ année de son âge, et la 27ᵉ de son règne. Il ne laissait que deux filles, dont l'aînée Marie-Françoise-Elisabeth lui succéda.

Marie Iʳᵉ et D. Pèdre III (1777). La reine fit asseoir avec elle, sur le trône, son mari qui prit le nom de Pèdre III. Ce prince était alors âgé de soixante ans ; il vécut encore neuf ans sans se mêler en rien des affaires. Un des premiers actes du règne de Marie fut la disgrâce de Pombal, qui pendant 21 ans, avait été ministre du roi, son père. On lui fit son procès, et il fut condamné à l'exil. Pombal mourut quelques jours après son jugement.

Après quelques années d'un règne sans énergie, la reine fut atteinte d'aliénation mentale. Le peuple commençait à murmurer, et des murmures il allait peut-être passer à la révolte, quand don Juan, fils de la reine Marie, sortit du couvent de Maffra, où il avait été relégué ; se rendit à Lisbonne, fit assembler les plus célèbres médecins, qui tous déclarèrent la reine inhabile à régner. Alors don Juan prit en main les rênes du gouvernement, mais seulement avec le titre modeste de régent, laissant, par respect pour sa mère, son nom figurer sur tous les actes publics. (10 mars 1792).

RÉGENCE DE D. JUAN, (1792 à 1816). Là commence de fait le règne de D. Juan VI. L'acte énergique par lequel il s'était emparé du pouvoir, peut-être irrégulier dans sa forme, fut généralement approuvé, parce qu'il avait sauvé la monarchie. D. Juan était pieux, d'un caractère doux et modéré, mais indolent, sans connaissance des affaires ni du monde ; il devait être et il fut toute sa vie, le jouet des événemens, qu'il était incapable de prévoir et plus encore de maîtriser.

Le régent adhéra à la première coalition contre la France (26 septembre 1793), et envoya six mille hommes rejoindre l'armée espagnole qui devait attaquer le Roussillon. — Le gouvernement Anglais profitant de la faiblesse et de la crédulité du régent, lui persuada que la France avait le projet d'envahir ses états, et pour les mettre à l'abri de cette aggression, une armée anglaise occupa Lisbonne, et les forteresses des environs. Ainsi la couronne du Portugal, par une docilité qui tenait du vasselage, se plaça sous la sauve-garde de l'Angleterre (1).

En 1801, le Portugal fut forcé de faire la paix

---

(1) Juan Chaumeil de Stella, et Auguste de Santeül. (Essai sur l'histoire du Portugal.)

avec la France, à des conditions onéreuses et humiliantes. On exigeait entre autres que le régent renonçât à l'alliance anglaise, et fermât ses ports à l'Angleterre. D. Juan promit, mais il ne put exécuter ces dernières conditions. Alors Napoléon, à cette époque au faîte de sa puissance, lui déclara la guerre. Par un traité secret, entre le cabinet de Madrid et celui des Tuileries, le royaume de Portugal devait être démembré, et former deux souverainetés distinctes. L'une, composée des provinces entre Douro et Minho, ayant Porto pour capitale, devait être donnée au prince d'Etrurie, avec le titre de roi de la Lusitanie septentrionale; l'autre, composée des Algarves, devait être l'apanage du prince de la Paix. Vingt-cinq mille Français auxquels devaient se joindre un nombre égal d'Espagnols, s'avançaient pour envahir le Portugal.

A la nouvelle des événemens qui se préparaient, la cour de Lisbonne fut frappée de stupeur. Le conseil s'assembla tumultueusement; et il fut décidé que le prince régent et la famille royale, fuiraient au Brésil, avec toutes les richesses que l'on pouvait emporter du royaume. Cette résolution fut tenue secrète, car le peuple se serait opposé au départ. On parut même disposé à se défendre; et, comme le trésor était épuisé, les particuliers s'empressèrent de porter leur argenterie et leurs bijoux à la monnaie. Cependant l'armée française, commandée par Junot, avait traversé l'Espagne et franchi les frontières du Portugal (19 novembre 1807). En cinq jours elle se porte sur Abrantès, où Junot établit son quartier général. De là il écrit fièrement au premier ministre du Por-

tugal : « Dans quatre jours je serai à Lisbonne ; mes
» soldats regrettent de n'avoir pas tiré un coup de
» fusil ; ne les y forcez pas ; je crois que vous auriez
» tort. »

Ce message fait tressaillir le prince ; il faut partir maintenant, il n'y a plus à balancer. D. Juan cependant hésitait encore, quand lord Strangfort, ambassadeur d'Angleterre, parvint à le rejoindre, lui montre un *Moniteur* que sa cour lui a envoyé en toute hâte, et lui fait lire ces mots terribles, dictés par Napoléon : « *La maison de Bragance a cessé de régner en Europe* (1). » Le prince régent lit à plusieurs reprises, cette ligne qui est un arrêt pour lui ; il se résigne enfin, et donne des ordres pour un départ immédiat.

Il s'embarqua, avec la reine-mère, son épouse et ses enfans au nombre de neuf, et arriva à Rio-Janeiro, le 7 mars 1808. — Quelques heures plus tard l'escadre, qui portait le prince régent, sa famille et ses trésors, tombait au pouvoir des Français. Elle n'était pas encore sortie du Tage, que déjà Junot faisait son entrée à Lisbonne ; il s'empara en toute hâte de la tour de Bélem, qui domine l'entrée de la rivière ; mais la flotte venait de franchir la barre et se trouvait maintenant sous voiles hors de portée des batteries de la côte.

Le Portugal était envahi ; mais les Portugais étaient loin d'être soumis. Bientôt commença, dans toute la Péninsule, une lutte longue, opiniâtre, incessante ; bientôt les Anglais accoururent au secours

---

(1) Moniteur du 11 novembre 1807.

des Espagnols et des Portugais révoltés, et la guerre régulière vint se joindre à la guerre de partisans, l'une plus savante, l'autre plus meurtrière.

L'espace ne nous permet pas de retracer ici les détails de cette guerre qui pendant sept ans couvrit le sol de la Péninsule, de sang et de ruines (1), nous renvoyons nos lecteurs à des ouvrages qui ont traités, plus spécialement ce sujet.

Dès le mois d'août 1808, les Français évacuèrent le Portugal à la suite de la bataille de Vinsièro. Les Anglais occupèrent alors ce royaume qu'ils regardaient en quelque sorte comme leur conquête.

Quand les événemens de 1815 eurent amené la chute définitive de Napoléon, la Sainte-Alliance fit proposer à don Juan de rentrer en Portugal. Il ne le voulut point. Tout déplacement eût chagriné ses habitudes molles et insouciantes. Mais par un décret du 16 décembre 1815, il éleva le Brésil au rang de royaume, et donna à ses états le nom de Royaume-Uni de Portugal, du Brésil et des Algarves. Peu de temps après, la mort de la reine Marie (16 mars 1816), permit enfin au régent de prendre le titre de roi.

Don Juan VI (1816). Le roi continua de résider au Brésil, tandis qu'un conseil de régence gouvernait le Portugal. Ainsi les rôles de la métropole et de la colonie semblaient intervertis. Le peuple était mécontent de cet arrangement qui semblait placer au second rang la mère-patrie, quand tout-à-coup la révolution, éclatée en Espagne en 1820, fit ressentir son contre-coup en Portugal.

---

(1) Voir les Beautés de victoires et conquêtes des Français, 3 vol. in-8.

Le 24 août 1820, Porto donne le signal de la révolte aux cris de : « Vivent le roi, les cortès et la constitution ! » Le mouvement se propage rapidement. La régence de Lisbonne veut en vain l'arrêter ; cette ville elle-même se soulève ; la capitale proclame une junte qui détrône la régence et s'empare de l'autorité. Il est décrété que la constitution de Cadix servira de base à celle qu'on doit faire en Portugal.

Bientôt cette nouvelle arrive au Brésil, où éclate un mouvement semblable à celui de Lisbonne. Don Juan, par le conseil de don Pèdre, son fils aîné, se décide à donner au Brésil une constitution, puis il s'embarque pour l'Europe, et laisse don Pèdre avec le titre de régent du Brésil.

Quelque temps après le départ du roi, le Brésil se déclare indépendant et proclame don Pèdre empereur. — Après quelques difficultés, don Juan IV reconnaît l'indépendance du Brésil, mais se réserve le titre honorifique d'empereur et roi. Un parti puissant s'opposait à l'établissement de la constitution ; bientôt l'armée elle-même se souleva contre ces innovations étrangères, et proclama le roi absolu. Mais ceux qui étaient à la tête de ce parti ne voulurent pas s'en tenir encore là. On résolut de détrôner le faible Juan VI et d'élever sur le trône l'infant don Miguel, nommé depuis quelque temps généralissime de l'armée. Le 1ᵉʳ mars 1824, don Miguel fit arrêter tous les ministres, et un certain nombre de généraux et d'administrateurs soupçonnés d'être attachés à la constitution. Le roi était captif dans son palais de Bemposta, dont l'accès avait été interdit au corps diplomatique. Un français de cœur, M. Hyde de Neuville, ambassadeur de Louis XVIII à la cour de Portugal, se rend au palais gardé par les troupes, et, sur le refus qu'on fait de l'introduire sans un ordre de don Miguel, il déclare que l'Europe ne connaît que le roi. « C'est le roi de France, dit-il, qui veut parler au roi de Portugal... Songez, ajouta-t-il, à ce que vous faites ! On pardonne aux fils du roi qui s'égarent, on pend leurs complices. » Et il s'avance avec fermeté au milieu des troupes qui s'ouvrent pour lui livrer passage. Le corps diplomatique se réunit à M. Hyde de Neuville, et le roi, rendu à la liberté, se retire à bord du vaisseau anglais le Windsor-Casle.

Là il rend un décret qui retire le commandement à don Miguel, et lui ordonne de paraître devant lui. L'infant obéit, et avoue qu'il a été trompé et séduit. Son père lui pardonne de nouveau, et lui ordonne d'aller voyager en Europe. Le lendemain, don Miguel faisait voile pour Brest, sur une frégate portugaise. Il traversa la France, vint à Paris, où il s'arrêta quelque temps, et de là se rendit à Vienne.

Jean VI, après ces événemens, vécut assez tranquille jusqu'à sa mort, qui arriva deux ans après, le 10 mars 1826.

DON PÉDRE IV.

Quatre jours avant sa mort, le roi Jean VI avait institué régente du royaume, l'infante Isabelle-Marie, l'aînée de ses enfans. Conformément à cet acte, Isabelle-Marie prit en main le gouvernement, et l'on proclama D. Pèdro, sans la moindre opposition. Le clergé, la noblesse et le peuple, la magistrature et l'armée, reconnurent le nouveau souverain. On battit monnaie, et on rendit justice en son nom. On envoya aussitôt à Rio-Janeiro une députation, porter à l'empereur du Brésil, l'hommage de la nation, et le prier de venir en personne à Lisbonne, ou d'y envoyer comme reine sa fille, dona Maria.

L'Europe, par ses ambassadeurs, reconnut légitime la succession au trône du Portugal, du fils aîné de Jean VI. Les princes et les princesses de la maison de Bragance, lui rendirent hommage et lui jurèrent fidélité, comme au chef de la famille ; don Miguel lui-même, qui se trouvait alors à Vienne, écrivit à la régente, sa sœur, une lettre dans laquelle il protestait de son respect pour les dernières volontés de son père, déclarant qu'il désapprouvait toute mesure contraire au décret du 6 mars 1826, « par lequel sa majesté impériale et royale (que
» Dieu a daigné rappeler à lui), a si sagement
» pourvu à l'administration publique, en attendant
» que *l'héritier légitime du royaume, notre aimé*
» *frère et seigneur, l'empereur du Brésil*, ait pris
» telles mesures qu'il jugera convenable dans sa
» haute sagesse. »

D. Pèdro comprit qu'il ne pouvait réunir sur sa tête, les deux couronnes du Portugal et du Brésil. Il abdiqua en conséquence ses droits au trône du Portugal, en faveur de l'aînée de ses enfans, la princesse dona Maria de Gloria, puis il imagina une combinaison qu'il crut propre à satisfaire tous les partis. Il donna au Portugal une charte constitutionnelle, résumée de celle de France et d'Angleterre ; il maintint la régence entre les mains de l'infante Isabelle-Marie, qu'il chargeait de faire proclamer la charte ; enfin il voulut que sa fille dona Maria, fut immédiatement fiancée à son oncle, l'infant D. Miguel, et qu'elle l'épousât dès qu'elle serait arrivée en Europe. Son abdication était soumise à l'exécution de ces diverses conditions. Don Pèdro croyait par-là éteindre tout sujet de dissensions, satisfaire tout à la fois les libéraux au moyen d'une constitution, et les autres partis en mettant sur le trône celui qu'ils regardaient comme le chef de leur parti.

Les cabinets étrangers approuvèrent ces mesures toutes politiques, et reconnurent officiellement l'abdication de D. Pèdro, en faveur de sa fille, ainsi que l'acte constitutionnel, octroyé au Portugal. D. Miguel prêta serment de fidélité à la charte, le 4 octobre 1826, entre les mains de l'ambassadeur extraordinaire du Portugal, près la cour d'Autriche, et en présence du ministre du Brésil, résidant à Vienne. Il s'empressa d'écrire directement au Saint-Père, afin d'obtenir les dispenses nécessaires pour épouser sa nièce. Cette dispense ne se fit pas attendre, et le 29 octobre, l'infant célébra ses fiançailles dans le palais impérial de Vienne, avec la jeune reine, représentée par le baron de Villa-Sena. Cette cérémonie solennelle eut pour témoins les princes de la maison d'Autriche, Charles-Joseph, Ferdinand,

François-Charles, qui signèrent au contrat, ainsi que le prince de Metternich. La chambre des pairs de Lisbonne envoya une adresse de félicitations à l'infant, qui y répondit en termes fort gracieux.

Jusque-là, toutes les prévisions de D. Pèdro paraissaient devoir se réaliser; mais à peine la constitution eût-elle été proclamée en Portugal, qu'il se manifesta de toutes parts une vive opposition ; on contestait à D. Pèdro le droit d'octroyer une charte, qui du reste, disaient les opposans, était contraire aux lois antiques et fondamentales du royaume. Il y eut des soulèvemens, mais promptement réprimés par le comte de Villaflor. Les chambres étaient divisées, et la régence, présidée par une femme douce, vertueuse, amie du bien, mais trop faible, perdait de son pouvoir.

D. Pèdro, instruit de ce qui se passait, se prépara à envoyer sa fille, dona Maria, en Europe, et nomma son fiancé, D. Miguel, régent du royaume, en lui enjoignant de se rendre immédiatement en Portugal. L'infant s'empressa de répondre à D. Pèdro, pour le remercier de la haute marque de confiance qu'il venait de lui donner, ajoutant que tous ses efforts tendraient à maintenir les institutions qui régissaient le Portugal, et à conserver la paix publique.

Ces protestations de D. Miguel étaient peut-être sincères, mais quand il arriva à Lisbonne (22 février 1828), il se vit bientôt entouré de ceux qui, quatre ans auparavant, l'avaient poussé à la révolte contre son père, et qui de nouveau lui offrirent de le proclamer roi absolu. D. Miguel se laissa gagner facilement; mais pour pouvoir prendre le titre de roi, il fallait commencer par se faire reconnaître comme régent, et prêter serment de fidélité à la charte de D. Pèdro. Cette difficulté n'arrêta pas l'infant. Quatre jours après son arrivée, les chambres des pairs et des députés se réunirent dans une des vastes salles du palais d'Ajuda ; la princesse Isabelle-Marie, déclara que, conformément aux ordres de son auguste frère, l'empereur, elle remettait la régence aux mains de son bien-aimé frère, l'infant don Miguel. Celui-ci se leva aussitôt, posa sa main sur le livre des Evangiles, présenté par le cardinal patriarche, et prêta le serment prescrit. On a dit qu'il n'avait fait que remuer les lèvres, sans prononcer une parole ; mais il est plus probable qu'il ne fit pas plus de difficultés dans cette circonstance, qu'il n'en avait fait à Vienne, lorsque déjà il avait prêté le même serment.

Une fois investi du pouvoir, D. Miguel appela aux affaires tous ses partisans ; les premières charges de l'état, le commandement de l'armée furent donnés à des hommes qui lui étaient dévoués. Enfin le 25 avril, la chambre municipale de Lisbonne proclama D. Miguel 1er, roi de Portugal, et ouvrit des registres publics pour recevoir la signature de ceux qui adhéraient à l'acclamation. Dans la nuit le vœu de la chambre municipale, avec les signatures des adhérens, sous le titre de *représentation de la ville de Lisbonne*, fut porté à l'infant, qui accepta aussitôt la couronne. On fit faire aussi dans les provinces des *représentations* semblables.

RÈGNE DE DON MIGUEL. (1828-1833).

D. Miguel ne regardait pas comme un titre suffisant à la couronne, ce vote des municipalités en sa faveur. Il convoqua les anciennes Cortès du royaume. Cette assemblée s'empressa de ratifier tout ce qui avait été fait, non-seulement elle reconnut à D. Miguel le titre de roi, mais elle décida « que la couronne lui appartenait dès le 10 mars 1826, jour de la mort de son père, et qu'en conséquence on devait réputer et déclarer nul tout ce que D. Pèdro avait fait et décrété depuis en qualité de roi. »

Les puissances de l'Europe ne voulurent pas s'associer à cet acte, qui malgré toute la solennité qu'on voulut lui donner, n'en paraissait pas moins à leurs yeux, un acte d'usurpation. Tous les agens diplomatiques résidant à Lisbonne, cessèrent aussitôt leurs fonctions, à l'exception de l'envoyé du roi de Maroc. Plus tard les Etats-Unis, sans examiner le droit de don Miguel, reconnurent aussi le gouvernement de fait.

Mais une protestation bien plus à craindre pour D. Miguel, se manifesta dès le 16 mai. Les partisans de la jeune reine et de la constitution, formèrent une junte à Porto. Huit régimens se déclarèrent en faveur de dona Maria, et bientôt la guerre civile fut allumée Les constitutionnels furent vaincus, et l'autorité de don Miguel parut plus solidement établie que jamais. Son gouvernement poursuivit avec rigueur tous ceux qui avaient pris part à l'insurrection de Porto, ou qui étaient soupçonnés d'être partisans d'une charte constitutionnelle.

Toutes les possessions portugaises, hors du territoire européen, reconnurent l'autorité de don Miguel. L'île de Terceira seule, la principale des Açores, demeura fidèle à dona Maria. Le cinquième régiment de chasseurs à pied, qui y tenait garnison, refusa de se soumettre au nouveau roi, et les habitans, faisant cause commune avec les troupes, se fortifièrent et résistèrent aux attaques de la flotte miguéliste, envoyée pour les soumettre. Bientôt les principaux chefs constitutionnels accoururent dans cette île. Le comte de Villaflor vint prendre le commandement des troupes qui s'y réunissaient.

La reine dona Maria, envoyée en Europe par son père, avait trouvé son royaume usurpé par celui qui devait le partager avec elle. Elle voulait se rendre dans l'île de Terceira, qui seule reconnaissait son autorité; mais ses conseillers pensèrent qu'elle devait plutôt aller à la cour de Londres, plaider elle-même sa cause auprès du plus ancien allié de sa famille. Georges IV la reçut avec les honneurs dus à son rang; mais la jeune reine trouva peu de sympathie pour sa cause dans les ministres anglais. Ces dispositions ne lui permettant pas d'accepter plus long-temps l'hospitalité de l'Angleterre, elle se disposa à retourner au Brésil, laissant en Europe une régence, nommée par son père, comme son tuteur naturel.

La présidence en était confiée au marquis de Palmella; les autres membres étaient le comte de Villaflor, depuis duc de Terceira, et Antonio Guerreiro, ancien ministre. Dona Maria, accompagnée du marquis de Barbacena, quitta l'Angleterre, le 27 août 1829.

Cependant la régence, établie à Terceira, déployait la plus grande activité. Elle organisa l'armée, créa une petite marine en enrôlant des pêcheurs et en métamorphosant leurs barques en chaloupes de guerre et chargea le général Villaflor de s'emparer, avec ces faibles moyens, des autres îles Açores, au nombre de huit. En peu de temps les îles des Flores, Sainte-Marie, Saint-Georges, Graciosa, Pico, Fayal et Corvo, tombèrent au pouvoir du général constitutionnel. La résistance de San-Miguel, la plus importante de toutes, fut plus longue et plus opiniâtre; enfin elle succomba comme les autres, et en 1830, tout l'archipel des Açores reconnaissait l'autorité de dona Maria.

Cette année 1830 fut fatale aux têtes couronnées. La mort et la désolation s'appesantirent sur les palais des rois. L'impératrice reine de Portugal, D. Carlotta-Joaquina, le roi de la Grande-Bretagne, celui de Naples et le souverain pontife, descendirent au tombeau. En France, une révolution soudaine renversa le trône des descendans de Louis XIV, et sa chute ébranla tous les trônes du monde. Le roi des Pays-Bas fut privé de la moitié de ses états, et la Belgique s'inscrivit parmi les nations indépendantes. La Pologne se souleva; l'Espagne et l'Italie s'émurent: au-delà de l'Atlantique, le Brésil rêva une république fédérative, et D. Pèdro, qui naguère possédait deux

13..

couronnes; fut encore obligé d'abandonner celle qu'il s'était réservée, et que personne ne lui avait jamais contestée. Il abdiqua le pouvoir impérial en faveur de son fils, qui à peine sorti du berceau, fut proclamé empereur, sous le nom de D. Pèdro II.

GUERRE ENTRE D. PÈDRO ET D. MIGUEL.

Débarrassé désormais des soins d'un vaste empire, D. Pèdro n'eut plus qu'une seule pensée, qui l'occupa jusqu'à sa mort; ce fut de replacer sa fille dona Maria, sur le trône de Portugal. Quittant aussitôt l'Amérique, et toute la pompe impériale, il vint en Europe, sous le modeste titre de duc de Bragance. Il se rendit d'abord à Londres, où il appela le marquis de Palmella, afin de mûrir ensemble un projet d'expédition sur le Portugal; mais les hommes et l'argent manquaient. On créa à Londres, une commission chargée de diriger les opérations de finances; elle fut assez habile pour contracter un emprunt, avec le produit duquel on acheta un vaisseau, deux frégates, trois bricks, et on recruta un bataillon de volontaires.

D. Pèdro passa ensuite en France, où déjà résidait la reine dona Maria, à laquelle S. M. Louis-Philippe avait offert son palais de Meudon. Le duc de Bragance s'occupa d'organiser un corps français; beaucoup de personnes se prononcèrent en sa faveur; des offres généreuses lui furent adressées; les frères Mallo, de Dunkerque, mirent à sa disposition deux navires, se chargeant de les commander eux-mêmes, et d'en payer l'équipage pendant toute la guerre. L'ex-empereur accepta, et nomma vice-amiral de sa petite flotte, le capitaine Sartorius, de la marine anglaise.

Ses préparatifs furent bientôt achevés. Belle-Ile avait été désigné pour le port d'embarquement; il y trouva réuni sa petite escadre, six cents volontaires Français, et les Portugais, jaloux de partager ses dangers. Le 10 février 1832, il donna l'ordre de mettre à la voile, et peu de jours après l'escadre arrivait aux Açores.

Le duc de Bragance se rendit à Terceira; et son premier acte fut de se charger lui-même de la régence, et de se composer un ministère d'hommes capables et dévoués. Quand il eut organisé l'administration, et réuni toutes les forces dont il pouvait disposer, il songea à faire voile vers le Portugal. Suivant les rapports survenus de Lisbonne, et les nouvelles qui circulaient dans Terceira, le succès devait être rapide et facile; car disait-on, le peuple fatigué du despotisme de don Miguel, était prêt à courir au-devant de ses libérateurs. Les faits détruisirent bientôt ces illusions, le triomphe devait être chèrement acheté, et coûter bien des larmes et de sang.

Les troupes de D. Pèdro prirent en partant le nom d'*armée libératrice*; elles se montaient à sept mille cinq cents combattans, dont quinze cents étrangers. L'expédition mit à la voile le 22 juin, et le 7 juillet elle entrait dans la rade de Villa do Conde, à cinq lieues de Porto. Le général Santa-Morta occupait cette ville avec quatre mille hommes; mais il l'abandonna sans tenter de résistance, à l'approche de l'armée de D. Pèdro. Celui-ci entra dans Porto sans coup férir, et fut reçu aux acclamations des habitans. Bientôt les Miguélistes reconnaissant le peu de forces auxquelles ils avaient à faire, se décidèrent à combattre; ils repassèrent le Douro à Carvocira, et prirent position à Ponte Fercira. D. Pèdro courut les y attaquer. Il remporta sur eux une victoire douteuse, qui servit plus à effrayer les habitans de Porto qu'à les rassurer; car ils savaient que l'armée de D. Miguel s'avançait avec toutes ses forces, et l'armée pédriste était trop faible pour leur résister. Un second combat, à Souto Redondo, où les Pédristes furent battus, augmenta encore le désespoir des habitans. Cette défaite fit abandonner tout projet d'opérations offensives; on se décida à attendre le cours des événemens et à fortifier Porto. On s'empara des meilleures positions, et on y établit une double enceinte d'ouvrages, suffisante pour la défense de la place.

Cependant l'armée de D. Miguel enveloppait la ville de toutes parts, tandis que sa flotte bloquait l'entrée du port. Les privations et la famine ne tardèrent pas à se faire sentir dans l'armée pédriste: les troupes ne recevaient chaque jour qu'une faible ration de riz, et d'un poisson desséché nommé *bacalhao*; D. Pèdro lui-même n'avait point d'autre ordinaire. La famine décima bientôt la population. Les femmes, les vieillards, expiraient de faim dans les rues; on en vit manger de l'herbe; les enfans périssaient sur le sein de leurs mères; le choléra vint augmenter ces maux par d'effroyables ravages; et pour comble à tant d'infortunes, les bombes, les obus, les fusées à la congrève lancées par les batteries miguélistes, portaient de toutes parts la ruine et la mort.

Sur la fin de décembre, des navires envoyés d'Angleterre parvinrent à entrer dans le port, et la ville fut ravitaillée pour quelque temps. Mais ces ressources furent promptement épuisées, et la famine recommençait déjà à se faire sentir, lorsqu'un nouveau malheur vint encore menacer les Pédristes. La petite escadre, sous les ordres de Sartorius, était dans l'état le plus déplorable. Elle avait été battue, devant la rade de Vigo par la flotte miguéliste, les vaisseaux pédristes étaient dépourvus de cables, de munitions, de vivres. Les matelots, presque tous anglais, manquaient des choses les plus nécessaires; des murmures ils passèrent à la révolte et parlèrent de s'emparer des navires. Le désordre devint extrême, la mésintelligence se mit parmi les officiers, l'amiral donna sa démission.

D. Pèdro offrit alors le commandement de sa flotte au capitaine Napier, de la marine anglaise, homme résolu et entreprenant. Ce brave capitaine, promu par D. Pèdro au grade de vice-amiral, accepta cette offre périlleuse, et arriva à Porto avec un plan concerté entre lui, le chevalier Mendizabal et le marquis de Palmella. Il s'agissait d'opérer une diversion dans les Algarves, de soulever la population, et de marcher hardiment sur la capitale; mais pour exécuter ce projet, il fallait diminuer de deux mille cinq cents hommes la garnison déjà si faible de la place. Un conseil fut assemblé, et ce projet fut accueilli, malgré l'opinion contraire de quelques généraux. Le comte de Villaflor fut aussitôt désigné pour commander l'expédition. Elle se composait de 2672 fantassins et de 20 lanciers. Ces troupes s'embarquèrent sur l'escadre du nouvel amiral Napier, et mirent à la voile, le 19 juin 1833.

Après ce départ, les Miguélistes croyant Porto sans défense, l'attaquèrent avec vigueur; mais cette tentative infructueuse jeta le découragement parmi les assiégeans. Ils n'étaient guère eux-mêmes moins à plaindre que les assiégés; leur solde n'était pas payée, et la plupart manquaient de souliers et de chemises. La jalousie, les divisions, se mirent en outre parmi les officiers supérieurs de don Miguel, et ce prince jugea nécessaire d'appeler à son service, un général d'une haute réputation.

Le maréchal Bourmont, débarqua le 10 juillet, à Villa do Conde, accompagné de plusieurs officiers français, parmi lesquels on distinguait MM. le baron Clouet, de Larochejacquelin, de Ferriet, Brassaget, Tanneguy-Duchâtel, le comte d'Almend. Tous soutinrent avec courage une cause qu'ils regardaient comme celle de la légitimité; plusieurs trouvèrent une mort glorieuse en la défendant.

Le maréchal Bourmont, sentant la nécessité de relever par un succès éclatant le moral des troupes, méditait une attaque vigoureuse sur Porto, dont il voulait à tout prix s'emparer; mais il s'aperçut bientôt au relâchement général, à l'insubordination qui régnait dans le service public, que les plus grandes difficultés qu'il aurait à vaincre ne viendraient pas de l'ennemi.

Un brillant fait d'armes maritime vint encore rendre sa mission presque désespérée. Le vice-amiral Napier, après avoir débarqué sans opposition, sur les côtes des Algarves, les troupes pédristes, avait couru chercher l'escadre ennemie, qu'il rencontra dans les eaux de Lagos, à la pointe du cap Saint-Vincent. Bien qu'inférieur en forces, il n'hésita point à l'attaquer, et, par de hardies manœuvres, s'en rendit maître après un combat acharné. Les résultats de cette victoire furent immenses. La mer devint libre; Porto put facilement recevoir des secours; le port de Lisbonne se trouva à découvert.

Un succès non moins inouï couronna peu après les armes du comte de Villaflor. A peine débarqué à Lagos, il se met en marche à travers les Algarves, que le vicomte de Mallelos devait défendre avec six mille hommes. Par des manœuvres habiles, il trompa le général miguéliste qui va l'attendre à Béja, laissant libre le chemin de la capitale. Le duc gagne deux jours sur lui, et court à Sétrebal; il y bat dans la journée du 21 juillet, la division du brigadier Freitas, et le 23, apparaît, comme par enchantement, à Cacilhas, vis-à-vis Lisbonne, de l'autre côté du Tage. Il bat encore le maréchal de camp Tallis Jordaen, qui occupait Cacilhas avec deux régimens, et dans la nuit, le duc de Cardaval, qui commandait à Lisbonne, en l'absence de D. Miguel, abandonna la ville, et se retira avec la garnison dans la direction de Coïmbre.

Le 24 juillet, le comte de Villaflor fit son entrée dans la capitale, à la tête de 1500 fantassins et de 16 lanciers; nombre qui, par une bizarrerie singulière, se trouvait exactement le même que celui des Français, lorsque commandés par Junot, ils s'emparèrent de cette ville.

Le lendemain de la prise de Lisbonne, le maréchal Bourmont, qui ignorait encore cet événement, mais qui savait la perte de l'escadre de don Miguel, résolut de tenter contre Porto une affaire décisive. Le combat fut soutenu de part et d'autre avec un égal acharnement. Mais tous les efforts des Miguélistes furent inutiles, et il fallut renoncer désormais à s'emparer de Porto. Le lendemain, D. Pèdro partit pour Lisbonne, qu'il se hâta de fortifier; car il savait que D. Miguel revenait en hâte avec l'armée de Porto, pour tâcher de reprendre la capitale. Bientôt en effet, l'armée miguéliste vint mettre le siège devant Lisbonne. Le maréchal Bourmont avait promis de réparer l'échec de Porto. Le 5 septembre, il donna un assaut qui échoua complètement. D. Miguel ne put cacher son déplaisir au maréchal; celui-ci offrit sa démission qui fut aussitôt acceptée.

Le général anglais Macdonald lui succéda dans le commandement, sans être plus heureux que lui. Sauf un succès assez marqué qu'ils remportèrent à Alcacer de Sal, les Miguélistes n'éprouvèrent plus que des revers.

DONA MARIA II, PROCLAMÉE A LISBONNE.

Le 22 septembre 1833, la jeune reine dona Maria, accompagnée de la duchesse de Bragance, se rendit à Lisbonne, où elle reçut la couronne royale des mains de son père. Le duc de Terceira (comte de Villaflor, récemment élevé à cette dignité), et le comte de Saldanha, poursuivirent sans relâche l'armée de D. Miguel, qui fut contraint de chercher un refuge dans la ville de Santarem. L'armée pédriste assiégea aussitôt cette ville, et fit souffrir à ses ennemis une partie des maux qu'elle avait endurée elle-même à Porto.

Bientôt la position des assiégés devint tellement déplorable, qu'ils tentèrent d'abandonner la place, et de chercher un asile vers les frontières d'Espagne. Leur espoir fut déçu ; la politique de l'Espagne avait changé ; Ferdinand VII était mort, et sa jeune fille Isabelle était proclamée reine. Sa mère, nommée régente, s'était empressée de conclure avec la France, l'Angleterre et dona Maria II, un pacte de défense mutuelle, qui porte le nom de traité de la quadruple alliance. Quand D. Miguel se présenta à la frontière, il trouva un corps de six mille Espagnols, aux ordres du général Rodill, qui lui barra le passage. L'armée de D. Miguel, forcée de reculer, se trouva cernée dans Evora, où elle fut bientôt contrainte de capituler (26 mai 1834). Aux termes de cette capitulation, une amnistie pleine et entière fut accordée à toutes les personnes qui avaient suivi le parti de D. Miguel. L'armée mit bas les armes, et retourna dans ses foyers ; D. Miguel s'embarqua à Sina, et se retira en Italie ; la reine D. Maria s'obligea à lui faire une pension de soixante contos de reis (400,000 fr.) ; de son côté, ce prince s'engagea à ne jamais retourner dans quelque endroit que ce soit de la Péninsule espagnole, ou des dominations portugaises, et à ne chercher en aucune manière à troubler la tranquillité de ces royaumes.

La convention d'Evora termina la guerre civile en Portugal. D. Pèdro ne survécut que peu de mois à ses succès. Les privations qu'il s'était imposées à Porto, ses perpétuelles anxiétés depuis trois ans, avaient épuisé son organisation robuste. Le 17 septembre, sentant augmenter son affaiblissement, il envoya un message aux chambres pour leur exprimer son désir de céder la régence; les chambres s'empressèrent de reconnaître majeure la reine D. Maria II, qui prit aussitôt la direction des affaires. Quelques jours après, le 24 septembre, D. Pèdro reçut le viatique, et expira avec la résignation d'un chrétien. Depuis cette époque, D. Maria règne paisiblement en Portugal.

FIN DE L'HISTOIRE DU PORTUGAL.

TABLE

DES MATIÈRES.

ESPAGNE.

Pages.

CHAPITRE PREMIER. — Description de la péninsule Espagnole. — Espagne Phénicienne, Carthaginoise et Romaine. — Le Christianisme en Espagne. — Première invasion des Barbares en Espagne. — Règne d'Eurie. — Premiers rois des Visigoths; Alaric, Ataulphe, Théodoric Ier, Théodoric II. — Espagne Gothique. — Alaric, Amalaric. — Theudis, Théodigild, Agila, Athanagild, Liuwa, Leuwigild. — Herménigild et Ingunde. 5

CHAPITRE II. — Conversion des Goths au catholicisme. — Récarède Ier. — Liuwa, Witteric, Gondemar, Sisebut, Récarède II, Swintilla, Sisenaud, Chintila, Tulga, Chindassuinte, Recessuinte, Wamba. — Déclin et chute de la monarchie gothique. — Erviga, Egiza, Witiza, Roderic. — Conquête de l'Espagne par les Arabes. 37

CHAPITRE III. — Suite des conquêtes des Arabes. — Coup-d'œil sur l'origine de l'Islamisme. — Suite de la conquête de l'Espagne. — Disgrâce de Muza et de son fils. — L'Espagne sous les Emirs. — Pélage et les rois des Asturies. — Famille Alphonse Ier. — Etablissement du califat de Cordoue. — Les rois de Léon. — Froïla, Aurilio, Silo, Bermude Ier, Alphonse II, Ramire Ier, Ordogno Ier, Alphonse III, Garcia, Ordogno II. — Fondation du royaume de Navarre. — Défaite des Chrétiens au val de Junquera. — Ramire II. — Bataille de Simancus. 52

Pages.

CHAPITRE IV. — Origine du comté de Castille. — Ordogno III. — Guerres civiles entre les Chrétiens. — Le visir Almanzor. — Etablissement du royaume de Castille et sa réunion avec celui de Léon. — Etat de l'Espagne lors de la réunion des couronnes de Castille et de Léon. — Ferdinand Ier. — Fin du califat de Cordoue. — Premiers exploits du Cid. — Guerre de Ferdinand contre la Navarre; ses derniers exploits; sa mort. — Guerre entre les fils de Ferdinand. — Sanche II, Alphonse VI. — Disgrâce du Cid. — Règne d'Alphonse VI, surnommé le Vaillant. — Les Almoravides; bataille des Sept-Comtes. — La reine Urraque. — Alphonse-le-Batailleur. — Alphonse VII, roi de Castille. 84

CHAPITRE V. — Etat de l'Espagne vers le milieu du douzième siècle. — Les Cortès de Castille et les Fueros d'Aragon. — Guerre entre les princes Chrétiens — Bataille de Tolosa. — Union définitive du royaume de Castille et de Léon. — Règne de Saint-Ferdinand. — Jacques Ier, roi d'Aragon. — Thibaut, roi de Navarre. — Nouveaux succès de Ferdinand III; prise de Cordoue, de Séville, etc. — Alphonse X, surnommé le Sage. — Evénement en Navarre et en Aragon. — Sanche IV, dit le Brave. — Héroïsme d'Alonze de Guzman. — Ferdinand IV, dit l'Ajourné. — Alphonse XI, le Justicier. — Bataille de Salcedo ou de Tariffe. — Pierre-le-Cruel 109

CHAPITRE VI. — Henri II, de Translamare. — Don Juan Ier. — Henri III. — Juan II. — Henri IV. — Rois des Espagnes réunies. — Isabelle et Ferdinand V, surnommés rois Catholiques. — Projets de Ferdinand sur le royaume de Grenade. — Réforme des abus. — Etablissement de l'inquisition. — Prise de Grenade et expulsion des Maures. — Découverte de l'Amérique. — Mariage des infans d'Espagne. — Expulsion des Maures et des Juifs. — Conquête de Naples et de la Navarre. 114

CHAPITRE VII. — Maison d'Autriche. — Charles Ier (empereur, sous le nom de Charles Quint). — Le cardinal Ximénès. — Son caractère. — Mesures qu'il prend pour abaisser la noblesse. — Arrivée de Charles en Espagne. — Charles est élu empereur d'Allemagne. — Association de la Germanada. — Le roi de France prisonnier à Madrid. — Mariage de Charles-Quint. — Paix de Cambrai. — Expédition de Tunis. — Dissolution des Cortès. — Révolte de Gand. — Guerre avec la France. — Paix de Crespy. — Abdication de Charles-Quint. — Sa mort. — Son portrait. — Philippe II. — Paix de Cateau-Cambresis. — Mariage de Philippe avec Elisabeth de France. — Philippe II va en Espagne, et se fixe à Madrid. — Révolte des Pays-Bas. — Tyrannie du duc d'Albe. — Mort de D. Carlos. — Révolte des Mauresques. — Bataille de Lépante. — Indépendance des Pays-Bas. — Réunion du Portugal à l'Espagne. — L'invincible Armada. — Tentative de Philippe II pour s'emparer de la couronne de France. — Sa mort. — Philippe III. — Décadence de l'Espagne. — Le duc de Lerme et Calderon. — Reconnaissance des Provinces-Unies. — Expulsion définitive des Mauresques. — Alliance avec la France. — Disgrâce du duc de Lerme. — Mort de Philippe III. — Philippe IV. — Le duc d'Olivarès. — Révolte de la Catalogne. — Révolution du Portugal. — Disgrâce d'Olivarès. — Traité de Westphalie. — Traité des Pyrénées. — Charles II. — Troubles pendant sa minorité. — Majorité de Charles II — Ligue d'Augsbourg. — Paix de Riswich. — Testament et mort de Charles II. 169

CHAPITRE VIII. — Maison de Bourbon. — Philippe V. — Guerre de la succession. — Paix d'Utrecht. — Albéroni. — Abdication de Philippe V. — Mort de Louis Ier. — Philippe remonte sur le trône. — Paix avec l'empereur. — Ferdinand VI. — Paix d'Aix-la-Chapelle. — Charles III. — Le pacte de famille. — Bonne administration de Charles III. — Tentative contre Alger. — Guerre d'Amérique. — Charles IV. — Emmanuel Godoy, duc d'Alcudia. — Guerre avec la république française. — Traité de Bâle. — Godoy, prince de la paix. — Entrevue de Bayonne. — Les Français en Espagne, 1808-1814. — Retour de Ferdinand VII à Madrid. — Révolution de 1820. — Expédition du duc d'Angoulême. — Mort de Ferdinand VII. — Don Carlos. — La princesse Christine. — Doña Isabelle. — Régence d'Espartéro. 271

PORTUGAL.

Pages.

Origine de la monarchie Portugaise. — Henri de Besançon. — Maison de Bourgogne. — Alphose Ier. — Alphonse III. — Denis. — Alphonse IV. — Pèdre Ier. — Ferdinand Ier. — Edouard. — Alphonse V. — Jean II. — Emmanuel Ier. — Jean III. — Sebastien Ier. — Maison d'Autriche Espagnole. — Philippe II. — Philippe III. — Philippe IV. — Maison de Bragance. — Jean Ier, Alphonse VI. — Don Pédro IV. — Règne de don Miguel. — Guerre entre don Pèdro et don Miguel. — Dona Maria II, proclamée à Lisbonne . . . 245 à 294

FIN DE LA TABLE.

LIMOGES ET ISLE,
IMPRIMERIE ARDANT FRÈRES.

www.ingramcontent.com/pod-product-compliance
Lightning Source LLC
Chambersburg PA
CBHW071531160426
43196CB00010B/1736